厦门市发改委项目：厦门市养老模式发展研究（H2018035）

养老模式发展调查研究

黄 浩◎著

——以厦门市为例

AN INVESTIGATION ON THE DEVELOPMENT OF
THE MODE OF PROVIDING FOR THE AGED
—A CASE STUDY OF XIAMEN

经济管理出版社
ECONOMY & MANAGEMENT PUBLISHING HOUSE

图书在版编目（CIP）数据

养老模式发展调查研究：以厦门市为例/黄浩著.—北京：经济管理出版社，2020.6
ISBN 978 - 7 - 5096 - 7206 - 8

Ⅰ.①养…　Ⅱ.①黄…　Ⅲ.①城市—养老—社会服务—服务模式—研究—厦门　Ⅳ.①D669.6

中国版本图书馆 CIP 数据核字（2020）第 099283 号

组稿编辑：申桂萍
责任编辑：王虹茜
责任印制：黄章平
责任校对：陈　颖

出版发行：经济管理出版社
　　　　　（北京市海淀区北蜂窝 8 号中雅大厦 A 座 11 层　　100038）
网　　　址：www. E - mp. com. cn
电　　　话：（010）51915602
印　　　刷：北京晨旭印刷厂
经　　　销：新华书店
开　　　本：720mm×1000mm/16
印　　　张：15. 5
字　　　数：287 千字
版　　　次：2020 年 6 月第 1 版　　2020 年 6 月第 1 次印刷
书　　　号：ISBN 978 - 7 - 5096 - 7206 - 8
定　　　价：59. 00 元

前　言

按联合国的标准，1999 年我国已经迈进了老龄化社会。2035 年，我国的劳动年龄人口与老年人口的比例将为 2∶1，届时无论从老年人口占比还是从规模上我国都将进入到超级老龄化社会。第六次人口普查显示，我国 0～14 岁的少儿人口占比为 16.6%。按人口统计学标准，一个社会 0～14 岁的少儿人口占比15%～18% 为严重少子化。显然，我国早已进入了"严重少子化"国家行列。2016 年，我国人口总和生育率（TFR）为 1.62，而总和生育率 2.1 是国际上公认的实现和维持代际更替的基本条件。虽然这两年我国全面实行了"二孩"政策，但是由于各种原因导致许多育龄妇女生育意愿低下，2018 年，我国人口的总和生育率虽然上升到了 1.7 左右，但仍然远低于世代更替水平的 2.1，我国的"超少子化"趋势仅仅只是暂时有所缓解，并没有得到根本改变。因此，我国目前乃至未来很长一段时间的经济社会发展，都将面临"超少子化"和"超级老龄化"两大压力共同挤压，呈现出老龄化速度快来势猛、老年人口规模大、贫困老年人口多、老龄化与少子化并存、未富先老、发展不平衡六大特征。这也正是厦门市将面临的一个重大公共问题，这一问题关系到民心向背和社会治理，关系到千家万户的生活幸福，也关系到社会的和谐稳定。因此，探索一种适合厦门现代市情的养老模式，并建立和完善模式运行机制，这是解决厦门当前人口老龄化和未来人口超级老龄化所带来一系列问题的工作重点，这个任务是十分艰巨而紧迫的。

党和国家高度重视我国的人口老龄化问题，国务院《关于加快发展养老服务业的若干意见》明确指出，要"充分发挥市场在资源配置中的基础性作用，逐步使社会力量成为发展养老服务业的主体，营造平等参与、公平竞争的市场环境，大力发展养老服务业，提供方便可及、价格合理的各类养老服务和产品，满足养老服务多样化、多层次需求"。党的十九大报告特别指出："积极应对人口老龄化，构建养老、孝老、敬老政策体系和社会环境，推进医养结合，加快老龄事业和产业发展"。显然，中央对于积极发展养老事业，提升广大老年群体的生活品质已经给予了极高的重视。但是，与政府层面的高度重视相比较，我国学术界对养老服务模式这一问题的研究尚不全面、不系统、不深入，更少把国外养老模式的成功经验教训、我国宏观养老政策与一个具体地市的微观养老实践相结合进行综合研究。本书从微观层面探索新型养老发展模式，"积极应对人口老龄化，加快建立社会养老服务体系和发展老年服务产业"，高度吻合党的十九大以来中央对全面应对老龄化社会的重大政策，具有很强的现实价值。

截至 2018 年 6 月底，厦门市户籍 60 周岁以上老年人口有 33.98 万人，占全市户籍总人口的 14.35%。随着厦门经济社会的不断快速发展，这种人口老龄化趋势将进一步持续发展，推动厦门养老事业加快发展已经刻不容缓。厦门作为经济特区，有着不同层次的多样化养老需求，但养老服务的供给却呈现总量不足、结构单一等情况，供需失衡比较突出。同时，由于土地、房屋和人力成本比较高，"保本微利"养老事业的发展尚存在诸多问题，急需设计更加合理、高效的养老模式，为老百姓多元化、多样性、持续增长的养老服务需求提供支撑，并将养老服务行业培育成为可持续发展产业，保障其长期稳定健康发展。

为此，厦门市政府先后出台了《厦门市"十三五"民政事业发展专项规划（2016－2020）》等文件，全面放开厦门养老服务市场，"十三五"期间将新增养老项目选址 20 处，出台新举措加速养老机构成长壮大，形成统一开放、竞争有序的养老服务市场体系，着力构建以"居家为基础、社区为依托、机构为补充"多层次的厦门养老服务体系新格局。

本书主要内容分为五大部分，共十章：

第一部分（第一章至第三章）通过对日本、德国和美国养老保障制度和养老产业发展情况进行梳理和研究，总结国外养老保障制度和养老服务模式建设的具体成功经验和教训，以期能够启示我国养老保障制度和养老服务体系建设，为我国养老事业发展提供先进经验和理论依据。

第二部分（第四章）通过对我国人口老龄化情况和特点、养老保障制度改革探索各阶段发展情况、我国养老保障制度发展现状和存在主要问题进行梳理和总结，指出我国养老保障制度改革的原则和目标，最后提出加快完善中国特色养老保障制度发展的具体措施和建议。

第三部分（第五章至第八章）是对厦门市养老服务的实践调查研究，调查时间从 2017 年底开始到 2018 年 10 月结束，首先对厦门市总体养老服务发展现状以及存在的主要问题进行梳理和总结，然后再针对厦门市六个区的老年人、社区养老服务站、老年人日间照料中心、农村幸福院、养老服务机构和养老护理员等各有关养老方面，就养老服务供需情况进行较为深入细致的调研和对比分析。调查采用多阶段随机抽样方法，主要通过问卷调查和实地面对面访谈法相结合方式，力求探寻老年人的养老服务需求以及当前厦门市养老服务各方面的真实供给和需求状况，为厦门市政府精准出台养老服务政策，提供可靠的第一手访谈和问卷调查资料，以期进一步提高厦门市养老服务水平和服务质量。

第四部分（第九章）是对目前国内各种养老模式的研究和借鉴。首先对家庭养老、社区居家养老和机构养老这三种我国目前存在的最基本养老模式的运作模式、优劣势进行研究，接着对医养结合养老、养生养老、旅居养老、智慧养老、抱团互助养老、以房养老、虚拟养老院和农村集中养老等新模式运作的优劣势及其存在的主要问题进行分析，并针对所有这些养老模式分别提出厦门市养老服务发展的对应举措和政策建议。

第五部分（第十章）是本书的总结。本书认为，要以虚拟养老院模式创新厦门养老服务：①加快推进虚拟养老院建设，推动政府管理养老服务方式从直接转为间接；②促进养老服务惠及面快速扩大，推动老年福利向普惠型发展；③延伸养老产业链，推动厦门养老产业大发展。同时，加快推进虚拟养老院与医养结合、机构养老和智慧养老等养老模式充分融合发展；推动养生型养老、旅居养老、抱团互助养老、以房养老等养老模式发展；因地制宜，积极探索农村新型养老服务供给。

本书是对厦门市社会养老模式发展的探索，由于我国养老模式发展研究尚处于初始阶段，无论是具体的模式运作还是成功的经验总结，都还不够完善。因此，成熟的养老模式还有待在实践中进一步加强，并在理论上给予不断深化。

黄　浩

2019 年 4 月

目　录

第一章　日本养老保障制度对我国养老事业发展的启示 …………… 1

一、建立多支柱立体化的养老保障制度架构 ………………… 2

（一）日本养老保险制度 ………………………………… 3

（二）日本老人福利 ……………………………………… 8

二、功能多样化的日本社区养老服务 ……………………… 10

三、人性化的专业养老机构服务 …………………………… 11

四、日本养老发展新趋势 …………………………………… 13

五、日本养老保障存在的困境 ……………………………… 16

六、日本养老保障制度对我国养老事业发展的启示 ……… 19

第二章　德国养老保障制度发展研究 ……………………… 23

一、德国老年人口发展情况 ………………………………… 23

二、德国养老体系的发展 …………………………………… 24

（一）德国养老体系的主要特征 ………………………… 24

（二）德国养老模式 ……………………………………… 27

（三）德国养老模式的特色 ……………………………… 33

三、德国人口老龄化带来的问题 …………………………… 38

（一）养老金缺口日益加大 ……………………………… 38

（二）养老金支付贫富差距加大 ………………………… 39

（三）很多老年人退休后陷入贫困 ……………………… 40

（四）专业护理人员不足 ………………………………… 41

四、德国养老保障制度改革 ………………………………… 41

　　五、德国养老发展新趋势 ·· 43

　　六、德国养老保障体系发展对我国养老事业的借鉴意义 ··········· 47

　　　　（一）构建多元化养老保障资金来源渠道 ·························· 47

　　　　（二）加强养老保障资金的管理，完善监督体制 ··············· 48

　　　　（三）夯实护理服务基础，提升养老服务质量 ··················· 48

　　　　（四）打造适老公寓社区为社会化养老提供灵活服务方式 ·· 49

　　　　（五）适度逐步延长退休年龄 ·· 49

第三章　美国养老保障制度和养老产业发展研究 ····················· 52

　　一、美国的人口老龄化情况 ··· 52

　　二、美国的养老保障制度 ··· 53

　　　　（一）联邦退休金制度 ··· 53

　　　　（二）企业补充养老保险制度 ·· 55

　　　　（三）个人退休金计划（IRA 计划） ································ 58

　　　　（四）美国社会养老保险基金的运营管理 ························· 60

　　三、美国养老产业的发展研究 ·· 60

　　　　（一）美国养老产业制度体系 ·· 60

　　　　（二）美国养老服务模式 ··· 61

　　　　（三）美国的三种养老地产发展模式 ································ 68

　　四、美国养老产业面临的挑战 ·· 70

　　　　（一）缺乏足够养老储蓄 ··· 70

　　　　（二）过早消费 401K 计划账户资金 ································ 70

　　　　（三）生活不易，难以积攒更多养老钱 ··························· 70

　　　　（四）担心退休后看不起病 ·· 71

　　五、美国社会养老保障制度建设对我国的启示 ····················· 71

第四章　我国养老保障制度发展研究 ····································· 73

　　一、我国人口老龄化发展现状 ·· 73

　　二、我国人口老龄化特点 ··· 73

　　　　（一）规模大 ··· 73

　　　　（二）增长速度快 ··· 74

　　　　（三）未富先老 ·· 76

（四）区域发展不平衡 …………………………………… 76

（五）家庭结构变化明显 ………………………………… 77

三、我国发展养老保障制度的探索 …………………………… 78

（一）养老保障制度初步探索阶段（1949～1965年）…… 79

（二）养老保障制度探索停滞阶段（1966～1977年）…… 81

（三）养老保障制度改革初步启动阶段（1978～1985年）…… 81

（四）养老保障制度改革探索阶段（1986～1996年）…… 83

（五）养老保障制度改革深入探索阶段（1997年至今）…… 85

四、我国养老保障制度发展现状 ……………………………… 87

（一）基本养老保险 ……………………………………… 87

（二）企业年金制度 ……………………………………… 91

（三）个人储蓄性养老保险 ……………………………… 92

（四）我国养老保障制度建设取得的显著成绩 ………… 93

五、我国养老保障制度发展存在的问题 ……………………… 95

六、我国养老保障制度改革的原则和目标 …………………… 99

（一）改革的原则 ………………………………………… 99

（二）我国养老保障制度改革的目标 …………………… 101

七、加快完善中国特色养老保障制度 ………………………… 103

第五章　厦门养老服务发展现状及存在的主要问题 ………… 108

一、厦门养老服务发展现状 …………………………………… 108

二、厦门养老服务发展存在的主要问题 ……………………… 109

第六章　厦门岛外农村养老服务供给和需求调查报告 ……… 112

一、岛外农村养老服务调查对象与方法 ……………………… 112

二、农村养老服务供需问卷调查资料分析 …………………… 113

（一）被调查老人基本情况 ……………………………… 113

（二）农村老人的收入及满意度 ………………………… 115

（三）老人对养老模式的需求 …………………………… 116

（四）老人对农村社区的养老服务需求 ………………… 116

（五）老年人目前感觉较为困扰或担心的项目 ………… 117

（六）老人平时生活中急需要哪些养老服务项目 ……… 118

（七）农村老人更乐意把钱花在哪些方面 ·················· 118

（八）农村老人的意见和建议 ························· 119

三、岛外农村幸福院养老服务供需调查 ······················ 119

（一）农村幸福院供给存在的问题 ···················· 120

（二）农村幸福院养老服务需求状况 ·················· 122

四、岛外农村养老服务供需调查小结和建议 ················ 123

第七章　厦门城市社区养老服务供给和需求调查报告 ·········· 126

一、城市社区养老服务调查对象与方法 ···················· 126

二、城市社区养老服务调查资料分析 ······················ 127

（一）被调查老年居民基本情况 ····················· 127

（二）老人收入及其来源情况 ······················· 130

（三）老人对养老模式的需求 ······················· 130

（四）城镇老人对社区的养老服务需求 ··············· 132

（五）老年人目前感觉较为困扰或担心的项目 ········· 134

（六）老人平时生活中急需要哪些养老服务项目 ······· 135

（七）老人更乐意把钱花在什么方面 ················· 136

（八）从户籍、年龄、文化程度和收入状况看全市老人的

养老服务需求 ··········· 136

（九）全市老人的主要意见和建议 ··················· 138

三、社区居家养老服务照料中心（站）养老服务供需调查 ·········· 138

（一）社区照料中心养老服务供需方面存在的问题 ······ 139

（二）社区老人需求方面存在的主要问题 ············· 141

四、小结和建议 ··· 143

第八章　厦门养老机构养老服务供给和需求调查报告 ·········· 147

一、厦门养老机构基本情况介绍 ·························· 147

二、厦门养老机构调查 ··································· 148

三、入住养老机构老人调查 ······························ 150

四、养老护理员调查 ····································· 153

五、小结和建议 ··· 154

第九章　国内养老模式发展调查研究 ……………………………… 158

　　一、国内基本养老模式 …………………………………………… 158

　　　　（一）家庭养老模式 ……………………………………… 158

　　　　（二）社区居家养老模式 ………………………………… 161

　　　　（三）机构养老模式 ……………………………………… 172

　　二、国内新型养老模式 …………………………………………… 179

　　　　（一）医养结合模式 ……………………………………… 179

　　　　（二）养生型养老模式 …………………………………… 182

　　　　（三）旅居养老模式 ……………………………………… 184

　　　　（四）智慧养老模式 ……………………………………… 189

　　　　（五）抱团互助养老模式 ………………………………… 190

　　　　（六）以房养老模式 ……………………………………… 194

　　　　（七）虚拟养老院模式 …………………………………… 198

　　　　（八）农村新型养老模式 ………………………………… 207

第十章　厦门养老模式发展调查研究结论 ……………………… 212

　　一、以虚拟养老院模式创新厦门养老服务 ……………………… 212

　　二、推进虚拟养老院与医养结合、机构养老和智慧养老等养老模式
　　　　充分融合发展 ……………………………………………… 214

　　三、推动养生型养老、旅居养老、抱团互助养老、以房养老等养
　　　　老模式发展 ………………………………………………… 215

　　四、因地制宜，积极探索农村新型养老服务供给 ……………… 216

　　五、保障措施 ……………………………………………………… 217

主要参考文献 …………………………………………………………… 219

附件　养老服务供需调查 …………………………………………… 231

后　记 ………………………………………………………………… 235

第一章　日本养老保障制度对我国养老事业发展的启示

　　根据世界卫生组织发布的《世界卫生统计》报告（2015年版），2013年，人的平均寿命最长的国家为日本，平均寿命为84岁，其次为瑞士、冰岛、瑞典、荷兰和挪威等国家。日本已经多年蝉联全球第一。日本女性的平均寿命是87岁，位居世界各国之首，但日本男性的平均寿命仅为80岁，位列于圣马力诺（83岁）、新加坡（81岁）等国家后面。2013年，我国人口的平均寿命为：女性77岁，男性74岁。日本是全球人口老龄化速度最快的国家之一，也是全世界人口老龄化程度最高的国家。1970年，日本65岁以上高龄老人占总人口比重为7%，1994年，该比重则为14%。显然，经过24年的时间，日本65岁以上高龄老人人口已经翻了一番。而我国老龄化程度从7%增至14%则花了25年时间（见表1-1）。

表1-1　人口老龄化程度从7%增至14%所需时间表

国家	日本	中国	德国	英国	美国	法国
时间（年）	24	25	40	46	72	115

资料来源：《世界卫生统计》报告（2015年版）。

　　日本人口的快速老龄化的主要原因是：在日本经济社会的不断快速发展和西方价值观等理念冲击下，日本社会伦理家庭观和生育观都发生了变化，使得日本人口结构逐步向出生率、死亡率低以及增长率低下趋势转变。而医学的发展也促进了平均寿命不断延长，致使日本成为世界上最长寿的国家。

　　日本总务省发布的人口统计结果显示，截至2018年8月1日，日本1.2649亿总人口中，65岁以上高龄老人为3557万人，占总人口比重为28.1%，比上一年度增加44万人。其中女性老人为2012万人，男性老人为1545万人。70岁以上高龄人口为 2618 万人，占总人口比重为 20.7%，首次超过两成，较上一年度增加 100 万人。80 岁以上高龄老人为 1104 万人，占总人口比重 8.7%，比上一年度增加 31 万人。90 岁以上高龄老人人口为 219 万人，占总人口比重 1.73%，比上一年度增加 14 万人，日本人的长寿由此也可见一斑。显然，日本人口的快速老龄化趋势十分严峻。据日本总务省预测，2030 年，日本 65 岁以上高龄老人占比将超过 30%，2040 年，65 岁以上高龄老人占比将超过 35.3%。如图 1-1 所示。

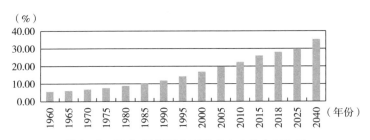

图 1-1　日本 65 岁以上高龄老人占总人口比重

资料来源：日本国立社会保障与人口问题研究所人口资料集 2018。

日本自从 1970 年进入了老龄化社会，其养老服务业开始在各地萌芽产生，日本政府也积极推动养老服务业发展。但是，由于当时日本养老服务产业存在支付困难等许多问题，一直都发展缓慢。2000 年，日本政府出台并实施介护保险法，同时还不断完善养老服务产业相关的法律与制度，彻底解决了养老服务支付困难等问题，促进了养老服务产业快速发展。我国也将快速进入老龄化社会，在日本过去几十年间人口结构经历的发展情况，在接下来的几十年或者更短时间内我国人口结构或将经历同样的情况。因此，日本的养老事业引发我国社会的广泛关注。"日本老人养老有哪些举措？应对老龄化危机存在什么困境？现在日本老年人生活过得如何？老年人是居家养老还是入住养老院？日本的养老政策对我们有什么借鉴意义？"等问题是大家普遍关注的焦点问题。

一、建立多支柱立体化的养老保障制度架构

日本养老保障制度建设的最主要目标是由全社会共同面对人口老龄化问题，让所有日本老人尽可能有尊严地自立生活。日本主要通过养老保险制度和老人福

利服务建设组成现行的养老保障体系。日本的养老保险制度主要由国民年金、厚生年金、共济年金和企业年金共四种年金制度组成，而日本的老人福利服务主要以老人保健为主要项目。年金制度是日本经过长期的经济社会发展并在第二次世界大战后逐渐成熟和完善而建立的一种养老保障制度。年金制度由"公的年金"（即"公共年金"）和"私的年金"两种年金组成。公共年金是指国民年金、厚生年金和共济年金。公共年金制度主要包括自营业者和无工作者在内的所有国民都加入国民年金制度，享受基础年金的"国民皆年金"的框架。"私的年金"即企业年金和个人年金。

（一）日本养老保险制度

1. 国民年金

日本规定 20 岁以上 60 岁以下的所有日本国民都要加入的年金制度，也被称为基础年金。国民年金由国家主导实施，是日本通过国家财政拨款对达到一定年龄的被保险人员进行投保，为其缴纳全部保险费用。1958 年和 1959 年，日本通过《国民健康保险法》与《国民年金法》，实现医疗和养老全民覆盖。1961 年国民年金改革为收费年金，根据法律，以下这些国民都有支付国民年金保险费的义务。主要有三类："第一号被保险者为自营业者、农业人员、学生等；第二号为加入厚生年金的私营企业职工、加入共济年金的公务员等；第二号被保险者的配偶（20 岁以上 60 岁以下、年收入不满 130 万日元者）作为第三号被保险者无须交纳保险费。"特殊困难者可免缴保费。领取国民养老金即老龄基础年金要满足两个条件：一是保险费的缴纳期间与减免期间之和在 25 年以上；二是必须年满 65 周岁。一般来说，如果被保险人在年满 20 周岁至 60 周岁的 40 年间一直缴纳保险费，那么就可以获得满额国民养老金，如果未达到相应年限，则会依据缴纳期限的长短进行减免。对于未满 65 周岁而提前支取的则也会相应降低年金金额，延迟领取的则会给予奖励，增加年金金额。1961 年，以自营业者为对象的国民年金制度改革开始实施。1985 年修改后的国民年金制度设立了所有国民享有的基础年金。1986 年，又规定所有在职职工及其配偶均参加国民年金制度。随着日本经济社会发展变化以及人口老龄化不断加剧问题，《国民年金法》也经历了多次反复修改，虽然仍未达成最佳状态，但是日本国民年金已经发展成为全民养老保障措施，是日本社会养老保障制度的根基。国民年金将全体国民纳入养老保障体系，分门别类厘清保障对象和保障水平，为全体国民提供基本的养老保障，为日本老年人提供了最基本的生活保障，也奠定了日本养老保障制度实施的基础。

2. 厚生年金

厚生年金即在私营企业、工厂、商店、事务所等工作的职工所加入的年金制度。厚生年金初创于1942年，以保障在职职工及家属基本生活为目标。1944年改称为厚生养老保险，同国民年金制度一起构成日本养老保险的主体。1965年创设厚生年金基金制度，1985年，国民年金改为保障全体国民后，厚生年金退居次席，作为第二档基础保险存在。厚生年金的参保者同时参保国民年金。日本政府规定，企事业单位只要大于等于5人的正式职工，就必须加入厚生年金。厚生年金参保人数非常多，保险覆盖面非常广，因此，厚生年金同国民年金一起构成了日本公共年金制度的两大支柱。但是，同国民年金的政府补贴不同，厚生年金保险费用是根据单位职工个人收入来确定缴纳比例的，厚生年金保险缴费与职工个人收入成正比。比如，2005年，厚生年金的保险费率为职工个人总收入的14.288%，雇主和被保险人各负担一半的厚生年金保险费用，按月缴纳。保险费率每年提高0.354%，一直到2017年固定的缴纳费率为18.3%。与国民年金一样，厚生年金的保险人同样是政府，而被保险人则是受雇单位的参保人。受雇单位又划分为强制适用单位和任意适用单位两种。强制适用单位包括中央政府、地方政府所属事业单位中经常性使用雇员的单位，农、林、水产等第一产业部门单位，律师事务所等各种事务所、洗衣美容理发行业单位、餐饮业单位等这些提供服务的单位。除了强制适用单位外，经日本社会保险厅长官认可的适用单位都被称为任意适用单位。在被保险时强制适用单位和任意适用单位的权利和义务完全相同，而且两种单位中所有未满70周岁的人员，都属于被保险人，且不受国籍限制。厚生年金的领取范围包括老龄、残疾人补贴、残疾人厚生年金、遗嘱厚生年金等。涉及老年厚生年金的领取主要有两种，即老龄厚生年金和在职老龄年金。在满足以下两个条件时老年人可以领取厚生年金：一是年满65周岁以上；二是保险费的缴纳时间加上减免时间之和必须在25年以上。老年人领取厚生年金金额一般按下面公式计算：

年金领取总额＝（总收入制实施以前的部分＋总收入制实施以后的部分）×物价联动率；

总收入制实施以前的部分＝平均标准收入月额×（7.125/1000）×被保险期间的月数；

总收入制实施以后的部分=平均标准收入额×(5.481/1000)×被保险期间的月数。

如果老年人在达到日本法定退休年龄后仍然继续工作，仍可以取得劳动收入。因此，这些老年人又存在不同的在职老龄年金制度。在职老龄年金制度根据年龄段的不同，酌发年金。

3. 共济年金

共济年金，也称共济组合年金。日本共济年金发展比较成熟，共济年金主要由国家公务员共济组合、地方公务员共济组合、私立学校教职员共济组合和农林渔业团体职员共济组合四类组成。国家公务员共济年金组合主要是对国家公务员进行保障，地方公务员共济年金组合则对地方公务员进行保障，私立学校教职员共济组合以私立学校教职员为保障对象，农林渔业团体职员共济组合则保障农林渔业团体职员。共济年金的缴纳费率以标准收入制度为计算基础，共济年金的领取种类主要包括退职共济年金、残疾人共济年金，以及遗嘱共济年金等，一般是每年双月发放，领取条件与厚生年金基本相同。即需要满足两个条件：一是缴费期限需达25年以上；二是退职共济年金开始发放的年龄原则上为65岁，提前支取要依法依规给予酌情减发。

厚生年金和共济年金合称为雇员年金，日本的家庭主妇无须缴纳雇员保险费用，满65岁即可领取雇员年金。

在日本，公共年金制度几乎覆盖了日本全部人口，这也就是大家所说的日本"国民皆保险，国民皆年金"。

4. 企业年金

企业年金是年金制度的重要组成部分，企业年金和个人年金被合称为"私的年金"。企业年金作为对员工劳动报酬的补偿，实施企业给付制度，员工个人无须缴纳费用。企业年金覆盖对象为企业员工，作为企业对员工劳动的补偿，有两种给付方式：一是以企业年金形式发放给予员工；二是一次性全额发放给予员工。其中，以企业年金形式发放给员工又区分为终身年金和非终身年金。非终身年金一般每五年或十年发放一次，而终身年金则是一直发放直至领取人死亡为止。与厚生年金、共济年金等国家强制性储蓄养老金不同，企业年金是非强制性的，员工可以按自己意愿自由参与。

日本建立的企业年金制度，要求企业必须满足一定条件，比如实施单位必须是作为公共年金制度之一的厚生年金制度的使用单位；实施企业须具备一定的规模，单独设立企业年金制度的企业必须为其被保险人的员工数量超过500人的企业，如果企业采用联合设立方式，则要求其员工数之和需要超过800人，而如果企业采用综合设立，则要求实施企业员工数量需要超过3000人。显然，日本建立的企业年金制度，是公共年金制度的补充，在一定程度上可以看做自由储蓄，由企业和员工积累资金进行投保，可以拓宽员工退休后养老资金的来源渠道，补充员工养老资金，保障雇员退休后较为富裕的老年生活。

此外，日本还有个人年金。个人年金主要是指个人购买保险、储蓄等。

5. 日本年金制度的改革

年金制度是日本在20世纪五六十年代经济高速发展时期逐步形成和建立起来的。在这一时期，日本处于"二战"后经济社会重建恢复时期，日本国民人口也处于年轻时期，所以，年金制度规定的缴费时间长（须缴纳满40年才能支取年金），日本年金没有出现什么问题。相反，由于年金制度的建立保障了劳动者退休后的幸福生活，这反过来在很大程度上促进了日本战后经济的快速恢复和高速发展繁荣。但是，在日本与美国广场协议的签订后，尤其是进入20世纪90年代以后，日本泡沫经济破灭了，国民经济开始进入滞胀甚至衰退阶段，不仅日本人口老龄化，同时日本人口少子化双重危机显现了，导致了日本政府财政负担沉重，压力日益加剧，使得日本的年金制度改革势在必行。

虽然年金制度自1961年日本颁布、实施以来，已经经过了多次修改，但仍然存在众多复杂问题，且积重难返，致使年金制度的进一步改革仍然是日本政府面对的最大挑战。最后一次年金制度的重大改革发生在2004年，日本政府这次改革的目的是要构筑一个与社会经济相协调的可持续发展的年金制度，且让老年人安心和信赖的年金制度，使对应生活方式、劳动方式的多样化，让更多的人能够发挥才能的制度。这次年金制度改革的主要内容如下：

（1）年金的作用。年金制度改革法案明确指出，作为支持高龄老人生活的基本部分，公共年金制度发挥了非常重要的作用：年金占高龄家庭收入的70%；60%的高龄家庭只有年金收入；在老龄生活的设计上，依靠年金维持生活的家庭占70%；在4个日本国民当中就有1人正在享受年金；年金消费还可以支持地方经济，一般地日本家庭消费的20%是在接受年金的地区；等等。因此，在职员工可以不必担心父母的经济生活，安心地工作和生活。

（2）年金的支付和负担问题。年金修改前是先设定支付水平，再确定保险费。

年金改革后，先设定未来年金负担上限，而后在此范围内调整缴纳费用水平。通过改革，解决了年金保险费的收入减少与年金支付增加之间的不平衡问题。

（3）工作方式、生活方式多样化的改革措施。针对日本高龄老人、家庭主妇、残疾人等多种工作方式、生活方式提出改革措施，同时也针对高龄老人就业与年金、女性与年金以及残疾人年金的改善等提出改革措施。例如，高龄老人就业与年金改革措施：为不妨碍60岁以上高龄老人就业，从2005年4月起废除在职老龄厚生年金一律停止支付两成的规定。为保证世代间的公平，对70岁以上的老龄厚生年金的支付进行了调整，即当工资和厚生年金超过48万日元时，对年金额度进行调整。但基础年金不停止支付；女性与年金的改革措施主要是关于离婚时厚生年金的分割。从2007年4月起，随丈夫加入国民年金的妻子一方，离婚时可要求将丈夫所得的厚生年金予以分割，妻子一方具有直接享受一半年金的领受资格。

（4）自营业者等国民年金保险费的收缴改革。1996年日本自营业者国民年金保险费的缴纳率为82.9%，2003年缴纳率下降至63.4%。年金改革法案目标是：在2007年日本自营业者实现国民年金保险费的缴纳率为80%。为此，从2006年7月起导入多阶段免除制度，即在现行的全额免除、半额免除的基础上，增加免除3/4、免除1/4的阶段。此外，从2005年4月开始设立20岁左右年轻人国民年金保险费缴纳延期制度，即是年轻人可在10年内追加缴纳保险费。

（5）企业年金充实、安定化改革。法案的改革措施：一是从2005年4月起，解除对厚生年金基金的免除保险费率的冻结，根据最近的平均寿命、厚生年金本体的预定利率进行修改、确定。现行的免除保险费率为2.8%，改革后未来的免除保险费率为3.7%~3.8%。二是解散厚生年金基金的特别措施。在解散时没有确保最低责任预备金，在接受缴纳计划承诺的基础上可以承认分期（原则在5年之内）缴纳不足部分。

此外，为减少年青一代的经济负担和压力，维持代际间的平衡，日本政府还进行了一系列养老保障制度改革。主要是进一步推迟养老保险的享受年龄（日本法律规定退休年龄是60岁，但是真正能够领取养老金需要到65周岁）；年满60周岁之后，老年人可以根据自己的工作意愿与能力，在自愿原则下适当延长自己工作年限。政府出台了《高龄者雇佣稳定法》，鼓励老年人退而不休，积极参与社会工作，从雇佣、保险方面给予老年人社会保障。在日本总务省的劳动力调查中显示，2017年日本65岁以上高龄老人仍在工作者达807万人，占总就业人数比重为12.4%，创造了历史新高。同时，日本政府还建立了契约制度，制定了养老契约蓝本，对服务方和老年人双方权利义务、服务内容、收费标准以及纠纷解决等条款予以详细规定，以法律合同形式约束不当行为，规范养老服务运营。经过不断地发展完善，日本的养老服务体系不仅满足了老年人的养老需求，切实保障了老年人的权益。同时，养老保险基金被纳入国家融资计划，统一使用。比如，日本大藏省政府用养老保险基金购买国债，进行长线投资，剩余部分则用于构建福利设施、贴息贷款给企业等，这不仅实现了养老保险基金的保值增值，减轻了财政负担，还丰富了养老金的功能，保证了日本养老服务产业可持续发展。

（二）日本老人福利

为了应对人口老龄化危机，日本在 20 世纪 50 年代就开始为解决养老问题而立法。1950 年出台《生活保护法》，提出最低保障理念。1963 年，为推行社会化养老又颁布了《老年福祉法》，进一步保障了老年人的社会福利，同时也标志着日本独立福利制度的建立。1986 年，日本发表"长寿社会对策大纲"，提出"适应终身生活设计"原则；1989 年出台《黄金计划》，对社会保障制度进行完善；1994 年，制定"日本 21 世纪福利展望"和推进"老年人保健福利 10 年战略"，构建尊重老人意愿且以自立为目的的利用型养老体系；1999 年，出台"今后 5 年老年人保健福利政策的方向"；2002 年再出台《黄金计划 21》，建立面向所有公民的养老服务体系。随后，《老人保健法》《护理保险法》等法律相继颁布实施，以立法形式进一步保障了日本老年人的合法权益。

（1）《老人福利法》。该部法律的颁布明确提出了日本政府在老人福利方面的职责，并指出建立日本老人福利制度的目的就是要维护日本老年人的身心健康和生活稳定。该部法律是世界上第一部将"老年人福利"单独立法的法律。该部法律制定了实施老年人福利项目的条文规定，明确了地方政府在老人福利设施的设立、运营管理等方面的各种权限，也明确了日本养护老人院、老人福利中心以及老人护理支援中心等七项设施都由日本政府以老人福利的形式提供。因此可以说，《老人福利法》不仅是一部维护日本老年人合法权益的法律，而且是一部对日本老年人福利事业、老年人服务设施进行管制的法律。法律还细致规定了日本老年人保障落实责任措施，量化了养老服务项目的质量标准，为日本老人福利事业奠定了基础。

（2）《老人保健法》。1982 年，为全面推广老年人保健和医疗，日本政府又推出了《老人保健法》。《老人保健法》的立法目的主要是提高日本老年人福利水平，通过实施疾病预防、治疗以及康复训练等医疗保健事业，以促进日本国民保健事业发展和国民年老后能够保持身体健康。因此，该法律内容主要分为医疗给付和保健给付两部分。医疗给付要求保险医疗机构或者老人保健设施向 70 岁以上或者 65 岁以上 70 岁以下长期瘫痪的居民提供医疗服务；保健给付指通过市町村保健中心或保健所向 40 岁以上的日本居民提供保健事业，主要包括提供健康检查、康复训练、健康教育等保健活动，以及发放健康手册等。1995 年，为保障高龄老年人日本又制定了《高龄社会对策基本法》。

（3）《护理保险法》。由于上述《老人福利法》和《老人保健法》两部法律的实施主体都是政府，给付对象均限定为高龄老人，而且给付的内容老人无法自主选择，这就给养老服务的供需双方带来许多服务错位。一方面，从养老服务供给看，养老服务的提供者为政府，主体单一，缺乏市场竞争机制，极易造成养老服务的质量和服务效率低下。另一方面，从养老服务的需求看，政府提供的养老服务领域和服务措施都是固定的，老年人多样化、个性化服务需求难以得到有效满足。因此，1997 年，为了保证老年人的看护需求，日本出台了《护理保险法》，把 40 岁以上的被保险人全部纳入长期护理保险范围。护理保险（或介护保险）是基本社会保险，同我国的“五险一金”一样，从工资中预先扣除保险护理金，日本法律规定凡是年满 40 周岁之后就需要开始缴纳保险护理金。不同于医疗保险，介护保险保障的不是医治，而是看护和照顾，是人老了之后有人来帮忙，是专门为老年人在需要他人护理照顾的时候提供保障。

2000 年又进一步修订《护理保险法》，推行全方位保险，并减少被保险人负担。《护理保险法》的实施，从法律层面放宽了日本养老服务市场的准入机制，虽然仍然由日本政府进行市场管制，但是，养老机构的经营许可已经向社会民营企业开放。《护理保险法》实施后，养老服务的选择已经可以多样化了，这使得日本养老机构的养老服务供给机制发生了根本性改变。日本的养老机构不再只是行政福利措施，而已经转变为护理保险被保险人选择养老服务的对象。被保险人可以根据自己意愿选择入住养老机构，并与之签订合同契约。显然，《护理保险法》的实施成绩显著：为日本老年人养老提供了个性化、多样化的选择，同时推进了日本养老机构进行市场化良性竞争，推动日本的养老服务供给体制向多元化、市场化迈进。

日本各种年金制度的实行和对老年人福利服务规定的立法，这些构成了日本现行的多支柱的养老保障体系，从多种层面上进一步保障了日本老年人的合法权益，也为老年人的养老保障提供多样化选择，形成了日本养老保障体系既有强制特色又有福利特色的立体化养老保障架构。

二、功能多样化的日本社区养老服务

日本政府推崇多功能、小规模的社区养老服务新模式，社区为老年人提供多样化、专业化的养老服务功能。社区养老服务积极推广"医养护融合"专业化养老服务，尊重和爱护老年人体现在养老服务的每一个细节中。日本社区养老组织形式分为四种：政府主导型（主要由政府人员为主和民政人员组成养老服务人员）、政府资助民间组织型（比如社会福利协会等）、民间志愿者协会型（志愿者主要由在校大学生、家庭主妇以及健康活力老人组成）和企业组织型（企业式养老服务）。

为了更好地满足社区养老服务需求，日本政府积极发挥民间养老服务力量，促进不同社会主体和志愿者积极参与到社区养老服务中，使其各自发挥作用，极大地减轻了政府负担，提高养老服务效率，提升了服务质量。比如三德会养老机构经营的平塚桥老人之家，是一家典型的社区综合养老服务中心，不仅为社区老人提供寄宿式养老服务，同时也提供日托照护、上门护理以及日常生活支援等居家养老服务。其中，日常生活支援养老服务主要包括：24 小时呼叫系统安全确认、日常照护和巡诊、配餐和购物协助等服务。中心联合了医院、志愿者、行业协会、民间组织、企业和家庭主妇等共同参与，其养老服务的重心主要是预防、护理和日常生活照料等服务，中心配有专业健康管理师，对有需求的老人进行一对一健康评估，根据老人各自具体情况，制定健康服务方案。中心的日托照护专门接收要住在自己家里，但又有照顾和护理需求的社区老人，老人的费用可以通过介护保险支出。每天早晨，中心派车派人上门把老人接到日托中心，组织老人参与各种兴趣活动，进行康复训练，傍晚，中心再送老人们回家。志愿者定期在中心参与陪护老人，给予老人提供心理疏导、健康训练等。平塚桥老人之家服务中心也提供上门服务，主要包括上门医护和上门照护两种形式。上门医护主要是中心的专业医护人员到有需求的老人家里提供康复训练、健康指导等，上门照护主要包括为老人洗衣做饭、喂饭、洗澡、打扫卫生、交流沟通疏导等。有的日本地方政府为达到一定条件的老人提供免费"养老服务券"，老人可以用养老服务券，选自己喜欢的养老服务机构（不限于本社区的养老服务中心），这促进了养老服务机构良性竞争，促使本社区养老服务中心不断完善和提升养老服务质量。

总之，在日本作为一个完善的社区养老服务中心，必须具备以下几个综合功能：一是老年教育功能。通过鼓励老年人学习、交流和沟通，以及参加文化娱乐活动等，提升和保证老年人生活品质和生活质量。二是医护功能。配备高水平医疗设施、专业医护人员以及健全的老年人健康跟踪制度，确保老年人日常生活健康和安全。三是居住功能。拥有优美的环境、养老服务设施齐全和充足的活动空间等，完全能够满足老年人日常生活需求。

三、人性化的专业养老机构服务

1. 多样化的养老机构

日本的养老机构按功能定位可以分为以下三种类型：一是福利型：福利型养老机构在日本居于主要类型，占50%以上，主要接收医疗护理需求少或者有特殊照护需求的老年人。二是保健型：保健型养老机构主要接收需要长期照护的老年人。三是医疗护理型：医疗护理型养老机构则是专业的疗养型机构，主要接收有自理能力、有疗养需求的老年人。根据经营性质，医疗护理型养老机构可以分为营利性和非营利性机构，前者由财团法人经营管理，后者则由医疗机构、社会福祉等法人单位经营管理。根据收费标准，医疗护理型养老机构又可分为完全免费、廉价收费、普通收费以及高收费型机构。以上三种类型机构的养老服务内容明确，差异化经营，均集不同服务于一体，基本上有效地满足了不同老人的多样化需求。

2. 专业的护理

日本养老机构的从业人员主要有三类：介护保险管理师、介护士以及非专业从业人员。介护保险管理师和介护士都需要具有医疗、保健和福利等知识储备，还需要接受系统的养老服务职业道德、专业学习和专业训练，并通过了严格的认证考试方可从业。介护保险管理师主要根据老年人的资格、健康状况、医疗建议和个人要求等综合情况制定个性化的护理方案，并核算和管理服务经费。介护士通常是护理学校的毕业生，具有专业护理证书，承担具体照护工作。非专业从业人员则需要接受正式和非正式的专门养老服务知识培训。正式培训是长期的培训，一般在护理学校接受专业的系统的护理理论学习并参加技能实训；而非正式培训一般是短期的，主要在养老机构学习医疗知识、护理经验和知识。介护员具有专业等级，其薪资标准与专业等级和服务内容直接挂钩。非专业从业人员可以通过自学考试考取专业护理资质。

3. 人性化的养老服务

日本养老机构一般选址远离城市喧嚣，或者尽量闹中取静，但需要交通便利和靠近医院方便就医。养老机构的电梯、活动室、卫生间、浴室、桌椅、餐具、卧室等设施全部按照老年人的特点进行规划设置，从细节处体现老年人的感受和需求，使入住养老机构的老人可以充分享受到人性化服务，感受到人性化的关怀。例如：营养餐的搭配方案具体到人，每个老人的注意事项在护理记录中都详细标明；服务人员要求使用敬语和微笑表情，还会一些养植花草的知识等；如果入住养老机构的老人不幸去世，为尊重逝者，安抚家属，机构服务人员会根据家属具体要求设计告别方案，敬献花圈，参加遗体告别。

4. 多方参与的养老服务评估制度

为应对高龄社会，日本政府制定的《高老龄社会对策基本法》，明确规定了政府、社会组织和全体公民在社会中的角色、责任和义务。通过立法体现日本社会的伦理道德，促使养老服务的人性化和法治化相结合。日本实行全体公民皆照护的制度，允许非营利机构和企业提供介护服务，而推行的护理保险制度极大地促进了养老服务民营化、市场化和规模化发展。日本养老机构的投资主体由政府、民间组织、企业法人和志愿者组成。企业投资经营的养老机构，不仅提供护理服务，承接外包养老服务，还开办护理学校，销售护理设备和保健产品，实行规模化经营。比如，倍乐生集团拥有300家连锁经营的养老机构。民间组织主要是指一些慈善组织等，也开展对养老机构的投资。志愿者对养老机构的投资主要是募捐和提供志愿服务。日本政府（或者地方政府）针对各种类型的养老机构制定了涵盖养老服务设施、安全设施、人员配备、运营规范及养老服务的明确标准。比如，厚生劳动省对每种类型养老机构严格执行各种人员数量配备标准：要求每50名老人需要配备服务人员15名，其中院长、办公人员、营养师、生活指导员、看护人员、医生（可兼职）各1名，护理人员5名，厨师4名。

多方参与，日本积极开展养老服务工作的评估，建立了养老服务评估制度。

首先，由专业人士对申请入住养老机构的老人行为能力、身心状况、医疗、康复状况和生活自理能力等数十项目进行调查和评估，最终确定老人入住养老机构的资格和等级。其次，为提高养老机构的运营水平，提升养老服务质量和品质，建立了系统的养老服务评估体系，对养老服务质量开展养老机构自评、老人评价以及第三方评价。①养老机构自评：机构遵照政府相关法规和标准，从入住老人资格和等级等结构比例、机构管理水平和养老服务质量等方面进行自我测评；②老人评价：入住老人从接受服务的体验和感受出发对机构的养老服务过程和结果进行评价；③第三方评价：由县区评估机构、质量监督组织以及医疗护理机构等相关人员组成第三方，主要对养老机构的构成、养老服务收费、服务内容、服务过程、服务质量以及服务结果等方面进行评价。收费标准需要充分考虑不同老人的需求，服务质量评价指标以老人的感受和满意度作为重要评价依据。对养老机构服务评价的结果在政府官方网站公布，所有公民都可以在线查询，老人和家属容易依据评估结果选择自己喜欢的养老机构入住。多方参与的养老服务评估有利于政府进行养老服务相关政策的决策，有利于政府管理和监督养老机构运营，有利于促进机构养老服务标准化，保障入住老人的权益和服务。

四、日本养老发展新趋势

随着越来越多的日本人快速步入老年，日本医疗保险的费用必将成为日本财政的沉重负担。而更加让日本政府深感恐惧的是，劳动力越来越匮乏。日本政府由于害怕外来移民会导致社会不稳定，恐怖袭击增加等后遗症，一直不肯真正放开劳动力市场。据日本政府相关部门估计，到 2025 年日本仅在养老服务领域就将缺少 37 万护理人员。但是尽管极度缺乏劳动力，尤其是护理人员，日本政府也不会改变现有的劳动力"闭关锁国"政策。因此，解决当前日本养老服务领域护理人员缺乏的困境问题，也只能走机器人的道路，利用人工智能与 AI 结合，推动人工智能养老，已经在日本养老院成为一种未来的发展趋势。

从世界养老服务发展趋势看，人工智能养老目前已经不是讨论其可行不可行的问题了，它已经就是未来养老服务产业的发展趋势。显然，利用现代互联网和信息科技等技术，进一步完善养老服务，已经正在成为日本养老行业的未来发展方向。

1. 把大数据技术大量引入日本养老服务

对于老年人的养老服务，保持每一天身体的各项机能都能够处于良好状态下，这是养老服务中最核心的要素。利用大数据和互联网云等技术，把老人的电子化病历、检查结果以及用药情况等都上传到云数据库上。老人再去医院看病时，就不需要进行重复的身体检查，就是老人不去医院，医生根据云数据库上的老人各种健康信息，基本上也可以为老年患者对症开药治疗。同时，医生还可以根据老年患者在健康方面的一些疾病数据，预测老年患者将来可能会罹患的疾病，以便提醒老年患者提高警惕，及早预防，及时就医，避免病入膏肓时，才匆忙就医并大量使用药物抢救患者。众所周知，一个人的身体越健康，其身体抵抗力就越强，患病时用药的时间就会越短，经济负担也会越小。此外，利用大数据记录每一位老年患者的用药情况，让云数据库审视所有医生开具的处方，使每一个医生都知道有一个云数据库在不停地监视他的工作，医生就不可能为老年患者乱开药，社会也会因杜绝了乱吃药而节约很多金钱。

日本许多养老院的护理员每天检查入住老人的身体情况，比如睡眠、运动、心跳、脉搏、血压、呼吸、排泄情况等数据，统计记录汇总，通过传感器传给医生专家或者老人家属，这样可以保证能够及时了解养老院老人的身体健康状况，医生可以根据云数据库中原有的患者个人习惯、心态和爱好等数据以及当天上传的患者精神状态、睡眠、运动、血压等数据，综合给出最适合患者个人的照护建议，以及给予患者最及时也是最佳的医疗救助和药物。养老院如此利用云数据库等现代科学技术的管理方式，相比于以前只是依靠护理人员每天做测试、做记录，并不断反馈给医生，劳心费力，效果还不一定好，现代的管理方式可以说更加及时、更加科学和精确。比如，东京郊区的一家老人院，护士站的大屏幕上放出来的图像是各个入住老人房间里的状况，包括老人们的睡眠、运动等情况，一旦有老人出现异常状况，机器会自动及时提醒。这就是人工智能对养老服务的赋能，大数据在养老服务领域的智能化应用中有强大的优势。

显然，日本老人院大量使用大数据是今后养老服务的必由之路。

2. 介护机器人全面进入日本养老服务

目前日本政府正将财政预算的1/3用于发展介护机器人，这必将会极大改善日本老年人的养老生活。众所周知，在所有为老年人提供养老服务中，有许多介护服务是比较艰难的，比如，有的老人需要帮助排便，有的老人常年躺床上容易生褥疮，有的老人可能容易掉到床下而发生骨折或死亡等事故……日本的安川电机等企业，及时从工业机器人方向转型到养老服务机器人这个领域，积极为老年人开发自动排便装置、能够预防褥疮产生的自动传感器，这种传感器不仅能够及时提供警报，还能够将长期卧床老人的心跳、呼吸等身体健康情况信息记录下来，并及时传给医护人员和家属，让医护人员及家属都能时刻掌握老人的身体健康信息。日本企业还积极开发适合老年人锻炼手、脚等各种身体部位的机器人，老年人通过不断利用健身机器进行活动，这可以使老人保持身心健康，使部分丧失了运动功能的老人逐步恢复健康。再比如，有很多老人体重相当沉重，但是介护服务又常常需要把老人从床上到澡堂等地方抱来抱去进行转移，这对医护人员来说是一件非常难以独立完成的工作。为此，日本企业专门研发了一款能够抱起40 千克左右病患，可以提升大腿和胳膊力量的工作服，这使得很多护理人员一个人就可以容易地将患者从床上抱到救护车上。

3. 人工智能为介护机器人提供强力支撑

随着人工智能技术不断发展进步，为智能介护机器人的智能服务提供了强有力的技术支撑。当前，智能介护机器人在养老领域具有相当的优势。智能机器人的服务功能是根据养老服务需求进行设置，它更加贴合介护服务和居家养老服务，它不仅可以进行远程智能看护、急救智能呼叫、亲情互动以及对老人身体健康数据进行实时动态监测，还可以拥有娱乐、自主学习能力等功能，这些功能都更贴合老年人居家养老的各种服务需求。

智能介护机器人可以自主行走、陪护老人散步以及自行充电，还可以为老人连接入政府、网络等服务信息，也可以通过信息整合，直接把需求终端的老年人需求对接养老服务供给提供方，为老年人提供及时的健康管理和养老服务信息化服务。比如，交互式治疗机器人安装了触觉、听觉等多种传感器，在与老人互动时，可以根据老人的抚摸、亲拍等外部刺激做兴奋或撒娇等具有情感的反应，这可以使老人心情愉悦和放松，也可以激励有特殊需求的老人，尤其是能够对患老年痴呆和阿尔茨海默病症的老人具有镇定和安抚作用。实践证明，这种交互式治疗机器人可以通过提问和游戏方式与老人进行沟通和交流，且可以把机器人的声音设置为 5 岁小男孩或小女孩的声音，让老人好像是和自己的孙子或孙女对话，使老人的孤独感会下降，幸福感增强。

又如，日本一家公司开发一款 App 定位追踪软件，一旦发现有老人独自离开，这款 App 软件便会及时向 20 公里范围内的所有使用这款软件的用户发送提醒信息，如此一来，很容易为走丢的老人构建起一个社区安全网络。还有 Z - Works 公司开发的三个家庭护理智能传感器，第一个传感器可以安装在床上，便于测量老人的心率、呼吸和体温以及监测老人床上动作。第二个传感器可以充当行动监测器，主要用于监测室内照明、温度、湿度和老人的动作。第三个传感器则放置在门上，可以在老人开门和关门时发挥作用。日本 Z - Works 公司与佳能公司合作，已经在 115 家的养老院安装了这种远程智能监控传感器系统。

日本通过"互联网 + 智能机器人"服务链条，整合社会资源，打造智慧养老综合服务平台，促进智能化养老，不断扩大智慧养老服务的受益老人群体。

虽然为了缓解照护人员不足，减轻照护人员体力负担，日本积极发展智能养老机器人，但是，日本同时也发现了人工智能与养老服务融合发展中的一些不利因素：一是人工智能养老机器人价格过高。由于智能养老机器人目前才刚刚兴起，尽管日本已经是发达国家了，但仍然存在许多老年人家庭无法负担机器人高昂的价格。因为一款远程智能通话机器人（Telenoid 机器人）的售价是 8700 美元。如果老人买不起机器人改用租赁，则每月租金高达 435 美元，这么高的价格把许多渴望拥有机器人的老人基本上都难住了。日本政府现在已经开始考虑把老年人购买或租赁机器人的费用纳入公共保险，日本政府的这项决策一旦实行必将对以后想要租赁养老机器人给予老年人护理的家庭产生至关重要的影响。二是机器人缺乏人类的丰富情感。机器人毕竟就是机器，尽管使用了人工智能，其所有的判断都源于大数据支持下的智能反应，实在是无法像人类一样有真实情感或直觉的，事实上，大多数老人在生命的最后阶段常常最看重与亲人在情感上进行交流，这也是智能机器人无法完成的任务。三是老年人常常对机器人护理有排斥心理。虽然智能机器人在养老护理服务上可以极大地帮助护理人员，但是如何让老人在日常养老生活中不排斥使用智能机器人，以及如何协调好护理人员与智能机器人之间的工作比例，这些都还需要各方比较长的时间进行磨合。此外，机器人还可能出现电路短路等问题，使它无法正常工作。

五、日本养老保障存在的困境

1. 养老金缩水，养老保障出现了一些问题

我们知道，日本通过立法对公共、企业和个人的养老保险进行法律规定，建

立了较为完善的养老保障制度，日本老年人的养老金主要是就是国民年金，也是老年人养老保障的最主要依靠。国民年金由基础养老金、厚生年金和共济年金三部分组成，企业和个人养老保险则是国民年金的重要补充。而日本长期介护保险资金自付保险服务费用的 10%，而剩余 90% 费用需要由长期护理保险预算支付。该预算的一半来源于参保人缴交的保费，另一半则来源于税收收入。总体来说，一个参保人平均每月需要缴纳约 8000 日元（即人民币 470 元），日本财政需要每月为每个参保人补充保费 6500 多日元。这是非常沉重的负担，十分考验日本财政的可持续性。另外，在市场化改革后，日本政府将国民年金交给市场进行市场化投融资运营管理，20 世纪 80 年代末，日本的泡沫经济破灭，导致国民年金的投资失利，亏损严重，呆账坏账比重很大，这加重了日本公共养老负担，随着日本社会老龄化和高龄化的加剧，养老金负担也更加沉重。

2. 养老护理人员严重短缺

根据日本厚生劳动省的预测，大约 15% 的 75 岁及以上老年人需要护理人员照顾，面对越来越多庞大数量的老年人，养老护理人员却是严重短缺。虽然为了在岗位上留住介护人员，日本政府为介护人员提高了报酬，但是即便如此，与日本全行业每月平均薪资相比较，介护报酬仍低 10 万日元（即 5780 元人民币）左右。根据厚生劳动省对介护人员需求的预测，到 2025 年日本介护人才缺口在 38 万人以上，2050 年，则需要介护士 80 万人以上。另外，日本介护士招生培养人数呈现逐步下降趋势。日本介护福祉士养成设施协会公布的统计资料显示，2017 年度，所有承担培养介护福祉士任务的 277 家大专院校实际接收的学生入学人数仅为 7515 人，仅仅只占定员人数 16700 人的 45% 左右。这种招生难现象的发生，说明了介护士工作不仅劳动强度高而且报酬又太低，对年轻学生缺乏吸引力。这必将加重日本的养老服务困境。

为解决养老护理人员缺口问题，日本政府从两个层面做了努力：一是大力鼓励介护院校扩大招生规模，同时修改日本法律和政策以便让外籍护理人员（主要是介护院校的外国留学生）可以获得绿卡长期在日本从事介护工作，为养老院补充一部分"新鲜血液"（护理人员）；二是提高护理人员的薪水报酬水平，同时鼓励日本企业从不同维度给予养老院护理人员不同程度的关怀，以便留住目前养老院的介护人员。尽管如此，介护人员缺口仍然很严重，因为一些日本地方政府认为引进外国劳工会导致当地犯罪率的提高，甚至无法保证介护质量，还占用就业等各种资源，给地方政府带来更沉重的负担，所以开放外国介护士政策的推出难以得到真正的贯彻执行，政策的效果相当有限。

3. 以房养老难以推行

众所周知，西方发达国家盛行以房养老模式，但是，尽管日本政府也积极推广以房养老模式，但民众还是难以实行，致使以房养老模式在日本陷入困境。日本民众受中国文化传统思想影响严重，都认为房产和土地是祖产，既是祖辈的物质，也是其精神的遗产，无论是老人抑或其子女，都把房屋或土地买卖视为对祖先的不敬表现，这使得以房养老模式受到很大阻碍；另外，同我国的以房养老类似，日本的以房养老模式存在许多难以逾越的障碍。比如，房产的新旧程度、使用状况以及房屋的质量等都难以进行量化评估，再加上日本有许多地震多发区，房屋质量的稳定更加重要。房产评估的结果常常使双方存在较大争执，很多老人往往觉得自己吃亏了。因此，以房养老模式在日本也难以实行。

4. 家庭养老难以实行

从养老管理层面看，由于日本建立了长期护理保险等立体养老保障体系，日本社会高度依赖长期护理保险，而长期护理保险是社会保险，并非商业保险，需要相当的政府财政资金支撑。随着日本人口老龄化进一步加剧，对长期护理保险的需求进一步增加，这使得长期护理保险的可持续运营受到了前所未有的挑战。从养老机构管理层面看，日本政府对养老机构和子女各自的责任没有界定清楚，这增加了养老机构和老人家庭纠纷产生的可能性。比如，老年人随着年龄增大生活自理能力日渐下降或与子女关系日渐疏离，无法独立居家生活，不得已入住养老机构。但是由于各种原因，常常发生许多老年人被子女"遗弃"在养老机构内的事情，而养老机构却无能为力，因为养老机构没有权利强迫子女等监护人必须承担相应的养老责任，在发生紧急事件又无法联系不上子女的情况下养老机构单方面也缺乏自主决定权，这势必增加养老纠纷产生的可能性。从养老服务层面看，无论养老机构护理员如何努力为老年人塑造家一般的感觉，在老人看来，护理员始终无法代替家庭成员，养老机构也始终代替不了家庭。同时，养老机构为了防止意外等事件的发生，以便减少服务纠纷产生的可能性，普遍对养老机构的老年人活动进行严格限制，如护理员安排老年人的日常生活，老年人出行必须依靠轮椅或拐杖，不能够仅依靠老年人的双脚，如此必然导致老年人的生活自理能力迅速下降。从老年人子女层面看，虽然日本政府一直努力恢复家庭的传统养老功能，但由于现在的年轻人工作不固定，流动性大，容易受到地区限制，就近在家居住并不现实，更不要说伺候老人养老。另外，相当贵的房租和保险等费用又加重了年轻人的负担，经济上的入不敷出使年轻人不愿意早婚甚至不敢结婚，也没有愿意多要孩子，进入老年后他们的养老问题将更加严峻。

六、日本养老保障制度对我国养老事业发展的启示

1. 建立养老保险制度

建立和健全养老、医疗和保险的法律制度，建立完整的养老医疗保险管理系统和严格的管理制度，通过养老医疗保险基金的国家强制立法来保障实施，按地区、按职业和按不同形式组织实施，破解在实施与管理层次上遇到的各种障碍，从而在政府监督下，使医疗保险、养老保险、国民健康保险等强制性制度的实施具有保障全面、覆盖面广和管理科学等特点，推动实现全体国民皆有医疗保险，使更广大的群众养老保障皆有保险。学习日本经验，把养老保险基金纳入国家预算，由政府进行统一管理和调配，防止养老保险基金分散流失，提升养老保险基金使用效率。

2. 完善与我国经济社会发展相适应的养老保障制度

根据日本对社会养老保障机制的改革经验，由于对经济增长目标预期过高，使得养老保障改革的预期目标也过高，而日本实际经济增长无法保持高速增长速度，导致养老保障发展过程中出现很多问题，最主要的问题是整体的养老金支出超出了实际养老金的缴费收入，打破了养老金的收支平衡，为此只能向下一代收缴养老金费用转移支付给上一代，增加了下一代年轻人的经济负担，并随着人口平均寿命不断延长，日本老龄化趋势进一步加强，这更加剧了日本政府财政困难，反过来影响了日本养老保障制度的改革。因此，我国要建立与经济社会发展相平衡的养老保障制度。对国内和国际经济发展局势时刻保持清醒而深刻的认识，始终维护养老保障资金的收支平衡和可持续发展，甚至要量入为出，提前预防国际经济出现危机时导致我国经济增长受到冲击而出现的养老金收入严重下

滑，致使国家财政负担沉重。

3. 积极推进长期护理保险

面对当前我国大量失能和半失能老年人对于长期护理保障的迫切需求，要适时建立起我国的长期护理保险制度，以便及时缓解老年人家庭亲人的照料压力，促进家庭和谐幸福，同时还可以满足失能老人的护理客观需要，提高老人生活品质，使老人获得最大程度的生活独立，提升老人生活满意度，促进老人身心健康愉悦。但是，目前我国长期护理保险制度尚处于萌芽阶段，迫切需要进一步的探索和实践，以解决我国人口快速老龄化趋势与养老护理服务严重不足之间的矛盾。同年金制度和医疗保险制度一样，日本的护理保险制度是一种国家强制保险制度，日本护理保险制度的出台和实施是日本老年人保障制度史上的一次重大进步。长期介护保险给予老年人入驻养老机构的可能性，当老年人没有子女或子女无暇，甚至子女不愿承担照顾老人责任的时候，他们只要完成一整套长期护理保险的认定流程，就可以选择养老机构养老甚至直接去医院住院，每月只需要承担10%的费用，剩余部分90%费用则由长期介护保险买单。因此，基本上几乎所有日本老人的养老都很容易实现脱离家庭。许多老年人长期住院，这是十分昂贵的成本费用。当然，长期介护保险的实施使得许多入驻养老机构的老年人的生活离开了一辈子都非常熟悉的家庭和社区，甚至脱离了亲朋好友群体，这是让他们十分无奈的。事实上，日本老年人同我国老人一样受传统文化影响，他们更愿意在社区居家养老。日本政府现在也已经意识到了这问题的严重性，也希望减少保险理赔额，以便减轻财政负担。因此，政府鼓励老人尽量缩短住院时间，积极引导老人社区居家养老，政府还积极鼓励更多志愿者，为社区居家老人提供养老服务。此外，日本的长期介护保险政策只在老年人长期护理方面投入资金，并没有为预防疾病投入任何资金。也就是说，该政策只考虑到老年人衰老需要照顾护理，并没有引导人们积极采取预防疾病措施，减少老年疾病，维护健康。显然，日本长期介护保险的实施已经积累了许多经验和教训，也取得了相当积极的政策效果，是非常值得我国学习和借鉴的。

4. 逐步延长退休年龄，保障养老金制度的实施

根据专家的估算，我国的退休年龄每延长一年，统筹的养老金账户可以增加收入40亿元人民币，且同时还可以减少养老金支付160亿元左右，有效减缓养

老基金的缺口达 200 亿元左右。自从 20 世纪 90 年代以来，日本进行了养老保障制度改革，逐步延长养老金的领取起始年龄。延迟的退休年龄不仅缩短了日本老年人领取养老金的年限，而且还减轻了老年人医疗费用增加而产生的财政负担，较好地适应了日本人口寿命延长的现实社会现状。延迟退休年龄不仅可以顺应我国人口寿命延长的发展趋势，还能够充分利用我国经济高速增长势头为解决养老金支付危机而储备足够的养老金准备基金，还能够根据社会经济发展变化有效提升老年人养老基金的给付标准，保障老年人晚年幸福生活。

5. 树立以人为本的服务理念，完善养老护理人才培养体系

自从 20 世纪 70 年代开始，日本就大力扶持养老服务产业发展，启动了对养老服务人才的培养工程，树立以人为本的养老服务理念，积极建设社区养老服务人才队伍，完善养老服务人才培养体系。1987 年，日本建立了社会福祉士等养老服务人才资格的考试制度，经过长期不断的实践与探索，在养老服务人才的培养方面积累了丰富的经验。例如，在养老服务产品和服务设计上，日本站在老人的立场上来充分考虑，养老服务倡导"自立支援"理念等，养老机构的管理，以精细化的管理见长，这些都是非常值得我们学习的。而我国目前只有《养老护理员国家职业标准》一项标准，通过养老护理员资格证考试的也仅有 2 万多人，这与庞大的老年人群体对养老服务的迫切需求之间存在着巨大缺口。养老服务事业的发展离不开人才的支撑，人才的严重缺乏必然会制约了我国养老服务事业的快速发展。养老服务人才的培养需要政府积极发挥主导作用，建立并完善人才培养体系，根据养老服务市场实际需求，统筹规划各层次各专业养老服务人才的数量和规模，通过政府、社会和教育机构紧密协作，推动实施各层次人才培养。创新人才培养模式，强化养老服务在岗人员的继续教育，完善养老服务职业资格认证方式，确实提升服务人员的收入水平，提高养老护理员的社会认可度，吸引更多的养老服务人才，从根本上提高养老服务人才队伍的素质和水平，全方位满足养老行业的人才需求。

6. 构建多层次的社会养老保险保障体系

我国地域辽阔，各地区经济发展水平有很大差异，尤其经过长期城乡二元体制的发展，农村经济基础和养老服务设施落后，大量年富力强的农民工进城务工，广大的农村老年人口众多，传统的家庭养老模式已经不能适应当前农村老年人养老实际需求，极大地影响了农村老年人的生活质量。同时，我国经过 40 年的改革开放，经济社会快速发展，出现了许多不同层次的老年人群体。因此，要借鉴日本的经验，结合具体客观实际情况，建立起完善的多层次养老保险保障体系。对不同职业和不同地域，有针对性地出台实施不同的养老保障机制，优化养老资源配置，满足社会经济发展要求，推动我国向全面小康社会快速发展。

第二章　德国养老保障制度发展研究

一、德国老年人口发展情况

目前欧洲最"老"的国家是德国。2018 年，德国人口总数约为 8315 万人，其中 60 岁以上老年人口约为 1960 万，占总人口的 23.6%，65 岁以上老年人口约为 1580 万人，占 19%。德国人口平均寿命是 82.3 岁，每 20 个德国人中，就有一个人年龄超过 80 岁。根据德国联邦政策研究中心预测，到 2050 年，德国人口可能下降到 7000 万人左右，其中 50 岁以上人口将占总人口的 50% 以上，60 岁以上老年人口将占总人口的 35.5% 以上。从长期看，德国人口发展有两大特点：一是人口平均寿命不断延长：2010 年，德国人口平均寿命为 80.4 岁，其中男 77.5 岁、女 82.6 岁，每 10 名壮龄人需要供养约 3.35 名老人；2015 年，德国人口平均寿命为 81.09 岁，其中，男 77.82 岁，女 82.44 岁；2030 年，预计人口平均寿命为男 81 岁、女 85.7 岁；2060 年，则预计为男 85 岁、女 89.2 岁，届时每 10 名壮龄人需要供养约 6.7 名老人。二是人口出生率长期处在较低水平。自 1970 年以来的很长一段时间内，德国每位妇女平均生育婴孩数约为 1.4 名，而这远远低于保持人口代际稳定更迭所需要的每位妇女平均生育婴孩数 2.1 名。2015 年，德国婴儿出生率为 9%，而人口死亡率为 11.3%。自从 2000 年以来，德国人口自然增长率在多数年份已经显示为负增长，死亡人口数量高于出生人口数量。同时，德国人口的年龄结构也在不断发生变化：年轻的人口比重逐渐缩小，而老龄人口比重则不断加大，呈现出持续不断的人口老龄化趋势，而且这种长期发展趋势还在不断加剧。

图 2 - 1　德国人口变化

二、德国养老体系的发展

1889 年，德国建立了全世界第一个基于保险的社会养老体系。这一养老保险体系由于其具有合理缴纳比例以及可靠的高退休收入，被誉为法定社会保险之母，成为全世界社会保险体系的典范，并且经受住了两次世界大战、经济大萧条以及东西德统一的考验，为德国社会和经济稳定提供了基本保障。但自从 1980 年以后，德国人口老龄化问题逐步严重，养老金成本不断上升，德国政府持续推进养老体系改革，取得了相当的成绩。

（一）德国养老体系的主要特征

1. 设计理念不同

德国养老体系的设计理念与基于税收的养老体系有很大不同，它不是要保障老年人退休生活水平不低于贫困线，而是要保障老年人退休后的生活水平与其工作时期相同。因此，退休老人的养老金与其整个工作期间的平均劳动收入呈正相关关系，德国的养老体系不起资产再分配作用，它只是一种"退休保险"（Retirement Insurance），这不同于我国的社会保障体系。

2. 养老保险融资方式不同

在公共部门，公务员不需自己缴纳养老金，养老金主要通过税收融资。在私人部门，70% 的德国公共退休保险费用由雇主和雇员基于工资比例各缴 50%，剩余的约 30% 费用由德国联邦政府给予补贴，主要利用间接税，即增值税和新

"生态税"进行缴费融资。

3. 两大支柱支撑

德国既是在全世界所有国家中最早建立养老保险制度的，也是最早建立护理保险制度的。德国社会福利支出的50%是养老金支出，整个社会福利支出占当年GDP总额的1/3左右。德国社会养老保障体系由联邦法律确定下来，养老保障体系的第一支柱是"法定养老保险"。法定养老保险是德国政府的法定强制险，由政府、企业和私人保险三部分组成，覆盖了全体国民，占整个养老金支付比例的70%，企业养老保险支付占比20%，私人养老保险占比10%。2015年，德国基本养老保险的缴费率为18.7%，缴费基数的下限是450欧元，上限是西部6050欧元、东部5200欧元，基本上是社会平均工资的两倍左右，超出上限的部分不需缴纳保险费。基本养老保险费是在税前缴纳的，免征个人所得税。每个月税前总收入低于下限者和高于上限者可自愿参加法定养老保险，参保者可以自由选择上下限之间的任何一个数额作为缴费基数缴纳养老保险费。每一个团体、企业和雇员都必须按法律规定定期投保。投保项目为退休金、丧失劳动能力、死亡三项。目前，按雇员税前工资的19.9%比例缴费，雇员和雇主各承担一半费用。当雇员收入低于规定的限额时，雇主需要雇员为单独缴付。国家按法定养老保险每年总支出的20%再给予补贴，采取转移分摊原则进行收缴和支付保险金，也就是说把在职雇员缴纳的养老金直接用于支付退休职工的养老保险金。根据退休职工退休时的工资及其工龄核算退休养老金领取数额，最高领取养老金上限额度为退休时工资的75%。目前，退休职工领取法定养老金占工资的比例平均达到53%。

德国养老保障体系的第二支柱是"补充养老保险"。补充养老保险包括企业养老保险、私人养老保险，这两个养老保险项目都得到国家补贴和制度保障，而且都是自愿性质的。私人养老保险主要是自由职业和手工业者投保，而企业养老保险是为防止企业破产导致的企业养老金支付落空，德国政府规定雇主有义务向担保机构养老保险基金会投保。目前，企业养老保险已覆盖65%的在职职工。补充养老保险金占养老金总支出的15%，已经成为德国养老保障体系中相当重要的补充。

4. 保险资金独立核算

在德国联邦政府补贴下养老体系的保险资金独立进行收支核算运营，养老体系的所有退休养老金盈余也保留在体系内，不会像美国一样转换成"统一预算"。

5. 国民高福利性

众所周知，养老保险替代率是反映退休老人基本生活保障水平的十分重要的指标。国际经验显示，如果养老保险替代率大于70%，则老年人在退休后可以较好地维持其退休前的生活水平；如果替代率在60%～70%，则老年人勉强还可以维持其退休前的基本生活水平；如果养老保险替代率小于50%，则老年人的生活水平较其退休前将大幅下降。长期以来，德国养老体系的保险替代率一直保持在59%左右（张士斌，2012）的较高水平，显示德国养老体系的福利性质还是比较高的。德国的养老福利主要包括退休金、失业救济、伤残抚恤金和遗属抚恤金（向配偶和子女支付的）。也就是说，只要被保险人同时达到工龄要求和法律规定退休年龄时，或因残疾无法工作时，就可以获得养老金。如果被保险人不幸去世，则其配偶和子女都可以享有遗属抚恤金。

6. 养老护理服务法制化

1974年，由于老年保险系统从入住养老机构没有自理能力老人的经济状况出发，确定老人在从业时的经济地位与社会地位的功能，为此，德国老年救助委员会发了一份鉴定书提出质疑。于是，德国政府在政治生活中就开始探讨如何通过立法来保障经济困难老人及其家属。1980年，德国联邦政府委托专门小组认真考察调研民众的各种不同建议，专门小组提出了将老年人护理服务需求作为应对新生活风险立法纳入德国国民社会保障体系的目标。此后，1985年德国就出台了《护士执业法》，对护理任务、教育培训、职业标准、职业资格和护士的权利义务等方面都做了具体法律规定。1994年颁布了《护理保险法》，护理保险是强制性的，属于社会基本养老保险范畴，雇主和雇员各自承担保险费用50%。根据"护理保险遵从医疗保险的原则"，所有医疗保险的投保人都必须参加护理保险，但同时规定国家官员、法官和职业军人都由国家负责，他们年老体衰或患病需要护理时有专人负责并承担相关费用。除部分人外的所有德国公民都纳入法定护理保险体系。同时，法律规定未充分就业工作、做临时性工作以及低收入工作者都不必交纳护理保险费。

《护士执业法》和《护理保险法》这两部法律是德国护理事业的奠基石，对德国养老护理服务产生了重大影响。一是以法律形式保障了养老护理从业人员，也为护士建立自己的家庭护理机构铺平了道路。二是《护理保险法》的广覆盖性有效保证了护理经费的来源，确实提高了护理人员的收入，同时，护理人数也不断增加，壮大了护理从业队伍，这减轻了护理从业人员的工作量，老年人对护理服务工作的满意度也上升了。三是促进了护理行业管理水平不断提高。《护士执业法》和《护理保险法》对护理职业要求更高了，对护理管理的要求也更高了，医院要按规定设立护理院长或护理部主任，其任职资格必须接受过管理专业训练和护理高等教育。直接护理患者的护理人员须通过考核获得注册护士资格证书，护理分五个级别：护理院长（主任）、护士长、高级护士、注册护士和助理护士。只有注册护士以上资格的护理人员才能直接护理患者，助理护士只能配合协助医师或护士做一些准备工作。同时，规定了护患比和护理时间，比如，规定对住院老年人 1 类患者的护患比为 1∶2.5（或 3），2 类和 3 类患者的护患比为1∶4。四是提高了护理效率。《护士执业法》和《护理保险法》对护理监控管理系统提出了更高要求，比如所有病区都要有视频终端与主机联网，护理工作有严密的监管系统，护理院长每天都要调阅审查各科室护理信息，还可以利用监控视频系统随时观察各科室护士工作情况，并可以根据需要与各病区进行双向交流，及时掌握护理信息，也能够应要求及时调配护理人员等。

2003 年，德国又颁布了《老年护理职业法》，该法规详细规定了老年护理职业从业人员的条件和资质认定程序，规定了老年护理培训的入学条件、考试和相关培训费用。该法规要求要从年轻人就开始培养养老护理人员，尤其是法规首次提出了非德籍护理人员的准入条件及其参加护理考试的具体要求，具体条文把欧盟和非欧盟成员国的两类人员区别对待，但是对考生均要求需要有足够的德语知识作为进入护理职业的前提条件。

（二）德国养老模式

德国人有着严谨缜密的思维模式和卓尔不群的智慧，不仅创造了德国的工业神话，缔造了德国经济奇迹，在第二次世界大战后的短短几十年也建立了相当完善的养老保障体系，使德国老年人能够做到老有所养，这是非凡的成绩。德国法律规定养小不养老，老年人没有中国老人的养儿防老观念，他们养老不依靠儿女，主要靠老人自己和国家与社会的帮扶。在许多德国安静的小村庄，没有哪个老人是靠子女的资金养老生活，他们基本上是几个志同道合的老人凑在一起相互扶持，或者依托民间社团、社会组织照料，多数老年人自由、快乐、独立地生活。

1. 模式一：居家养老

老年人居住在自己原有的住家内，依托周边的养老机构提供上门护理、日间护理中心和短期托老等服务进行居家养老。护理机构每天早晨派服务人员为有需求的老年人提供上门日常护理，在协助老人洗漱早点完毕后，根据需要协助老人去日间照料中心。在日间照料中心有下棋打牌、朗诵、记忆训练、剪纸以及制作蛋糕等各种针对老年人的不同活动。老人傍晚回家后服务人员又上门为需要的老人进行晚饭、洗澡和上床等护理服务。一些老人如果家里没有亲人或自己刚出院回家需要进行康复训练，则可以进入短期托老所，充分享受为期最多两个月的托老服务。德国绝大多数老年人都喜欢选择居家养老，多数喜欢选择独居，一方面是他们不想打扰子女生活，另一方面是德国法律没有规定子女负有赡养老人的义务。但我们绝不能由此认为，德国人的家庭关系或亲情关系淡漠，子女完全不照顾老人。事实上，老年人独自居住，这对德国人而言只不过是一种大家都习以为常的生活方式而已。

2. 模式二：社区养老

德国的社区养老是老年人搬离原来旧住所，入住新购买的或租赁的新建居家服务监护式公寓社区，社区公寓整体采用无障碍设计，附加许多服务老人的硬件设施，比如电视监控器、电子信号器等，对比原来老旧小区的住所更适宜老年人居住和养老，而且也为老人提供需要的上门护理等服务，老年人一旦卧床不起还可以直接住进邻近的养老院。德国近年兴起这种老年社区式养老模式，是一种居家式养老模式，以养老居家服务监护式公寓为主，这一养老模式已经得到许多德国老人的认可和实践。养老社区的老年人主要还是自己居住，生活在老年社区内，可以根据自己需要要求护理人员每天或者隔一段时间上门进行护理，在老年社区里，老人既可以享受护理服务又不脱离社区人际关系，同时，定期有社会义工上门为老人进行护理等服务。

德国政府为了解决养老机构床位不足的问题，鼓励老年人选择居家养老或社区养老。为此，政府根据老年人的健康状况分三级提供补贴：护理级别1，每人每月450欧元；护理级别2，每人每月1100欧元；护理级别3，每人每月1550欧元。这与在养老机构养老不同，只要是老年人居家养老或社区养老均有补贴，而在养老机构养老只有在老年人自己和子女的资金告罄的情况下，政府才提供补助。护理级别的确定是根据老年人的沟通能力、认知能力、行为和心理状况进行评估，总共有 77 条评估标准。评估得出分值结果，再确定护理的等级。共分四个护理等级：护理级别零级服务是为自理能力或身体能力受到轻微影响的人提供；护理级别一级服务每天 90 分钟，服务内容包括 45 分钟个人护理饮食、卫生、日常行动等，其余时间为家务工作；护理级别二级服务每天 180 分钟，至少有 120 分钟的个人护理时间；护理级别三级护理每天也是 180 分钟也包括 120 分钟的个人护理时间。特别严重的可以增加 30% 左右的护理时间。此外，德国政府还规定了护理补贴标准。护理险只承担基础护理和家政服务，医疗护理费用则由医疗保险 100% 负担。目前，德国老年人中接受一级护理服务的占 54%，二级护理的占 32%，三级护理的占比 12%。

由于德国社会保障系统的高福利性，国家财政赤字日益严重，为此，在社会层面上，相关部门积极寻求养老服务新理念和新模式，为财政减轻负担，从而促成了德国社会依靠民众力量建设养老及健康服务公共基础设施，为德国的社会化养老服务和健康服务产业发展积攒下了宝贵经验。

案例

德国社区养老典范——福利德纳村

福利德纳村位于德国西部莱茵兰地区，直线距离杜塞尔多夫和艾森两个大城市都只在 20 公里内。福利德纳村是 T. F. 基金会于 1987 年规划建设的，它是一个综合养老服务基地，有多种社会服务设施，也是一个健康养生胜地。村里有专门为各种老人群体量身定制的老年公寓、精神病患者公寓、残疾人公寓以及综合培训中心，还拥有疗养功能设施和精神康复花园等。目前村里有 600 多个居民。其中有 200 多个老人，40 个精神病患者，150 个残疾人，其余的 200 多人是专业服务人员、陪护家属和义工。福利德纳村是一个生活化的村（社区），它完美地融合了养老院、护理院以及精神病院等功能。在村里，每一个老人都得到了个性化定制的护理服务，老人们都平静地安享晚年生活，一旦需要紧急或特殊护理，村里立即有相应的设施、人员及时到位服务。福利德纳村设施齐全，服务周到。

1. 公共文化设施齐全

福利德纳村配备了一般养老和日常生活所需服务设施，村里的商店物品齐全，具有和多数大超市一样平价打折商品。村里邮局与外面的一样可以正常收发邮件和包裹等。小酒馆不仅提供咖啡和午餐，还可以开私人酒会。理发店价格实惠，提供美容美发服务。村里还有小教堂接纳各种教派信徒，还利用公共舞台大厅成立村委会。大厅常有电影播映、舞会、时装表演、戏剧演出等娱乐活动。每个公寓住宅楼，还专门为入住老人们设计了公共活动场所，方便他们举办小型聚会活动等，以及阅览村里自办的媒体《村公报》。

2. 住房公寓设施个性化

护理区有 12 种不同建筑风格的房屋，可满足 210 位不同护理需求的老人。所有的房屋都按无障碍设计，方便轮椅进出。每间房屋配置有客厅、餐厅、小厨房、公共活动区和花园区。几乎所有公寓都在地面层，多数单身公寓，都有小阳台、有线电视、电话、小温室以及独立浴室。除了护理病床等基本养老服务设备外，村里服务部门还可根据个人需求结合公寓楼大小（最大 33 平方米），量身定制并安装个性化家具，甚至还可在自己公寓内养小宠物。

3. 专业护理服务

村里的专职护理员根据每个老人的健康情况提供专业护理服务，护理员与每个老人的专业医生、家庭医生、治疗师紧密接洽探讨，定制出患者的个性化护理程序。比如对患者脚部进行日常护理、对房间进行消毒清洁等都是必须护理的程序。因此，在村里，医疗人员、护理员和家政人员常常聚在一起交流，通过多学科交叉探讨，共同完成好护理工作。

4. 生活服务周到

在村里，日常气氛都很活跃，因为入住的老人几乎每天都有很多节目：游戏、体操、唱歌、记忆训练、烘烤食物等，还可以有宗教服务、信息咨询服务和游览服务等，只要是合理需求的服务都会得到满足。

在入住房间里，服务部门不仅为老人提供三餐、小吃以及各种饮料，还可以根据老人需求定制特殊饮食。老人在中午也可自行到村里小酒馆点餐。公寓房间和公共区域每天都定期清理，包括老人的个人衣物等日常用品。

5. 临时护理服务

在所有公寓房之间，村里还分散安排了八个临时护理服务点。这些护理点配备有急救设施和专业护理人员，方便为周边公寓的老人使用。可以减轻陪护亲属的负担，还可为新入住的老人介绍村里相关环境设施和护理服务等情况。

6. 特殊护理服务

每个公寓房内都配置了针对老年痴呆症的特殊护理房间，并有相关医疗专家轮番诊疗。村里精神康复花园则是对老人，特别是老年痴呆症患者，有很大帮助作用的疗养花园。

7. 重病陪护

重病陪护，一般是患者亲属的使命。但是有的陪护亲属没有必要的重病陪护知识，有的是孤寡老人，在生命的最后时刻缺乏亲友陪伴，为此，村里设置了重病陪护专业护理。护理员不仅要在日常生活中和患者培养长期的亲切情感，还要能够对病重患者进行及时有针对性的护理，并帮助家属和医生进行深入交流。最终，护理员通过自身的专业素养和精神关怀，为濒危死亡患者创造了相对缓和的气氛。

8. 特殊监护

在福利德纳村和自然保护区接壤的树林边上，有20栋单层公寓森林别墅。别墅客厅配置了厨房和内部天井，卧室有格调和舒适的布置，别墅还有一个花园庭院和多用途房屋。这些别墅可以作为有需求老人的特殊监护房。

9. 精神治疗花园

村里的精神疗养花园总占地面积1100平方米，在莱茵兰地区是第一个具备医疗功能的疗养花园。该花园对精神病患者和老年痴呆患者都有一定辅助治疗功能，主要是利用花园里的自然植物和辅助设施对患者进行精神疗养。使用花园的患者，被鼓励参与在花园举办的各项活动，充分与大自然接触，沉浸在具有理疗效果的环境氛围里，并与其他患者和陪护开展一定的交流和活动，实现社会与大自然双重融合。

10. 交友社活动

村里有"交友社"，可以为入住村民提供日常社会交往服务。村民可以到交友社自由结交新朋友，找玩伴，甚至寻找晚年人生伴侣。交友社配有生活引导者，由服务人员或义工担当，协助村民实践做饭、聊天、散步、购物、园艺、手工、画画、阅读等各种爱好，甚至还可以举办各种宗教活动。交友社还积极吸纳村子外社会各界志愿者参与，让村民可与外面社会上更多的人一起交流和活动。

11. 申请住村条件

有三种人可以申请入住到村子里：一是需要满足福利德纳村所服务的对象群体：65岁以上年纪老人、残疾人、精神或智力有障碍的人。二是服务对象的亲友也可申请入住村子进行陪伴。三是义工，在村子里履行至少一项服务义务，如照看邻居老人等。除了上述三种人，村里剩余的就只有护理人员和工作人员。

12. 入住福利德纳村费用分担

虽然入住村子里的主要是老人和特殊人群，但是缴纳房租费、护理费和生活费等是必不可少的。村民基本的护理费用可以从养老保险金里扣除，有特殊护理需求的少数人群，需要支付较高的护理费用。各种费用的收取额度因人而异：①获得政府性社会救助项目支持而入住的村民（比如莱茵兰社会救助教育项目），产生的费用由莱茵兰地区财政支付。②个人申请入住一般性公寓，产生的费用可以从个人养老保险金扣除。房租水平与当地的同档次住房平均房租持平。③个人申请入住特殊护理住房（如森林小屋），产生的费用需要个人另外支付。房租水平比当地的同档次住房平均房租高50%～100%。

资料来源：松涛竹海梅花居．我第一次到德国，被这里的养老村惊呆啦！http://www. sohu. com/a/146030052_ 753570, 2017 - 06 - 05.

3. 模式三：机构养老

德国养老机构多种多样，主要包括老年公寓、托老所、临终关怀医院等。2013年底，德国有25775家养老机构（养老院），其中养老护理机构有13030家。德国养老机构已经发展形成了多元并存格局，德国的社会制度和优质的公共服务使得养老机构以私人和社会机构为主，公立养老机构只占6%左右，私人养老机构占大约40%，剩余54%都是教会和慈善组织所办的社会养老机构。由于德国可以为老年人提供较为完善的居家养老服务和老年社区式养老服务，因此，多数老年人只是在人生的最后时期才入住养老机构。养老机构与居家养老的最大区别是：养老机构为老人提供24小时生活起居、护理、日间照料等全方位养老服务，而且养老机构多数分布在居民密集区，只有少数养老机构分布在郊区和度假区内。德国养老机构多如牛毛，平均每3226人就有一家养老机构。比如，在首都柏林的随便一个邮编地区内，在5千米范围内一般可以找出50家左右的大大小小养老机构。

德国的养老机构倡导跨代敬老模式，很多养老机构和幼儿园经常举行交流互助活动。以前幼儿园和养老院的交流模式常常是这样的：幼儿园孩子常到养老院表演唱歌、跳舞等节目，而养老院的老人有的看节目，有的则是在那里打盹。1996年，霍斯特提出了"代际沟通"（Generationsbrucke）目标，希望老人和孩子能够建立长期的互动关系。此后，为了让老人和孩子深入长期地互助，德国"代际沟通"机构规定了三条原则：

首先，孩子们并不是去养老院为老人们献爱心的，而是和老人一起共同创造，共同经历和生活，他们之间既不是合同关系，也不是从属关系，需要为你做什么，而是老人和孩子都可以有平等的收获。

其次，孩子们都被要求需要长期地、规律地参加代际沟通活动，比如8岁至12岁的孩子去养老院的频率每个月或40天一次，每次去都固定与一位老人交流，这样一老一少一对一地长期地沟通和交流。

最后，机构要事前要做充分准备。老人和孩子见面前，机构要把养老院情况和相关的老人健康状况等跟孩子介绍清楚，比如老人是否残疾，是否听得懂孩子们的歌或舞蹈等，给予孩子们充足的心理准备，避免孩子们参加活动后发现和自己想象的不一样。

实践证明，代际沟通目标成效显著。比如，在项目活动中，很多老人原来是从来没有笑容的，但当他们见到孩子后马上就有变化了。一位 90 岁的患有脑疾的老太太，连自己的孩子都已经认不出来了，在养老院的日子里从没有笑过，但是，当她看到小学或幼儿园的孩子们到来后，立马就高兴地笑起来了。还有一位老人，以前居住的小区刚好是现在给陪伴的孩子居住的小区，因此他可以告诉这个孩子以前他住的街区是什么样，甚至你们家是如何盖起来，两个人聊得十分开心，只是因为他们原来都住在同一个社区。

调查发现，通过代际沟通项目活动，孩子们的收获反倒比老人们更大。虽然一老一少两个人可能隔了三四代，但是对于孩子们而言，每个老人的生活经历都是非常有意思的，孩子们可以了解许多隔代的生活经历和故事，近距离地接触许多非常不同的人生，还可以较为细致地了解老人们的世界。尤其是，孩子也能感觉得到，自己可以做这么许多事情去帮助老人开心，孩子们发现了自己也可以有如此大的价值。这些收获让孩子们非常有兴趣，并积极参加项目活动，同时孩子的家长看到自己小孩收获很大也非常支持项目活动。代际沟通项目活动让小孩、年轻人与老人深入地相互了解、互帮互助，而不是要求年轻人单方面机械式地付出。如此一来，老年人就不是社会的负担，而是一份宝贵的财富，正如古语说的"家有一老，如有一宝"。

（三）德国养老模式的特色

1. 养老机构像宾馆

德国的养老机构一般规模不大，有 80~150 个床位。养老机构大约 20 平方米房间的设备几乎是按典型的星级宾馆单间配置，而且为了方便老年人，床头安装紧急呼叫设备和特殊扶手等设备。带电梯的老年公寓（即养老机构）楼层住人很有讲究：完全不能自理的老人住一层楼，腿脚不太灵便的住二楼，依此类推，完全能自理身体健康的老人住最高层。类似宾馆一样，每层楼的进口处均设有护士台，共两名护士，24 小时值班。按三班算，实际每层楼有六名护士，整栋五层的公寓楼共有 30 名护士值班。养老机构提供三餐饮食，每层楼均设有餐厅和咖啡室。生活能自理的老人到餐厅用餐，不能自理的由护士送餐到房间。老人还可以要求护士用推车推到餐厅用餐。养老机构还有健身房、图书馆等各种娱乐设施。除了德国《护理保险法》规定的老年护理机构须具备的设备等基础条件外，不同的养老机构还会根据自身条件和老人要求增加一些不同的娱乐设施，但这需要由老人缴纳额外的费用。

2. 养老机构收费差别大

德国养老机构收费很是不同，差别特别大。公立养老院收费最低，每月收费大约在 2000 欧元，入住的主要是低收入阶层老人，因此，公立养老院只具备基本的养老服务设施和提供最低标准的养老服务。由于公立养老院数量少，床位很有限，且入住条件严格，因此很多老人只能选择社会组织或慈善机构举办的社会养老院。社会养老院每月收费在 3000～4000 欧元，其养老设备和服务处于中等水平。而私立养老院的养老设施通常更为齐全和先进，娱乐服务项目更丰富，个性化的护理水平也更高，所以收费也最高，其主要服务对象是富人。私立养老院没有统一收费范围，实行分级缴费，主要根据设施条件、服务水平和入住老人健康情况来确定收费标准。一般而言，身体健康、生活完全能够自理的，每月缴纳费用大约是 4000 欧元。生活半自理，费用有所增加。生活完全不能自理，则费用将高达 6000 欧元及以上。无论是开办哪种养老院，德国政府都提供相应的补助，每个床位一次性给予 1.6 万欧元的财政补贴。

3. 五星级护理服务

德国养老机构的服务是世界所有国家的标杆，堪称五星级服务。养老机构的服务主要分为七种：老年文化服务、老年生活服务、老年健康咨询、健康检查服务、疾病诊治护理、大病康复服务和临终关怀服务。在养老机构的服务内容上充分体现了对老人的尊重和无微不至的照护。养老机构管理人员需要对入住老人的宗教文化信仰、学历修养、社会背景、家庭成员结构、健康病历、生活喜好、饮食习惯以及老人的生日和纪念日等做全面详细的调查和记录。还要对老人的身体健康状态做检查和鉴定，并把所有老人资料整理归档，专人管理。在养老机构老人的卧室，工作人员会根据老人的喜好重新布置家居和设施。养老机构还可以协助老人将自己喜欢的家具或物品安置在新住房。养老机构密切联系老人亲属和好友，及时给予老人亲情和关爱。养老机构至少和三家医院同时密切合作，确保入住老人随时享有医疗直通车服务，而且医院的医生会定期到养老机构为老人提供康复跟踪服务，同时养老机构也利用其智能养老设备，对老人的身体健康状况和饮食起居状况进行密切动态跟踪，院方配备的专业护理团队随时准备为老人提供个性化服务。所有以上这些养老机构为老年人做的深入调研、专业护理以及个性化服务都充分体现了机构对老年人的精心呵护和深切关怀。

此外，德国政府还非常重视临终关怀护理服务。1995年，德国在柏林和慕尼黑成立私立德国临终关怀基金会，据悉德国各个州都有类似基金会，基金会收入主要来源于捐赠，及政府少量资助，基金会配有值班律师和医生，为有需求的临终病人提供相关领域的咨询服务、法律支持、联系病床以及解决付款等问题。德国法律规定：医生负责对临终病人的资质认定，包括所有癌症和其他临终者。临终者在头脑清醒的时候可以自己决定选择住院或在家两种方式。住院费用通常是每人每天需要支付20欧元，住院的其他费用均由医疗保险或护理保险支付，有关的基金会可以为其提供小于10%的资助。2005年，德国出台《临终关怀法》，用法律形式阐述关怀临终患者的支配权、服务等。从事临终关怀护理人员的条件需要是综合医院的护士、护理员或在卫生护理机构获得职称的人员。还需要至少有三年以上护理工作经验，大学毕业且在卫生护理机构进修过的，或者大学专业是社会工作或社会教育的毕业生，或其他专业领域但经过特殊测试的，至少要有三年以上护理工作经验，在缓解临终者疼痛、协调沟通等方面有非常娴熟的技能技巧。德国政府还要求：一个地区的卫生和社会保障系统必须确保有一个网络组织机构和当地的社会义务联合会紧密联系一起工作。在不断完善的专业化和标准化要求下，必须有一个适合的专业人士陪伴临终者。在自由选择照护的前提下，至少有一个有资质的护理机构和一个有资质的医生一起工作，他们必须能够做到减轻临终者的痛苦或者非常专业地使用药物来减轻临终者的痛苦。要保证一个持续不断的义务陪伴时间和诱导临终者对未来的美好幻想。病人家属可以不参与治疗方案的确定，但事先要签订授权书。

4. 机构养老与居家养老相互依托相辅相成

从养老方式看，目前德国已形成"居家养老"为主，机构养老与居家养老上门服务为辅的模式。比如，2013年，德国老年人总共有263万人接受护理服务。其中，居家养老（家里有家属亲友）占45%左右，机构养老占30%左右，由养老机构护理人员为居家老人上门提供护理服务的约占25%（范少东，2015）。一般而言，80岁以下老年人以居家养老护理为主，并结合亲人朋友邻居的帮助，80 岁以上老年人以机构养老为主。也就是说，需要护理的老年人第一阶段还是会选择以居家养老为主，在第二阶段不得已才入住养老院养老。由此可见，在德国机构养老与居家养老是一个相互补充的关系。

5. 机构养老和社区养老互为依存

在德国，绝大多数孩子结婚后都离开家庭，不和父母住一起。为帮助老年人幸福地过好晚年生活，德国地方政府、民间团体、社会组织和许多老年人都积极探索养老新模式，利用养老地产发展的社区养老就是一种养老新模式。目前，德国已经建设形成居家养老为主，机构养老和社区养老作为辅助补充的三位一体的立体养老体系，三种养老模式皆由政府财政拨款支持。养老社区和养老机构一般会毗邻建设，形成各种资源的共享优势，共同协调发展。

6. 专业护理队伍

德国对专业护理人员有非常严格的培训和教育，养老机构的五星级养老服务离不开德国完善的护理培训教育体系。目前，德国实行多元化与高质量的护理教育，主要有三个层次：中专、专科培训和大学本科进行护理教育，中专护理教育居于主要地位，现有公立护士学校 943 所，学生最少需要完成 10 年的基础护理教育。德国的专科护理培训，也称继续护理教育，主要是为临床培养专科护士，其护理资格由地方政府予以确认。德国有 50 所护士学校开设了继续护理教育，主要有手术室护理、重症监护、癌症护理、精神科护理、社区护理和公共卫生等护理专业。1992 年以后，德国的八所大学开始招收护理本科生，开设了护理教育学、护理科学、护理管理学的学士专业。德国 Agneskarll 护理研究所可以招生、培养护理硕士学位和博士学位学生。为保证护理教育质量，《护士执业法》明确规定了护士生的学制和学时。中专护理教育学制 3 年，课时不少于 4600 学时，其中理论课 1600 学时、实践课 3000 学时。德国的各州对专科护理培训要求不尽相同，可脱产学习 2 年，也可利用业余时间学习 3 ~ 4 年，培训 3000 学时，其中理论 2200 学时、实践 800 学时。大学本科护理学位课程为全脱产 4 年制。德国国家考试委员会统一制订护理教育考试大纲，护理资格考试分笔试、口试、实践 3 部分。其中实践评分占重要比重，主要考护士与患者的交流能力、专业能力和应变能力等。如果考生某一项考试不及格，允许有第二次补考机会；如果仍不及格，考生就被取消继续学习的机会，不容许其再学护理。通过考试的学生由学校颁发欧盟承认的毕业证书和护士职业许可证。

德国护理教育已经有 160 余年的历史，已经建设发展了一支相当规模的稳定专业的养老服务队伍。2013 年，德国有专业护理从业人员约 100 万人，占德国人口总数的 0.12% 左右，其中养老护理机构护理人员 68.5 万人，占所有从业护理人员的 68.2%，养老机构中从事上门居家养老服务的护理人员 32 万人，占 31.8%。养老机构的每 100 位入住老人平均需要护理人员 83 名，每 100 位居家养老接受护理的老人平均需要护理人员 48 名。目前，德国有 2/3 需要护理的老人居住养老，可以享受到护理人员提供的煮饭、助餐、身体照护、身体活动、购物、打扫卫生和日常生活事务打理等服务。

7. 储蓄个人护理时间

德国政府积极推动"储蓄个人护理时间"的计划，年满 18 周岁的公民都可以通过到养老机构或老年社区提供各种护理义务服务，以备自己年老需要时可以将这些时间提取出来免费享用，这也是大量德国老年人可以享受居家养老服务的最主要原因。在德国，有大量年轻人愿意做义工"储蓄时间"，大量社会义工定期上门为老人提供各种服务，这大大降低了专业养老护理人员的压力，也使得老年人可以居家养老或社区养老，而不必脱离原有社区人际关系，又可以享受养老院的护理服务。

8. 政府大力补贴并兜底保障

德国有养小不养老的传统，即父母有责任抚养子女，供孩子上学直到参加工作前，但孩子工作后，不承担赡养老人义务，父母须靠自己工作养活自己。老人退休后必须靠退休金生活，老人入住养老院，每月费用首先由养老金支付，如果老人的养老金不足以支付养老院每月昂贵的费用，则需要老人尽自己个人义务，即用老人个人的存款弥补不足，没存款了就需要变卖汽车、有价证券、房产等老人个人财产，如果老人个人财产也花完了，这时候子女就必须承担义务，平摊老人养老金之外的养老费用。要是老人没有子女或子女没有能力支付，则国家就只好代替子女承担义务，为老人支付剩余费用。在没有子女的老人家庭，国家必须承担起子女的责任，为老人发放各种养老补贴。补贴标准根据老人的健康状况分为三级：护理级别一：每月 1023 欧元；护理级别二：每月 1279 欧元；护理级别三：每月 1550 欧元。事实上，国家的救济对比没有多少收入的子女而言，更加稳定和靠谱。而正是因为有国家这个比子女更加强大的靠山，所以德国老年人养老并不寄希望于孩子。如此高福利的政策环境，让多数德国人有了少生甚至不生孩子的共识，即便有些地方政府为鼓励多生小孩给予生育一胎 60 万欧元的奖励政策，但仍然少有年轻人响应，许多年轻夫妇更愿意保持"丁克"，不想被小孩打搅了自由快乐的两人世界，这使得德国老龄化日益加剧。

三、德国人口老龄化带来的问题

全世界最早进行养老保险的国家是德国，德国为国民提供了"从摇篮到坟墓"的全面福利保障体系，德国的养老保险有三部分：公共养老保险、企业养老保险和私人养老保险，其中公共养老保险是绝大多数老年人退休后的主要生活来源。但是，随着人口老龄化日益加剧，公共养老制度也面临越来越突出的矛盾，养老也成了德国的"老大难"问题。

（一）养老金缺口日益加大

一直以来，德国努力通过提高养老保险基金的缴费率以及增加政府财政补贴力度的方式来应对人口老龄化带来的压力。可是，缴费率和财政补贴不可能一直没有限制地提高，为应对压力德国政府还两次调整延迟正常退休领取养老金年龄：2001 年，将正常退休领取养老金年龄从女性 60 岁、男性 63 岁统一延迟至65 岁；2012 年，又进一步把正常退休领取养老金年龄从 65 岁逐步延迟至 67 岁；同时，政府还设置了弹性领取养老金的机制，一旦参保人不是按正常法定退休年龄退休的，如果参保人提前退休并提前申领养老金的，每提前一个月降低养老金0.3%，如果参保人超过退休年龄再退休并延后申领养老金，每延后一个月增加养老金 0.5%。尽管如此，德国养老金支出的上涨速度还是越来越使得养老金收支失去平衡。一是领取养老金的老年人越来越多。随着德国社会结构的不断变化，老龄化不断加剧，致使每一个壮龄人口需要供养的老年人口越来越多了。1990 年，领取养老金的人数为 1500 万人，至 2013 年则为 2520 万人。在经济全作与发展组织成员国中，德国是领取养老金人口与缴纳养老金的人数比最高的国家之一。2017 年，领取养老金的老年人口与缴纳养老金的人数比为 53%，预计到 2040 年，领养老金与缴纳养老金的人数比将增加到 73%。二是养老金池入不敷出。2015 年，德国养老金支付比收缴多出 40 亿欧元，2018 年养老金赤字额增加至 80 亿欧元左右。有两个因素更加剧了德国养老金日益捉襟见肘的困境。首先是 2008 年以来，欧洲央行实行零利率，这使得养老金几乎无法增值，再加上国际金融危机让很多养老基金投资损失惨重。其次是企业追逐利润，大量雇用短期工。很多企业为了规避发展风险，尽可能多的追求利润，大量雇用了短期工或临时工，这样企业就可以给予这些在职职工较低的工资，同时相应地减少缴纳养老金，这使得在职职工未来只能领取微薄的养老金。

（二）养老金支付贫富差距加大

在德国，参保人退休后每月领到的基本养老金数额，直接与参保人在职时工资点数、实时养老金值以及类型指数正相关。其中，工资点数是参保人在职时每年的缴费工资与社会平均工资比值之和。工资点数直接反映了参保人在职时的相对收入状况，参保人的缴费工资越高，缴费年限越长，则折算的工资点数就越高。而实时养老金值与上两年社会平均工资、缴费率以及人口结构的变化等因素相关，实时养老金值的具体数额由德国联邦政府确定。比如，2014 年 7 月 1 日之后的实时养老金值为西德地区 28.61 欧元，前东德地区 26.39 欧元，是社会平均工资的 1% 左右。类型指数则反映了参保人的身体健康状况和家庭状况，基准数为 1.0，对部分丧失劳动能力和遗属的指数会适度减小。比如，西德地区的一个参保人收入与社会平均工资持平，缴费 45 年，当他按法定正常年龄退休时，他的养老金为 28.61 欧元 ×45 年 ×1.0 = 1287.45 欧元/月。

显然，在德国，参保人每月领取的基本养老金金额与其缴费基数和缴费年限同时挂钩，这充分体现了参保人的权利与义务对等以及多缴多得、长缴多得的原则。虽然德国政府没有设置个人养老金账户，但一个参保人的工资点数实质上代表了这个人积累的个人权益。如果积累点数相同，则他们在退休后领取的养老金也一定相同。尽管基本养老金领取金额依据工资点数的制度设计很公平，但也正因如此导致了德国养老金支付缺乏代内互济性：低收入的参保人如果仅通过领取基本养老金其生活可能得不到充分保障，尤其是妇女和残障人士等参保人一般工资点数都很低，如果退休后只是靠基本养老金生活，他们的生存都存在困难。为此，德国政府也在基本养老保险体系设计中增加了体现团结原则资助，即对历经较长期在职工作后养老保障水平仍然较低的弱势群体，政府通过将免缴费期视同缴费折算点数方式予以资助，从而确保弱势群体的参保人，不会因为一些特殊因素影响导致其退休后的养老待遇大幅度下降，从而实现一定程度的代内互济性，保障基本底线公平。德国法定养老保险的保障项目涵盖了退休养老金、工作能力减退或丧失养老金以及遗属养老金等项目，这些保障项目的领取资格都有所不同，领取常规养老金需要满足最低缴费年限 5 年，而失业养老金的领取最少也要缴费 15 年。同时，德国法律明确规定：怀孕或产假、照料孩子、因病丧失或恢复工作能力、参加职业培训以及在求职等期间均可享受免缴纳养老保险费待遇。

目前，德国老年人领取养老金的平均水平为每月 1083 欧元，如果一个德国人每月可供支配收入不足 940 欧元，就进入政府划定的贫困线下。德国经济研究所研究显示，收入最高的 20％ 的人拿到了养老金总数的 40％，而收入最低的 20％ 的人则只领取养老金总数的 7％。由此可见，德国政府的保障基本底线公平的制度设计尚存在很大不足，很多劳动者很可能辛辛苦苦工作了一辈子，他们的退休金不足以应付生活开支。现在已经有许多老年人不得已又开始重新工作，收入越低的人群重新工作的老年人比例越大。德国联邦劳动局统计显示，截至 2013 年 9 月底，大约有 85.5 万名德国退休老人为了弥补养老金的不足而不得不继续工作，其中有 14.2 万人劳动者年龄超过了 74 岁。2015 年，人数又增加许多，大约有 100 万退休老年人仍然兼职工作。例如，维拉·舍菲尔德独自带大了 4 个孩子，由于无法全职工作，使得她的退休金非常低，虽然现在她已经 75 岁了，但她每周仍需要开出租车工作 5 天。如果她不开车则只能求助于社会救济部门，每月领取不足 600 欧元的救济金，这仅够付房租。在接受记者采访时舍菲尔德说："一旦我生病了，我就无法开出租车。老实说，这件事情我连想都不敢想。我只有很少的积蓄，如果我不再赚钱的话，只能维持半年的生活开销。"

（三）很多老年人退休后陷入贫困

1985 年，每一名退休老人平均领取的养老金是在职职工平均收入的 57％，2014 年，则降到 48％，到 2030 年，预计将只有 43％。虽然多年前德国政府已经意识到这问题的严重性，并积极采取补救措施。比如，施罗德政府进行福利改革，重点是减少福利支出和延迟退休年龄，并积极推广补充性养老保险，以期减少财政公共支出压力。默克尔政府则大量接收难民，以补充劳动力缺口，改善人口结构。甚至德国联邦银行在一份内部报告中建议政府未来将退休年龄从 67 岁延长到 69 岁。虽然遭到公众质疑，但有关专家认为，如果不再延长退休年龄，则只能依靠降低替代率和提高缴费比例来维持养老金给付水平。

许多退休老年人等不及政府出台援助政策，为了降低养老成本，只能自寻出路。比如，德国媒体报道，有几万名德国老人在国内养不起老，只能选择出国养老：西班牙、土耳其、泰国等，以东欧国家波兰为例，不仅养老成本会降低一半以上，养老院的软硬件设施还比德国更为优越。而有很多地方则出现了互助养老——一群老年人搬到同一栋公寓同居，相互帮助，彼此照应，互助养老，降低费用。

（四）专业护理人员不足

德国严重的老龄化人口，需要护理的老年人不断增加，预计未来20年需要护理的老年人口将翻一倍。德国老年人权益研究中心调查显示，德国一些养老院由于经费不足、缺乏护理人员，入住养老院的老人有1/3以上不能获得合理饮食供应，有时一名专业护理人员需要看护五六十名老人。贝塔斯曼的调查发现，当前德国专业护理人才缺口3万人，2030年缺口将扩大到17.5万人。而目前德国在培训的护士只有4.6万人，远不足以弥补缺口。因此，德国积极从欧盟及其他国家引进专业护理人才。比如，2014年，德国以大约5倍中国护理行业的平均薪资水平招聘了150名中国专业护理人才，主要在德国的黑森州、巴符州、汉堡等地的养老院工作。

四、德国养老保障制度改革

随着德国经济社会的不断发展，人民生活水平和医疗水平也持续提高，人均寿命持续延长。但与此同时德国人口的出生率却持续下降，人口总数呈现出负增长，导致了劳动力市场的人力资源日益匮乏，人力资本价格不断上涨。而德国政府长期的高福利政策却制造了高失业率，反过来，高失业率又导致了公共福利支出增加，进而引发的德国政府财政赤字。不断增长的财政赤字迫使政府不得不提高税收，而税收增加促使企业生产成本上升，企业利润和国际竞争力下降，失业人数增加，企业缴纳国家税收减少，这又进一步加重财政公共福利负担，如此反复，形成一种恶性经济循环。比如，2006年德国财政收支失衡，财政支出大于收入高达395亿欧元，约占德国GDP的1.7%，其中，养老保险资金支出大于收入就高达60亿欧元。德国联邦统计局预计，到2040年，德国将由2个在职职工供养1个退休老年人，养老保险资金入不敷出的局面势必更加严峻，更加加重国家、企业以及个人的负担。面对人口老龄化的严峻压力，为了弥补养老金不足、老年贫困等问题，德国政府已经意识到必须逐步对现行的养老保障制度进行改革，以便未雨绸缪。德国政府的一些具体改革措施主要有：

第一，调整养老金计算公式。1992年，德国出台《养老金改革法》对养老金计算公式进行调整，调整后的养老金按如下公式计算：月养老金金额 = EP·SY·AF·PV。其中：EP（Earning Points）为收入积分，它是投保人每一年工作报酬与当年所有投保人的平均收入之比；SY 服务年限（The Years of Service Life）是指被保险人实际缴纳养老保险的年限。AF（Adjustment Factors）为调节因子，它的取值从0.25到1，它随着投保人领取养老金的时间不同而改变。一般来说，投保人达到法定退休年龄后退休，其领取养老金的调节因子取值为1，投保人未达到法定退休年龄提前退休并领取养老金，则其调节因子小于1。PV（Current Pension Value）是养老金的现值，它是一个变动的计算养老金因子，可以确保每年工资有变化时对养老金也能随时做出动态调节，它反映了一名具有社会平均工资水平的雇员每投保一年退休时所能领取的月养老金水平，且它每年都会随着社会平均工资的调整变化而变化。

第二，降低退休雇员领取法定养老保险金占其工资的比例。自2003年开始，退休雇员领取的法定养老保险金占其工资的比例将从53%降为43%。

第三，加入可持续因子，使所有人都有义务负担养老金成本。2004年，德国政府再把"可持续因子"纳入养老金计算公式中，可持续因子可以反映全社会养老保险缴纳人数与领取人数比率变化趋势。它既可以关注人口寿命的变化，还可以反映人口出生率、人口流动及人口就业等变化发展动向，同时，它还能够根据具体情况来调节控制养老金账户支出的增长，也就是当失业率降低时，养老金提高。当领取养老金人数超过养老金缴纳人数，养老金负担过重时，养老金下调。如此一来，所有的在职就业者和退休领取养老金的人都有负担养老金成本的义务。

第四，德国政府提高法定养老保险个人缴费比率。雇主和雇员缴费是德国法定养老保险资金来源的主要渠道，2006年，法定养老保险资金费率缴费比例是工资的19.5%，但是，保险费率根据实际工资水平每年都会发生一些变化，为了更好地控制劳动力附加成本，稳定养老保险金缴费率，德国政府规定从2007年开始到2012年，法定养老保险费率提高至19.9%，并且从2030年起，德国法定养老保险占雇员工资的缴费比例还将从19.9%提高到22%。如此一来，德国企业的工资附加费用上升了，企业被迫承担更多的社会保险费用负担，企业可能为了降低成本，不得已采取裁员措施，这样将会使失业率上升，反过来减少养老保险资金收入，如此，养老保险费率的提高可能致使养老保险资金收支陷入恶性循环。

第五，努力扩大私人养老保险。从 2001 年开始，德国政府全面推行"里斯特改革"法案，所有德国公民只要同保险公司或银行或基金签订了私人退休养老金合同，就可以得到国家的补助，并且补助金额每年都逐渐增加。比如 2007 年，德国成年国民只要满足雇员将其净工资的 3%（最少 60 欧元，最高 500 欧元）用于缴纳签约的里斯特退休金条件，政府发给每个成年人一年 114 欧元的补助。此外，德国政府还为每个加入里斯特养老保险计划的雇员的子女支付 138 欧元。从 2008 年起，德国政府还把对无子女的德国公民的里斯特退休金的补助金额提高到每年 185 欧元。

第六，提高补充养老保险占养老金支付比例。德国政府计划调整未来养老保险资金的支付结构，使补充养老保险资金占比从目前的 15% 提高到 30%。同时，每年德国政府财政补贴养老保险基金 700 亿欧元，并提高生态税以便补充养老基金。

第七，延迟退休年龄。从 2012 年开始，德国政府将男女雇员的法定退休年龄延迟两年，即从 65 岁退休推迟到 67 岁退休。如此一来，既大量增加了德国法定养老资金的有效供给和劳动力供给，同时又大大减少了养老资金的实际支出，使养老金收支失衡和劳动力供需失衡都得到了较好的修正，可谓是一举多得。

第八，提高领取法定养老保险资金的投保年限。以前德国政府规定只要参保人投保 5 年以上，就可以在退休时领取养老保险资金。但是，德国政府现在已经重新规定，参保人必须要投保总计 35 年以上，方可以领取养老保险资金。

总之，在世界经济持续低迷、本国失业率不断升高的情况下，为了维持社会公共高福利的养老保障体制，德国政府采取了这一系列改革措施，以便缓解人口老龄化危机，改革的效果如何，尚待进一步通过实践验证和观察。

五、德国养老发展新趋势

德国老年人问题研究中心发布的《德国老年人生存状态实录》显示，绝大多数老年人对养老模式的选择是以居家养老模式为首，在 65 岁以上的老年人中有 96.8% 的老年人都选择了居家养老，只有在生活无法自理的情况下，老年人才不得不选择入住养老机构。只有 3.2% 的 65 岁以上老年人选择养老机构养老。选择居家养老模式的多数老年人（占比 33.6%）更喜欢独居，而且虽然这些老年人选择独居，但是他们表示并不感到孤独。在选择居家养老模式的老年人中只有少数老人（占比8%）选择愿意与子女一起住。随着德国人均寿命继续增长，出生率不断走低，老龄化趋势持续加快，德国老年人如何走出孤独，安享晚年，出现了一些新办法、新理念和新趋势。

1. 邀老友合租，互助养老模式

德国老年人有着多种多样的养老生活方式，邀请志同道合的朋友在一起互助养老就成为了老年人的养老潮流。德国联邦家庭部调查显示，50%以上的德国老年人希望与别的老人合租养老。德国许多城市的街头广告，都可以看到不少老年公寓的招租信息，这些老年公寓已经过适老性改造，配备有无障碍设施，有升降椅、紧急救援报警器等。老年人邀上几个好友合租老年公寓一起生活，这不仅可以保护老人个人隐私，也方便大家一起聚餐、一起出行，甚至还可以一起雇用护工定期上门服务，大家平摊费用。这种抱团互助养老模式，使越来越多的德国老年人生活热热闹闹，似乎回到了年轻热闹的学生时代。

2. 多代居养老模式

德国人独立性强，习惯独立生活，不靠子女赡养，也不愿意去养老机构。在20世纪90年代，德国老年人探索了一种多代居的独特养老模式。多代居养老模式指老年人和非血缘关系的其他人共几代人在一起生活，构成新组合新邻里关系。多代居养老模式极大地鼓励了老年人自立和互助精神，顺应多代居项目的老年人和其他人都是因社会交往需求而自由组合的，老年人可以与同龄人及年轻人群体共同生活，颐养天年。多代居养老模式本质上其实是公寓养老的一种特殊形态，多代居公寓可以通过新建楼房或在原有楼房基础上进行改建。多代居项目也有的称为"集体公社"项目，是柏林市政府鼓励的一种可以集资建房或委托开发商代建的项目，不同年龄的市民几代同堂居住，还可以申请贷款建房。一个多代居项目的规模可能是十几甚至是二三十户共同居住生活，有老年人或其他人需要帮助时总会有邻居可以及时施以援手，老人可以帮着照看一下孩子，年轻人可以帮助老年人搬家具，需要帮助时只要到门口吆喝一声即可。这就是"远亲不如近邻"的极致演绎了。2006年，德国政府出台"多代公寓"计划，鼓励多代居养老模式，积极推动代际间互助养老。多数地方政府不仅会提供土地，甚至还会提供资金，并委托公益法人或福利财团经营多代居项目。德国政府在全国建设了439栋多代公寓，每栋公寓楼补贴4万欧元，使全国各个县和直属州政府的城市都至少有一栋多代公寓楼。2012 年，德国联邦政府再推出多代公寓 Ⅱ 计划，继续增建 450 栋多代公寓楼。多代居项目也可以是一些老人及年轻人共同出钱购买一栋或一套房子，大家各有各的卧室，可以共用厨房和客厅。

3. 家政换房租模式

很多德国的大学都分布在城市中，如同我国的大学一样，近年来德国的大学也都扩大招生，因此大学学生宿舍的供给远远跟不上增加的学生需求，这使得当地租房市场十分紧俏，房租节节攀升。这让许多德国独居城市的老年人与寒酸的年轻学生刚好可以取长补短，形成优势互补的跨代合租组合。家政换租房模式是指德国老年人将自己不需要使用的空置房间租赁给学生居住，囊中羞涩的学生可以通过帮助老人做家政等服务来部分甚至是全部抵消房租，只有水、电、燃气等费用大家平均分摊。比如，来自中国的留学生韩某在汉诺威市上大学，租住在一老人家里，租房合同规定，租房面积是 30 平方米，只需要韩某每月为房东做家务（做饭、洗衣、打扫卫生、修剪草坪等）满 30 个小时的时间就可以不用交房租。韩某在采访时说，事实上房东非常关照他，常常会为他多做一份饭，并教他学习德语，为他介绍德国的各种习俗和风情，他和房东已经建立起了祖孙情谊。

4. 候鸟式养老模式

候鸟式养老是德国老年人又一个新的时尚养老模式。由于德国的冬季漫长且阴郁，而西班牙、意大利和希腊等南欧国家则冬季的气候宜人且阳光充足，同时这些国家人民待人也热情，生活消费和物价水平都比德国低许多，因此南欧国家一直是德国老年人的度假天堂。德国养老保险机构调查显示，2017 年，有 110 万左右的德国老年人在境外领取退休金，这些老年人大部分已经迁至南欧的国家长期居住。许多"候鸟"银发老人已经在这些国家拥有房产，老人通常在冬季从德国搬去住三四个月，其余日子则作为度假屋出租盈利。

5. 智能养老模式

不断加剧的老龄化为德国的健康和养老等产业带来了黄金发展机遇，但同时德国政府必须面临劳动力减少、劳动力平均年龄不断升高和养老金支出大于收缴，支付压力增大等严峻挑战。因此，2006 年，为应对挑战德国政府制定了一系列高科技战略，并投入大量资金，以便更好地推进养老服务领域的创新。德国联邦州政府也颁布了相关政策以推动智能化养老服务产业发展。经过十几年的发展和升级，这些高科技战略共确立了六个具有研究与创新潜力的重点发展领域：①数字经济与数字化社会；②经济与能源的可持续发展；③工作环境的创新；④健康化生活；⑤智能交通；⑥社会安全。其中，多个重点发展领域都与智能养老服务的研究和创新密切相关。比如，"数字经济与数字化社会"主要利用新一代信息通信技术研发智能产品、物联网和区块链等，这些是发展环境辅助生活技术的基础，进一步可以推进智能养老服务业发展。智能化养老服务可以促进老年人健康化生活，它可以极大地推动德国在健康生活领域和老年人养老护理服务领域及相关服务产业的发展。比如：

 案例一：老年照护服务机器人项目

该项目是通过研究开发一款服务机器人协助护理人员在养老机构和医院对老年人进行日常照护工作。该产品具备对物品供应、存货和老年人健康状况进行记录的功能，还可以进行其他不属于照护行为的体力劳动。项目研究人员对需要照护的患者进行需求分析后，可以开发出智能护理推车。该智能护理推车保留传统护理推车具有文件盒、换手套机、手消毒器等功能，又增加了如下几项智能化功能：①自动移动到指定操作地点。②护理推车上安装的平板电脑，其用户界面可以实时记录照护过程中使用过的所有物品和医疗设施，当护理车中的某种物品或医疗设施的库存很少时，智能护理车还可以自动提醒护理人员，护理员会让护理车自动返回仓库添加相应物品。③护理车的抽屉均设置智能锁，只有获得护理员授权才可以打开。护理员通过其智能手机的蓝牙信号直接与护理车相连接。目前，智能护理车原型已完成了开发，接下来将在一些养老机构和医院进行测试试验和初步评估，评估达标后再进行推广应用。

 案例二：研发老年友好服务平台（以下简称"SONIA"）项目

在应对老龄化问题方面，德国老百姓最关心的问题是政府是否有能力为老年人提供高水平的照护服务和幸福的晚年生活。对此，巴登—符腾堡州的劳工与社会事务部和家庭、女性与老龄部共同出资打造老年友好服务平台项目，SONIA 项目提供了一个促进老年人交流和社区互动的线上网络平台，同时也设计了一个线下交流室，将虚拟网络环境与实际现实生活紧密联系在一起。SONIA 平台上聚集了很多社交软件和 App 应用，这些集成的应用与服务主要具有以下四类功能：①交流功能：集成并改进了 E - mail、Skype、Google 环聊和 Address book 等应用；②公告系统功能：可以在平台上发布社区活动和物品供需交换等信息；③娱乐功能：可以在平台上玩游戏、看报纸、看电视节目等；④其他服务功能：平台还提供天气预报、公交时刻表以及由第三方机构提供的购物服务等。SONIA 平台项目的应用已经取得了一些成绩，它减少了老年人行动不便带来的地理、社会与现实壁垒，提高了老年人改善生活环境的主动性与自主权，增进了老年人与亲朋好友之间的感情联系，拓宽了老年人的社交圈，使老年人在社区内外结交到了许多新朋友，使老年人进一步融入社会，极大地提升了老年人的生活品质。

（资料来源：怡养论坛，2017 – 08 – 04.）

六、德国养老保障体系发展对我国养老事业的借鉴意义

（一）构建多元化养老保障资金来源渠道

一是完善多支柱立体化的养老金制度体系。德国社会养老保障制度体系的建立迄今已有 126 年的历史，其最为成功的经验就是由政府、企业和个人三方为养老共同分担责任，并建立了多支柱的养老金制度体系，使得德国养老服务产业保持可持续发展。二是建立护理保险制度。德国政府通过立法规定政府、企业和个人三方为护理保险共担缴费机制，依法设立了基本护理保险制度，规定了根据护理内容与等级给付护理费用、提供相关服务等，这些都是我国可以借鉴的德国在护理方面的宝贵经验。我国养老保障体系同样面临着人口老龄化的挑战，如果仅以现收现付方式来分配我国的养老保险资金，则非常可能会堕入德国现在保险资金池入不敷出的困境。当前，我国养老社会保障基金的缺口很大，而且随着老龄化的加剧还有进一步扩大的趋势，因此，我国要继续实行养老保险资金社会统筹和个人账户相结合原则，采取部分积累的管理模式，并充分考虑通货膨胀风险和国家财政承担能力，保持适度不过高的积累率。还应发挥社会和非政府组织各方力量作为养老保障基金的重要补充。要进一步结合我国实际情况，建立以社区居家养老为中心的护理机构或养老机构，并由护理机构、养老机构或社区医护中心承担社区居家老年人的护理工作。如此一来，因为社区居家老人和这些机构接触多，距离又最近，所以这些社区的机构解决社区居家老年人的护理问题必然是非

常有成效的。

（二）加强养老保障资金的管理，完善监督体制

我国采取的养老保险资金积累模式意味着数额巨大的资金储备，根据历史经验，全国各地养老保险资金被挪用或占用，甚至被侵占的现象时有发生，因此，要加快建立我国统一的养老保险基金管理制度。在德国，每一个参保人员都具有自己的社会福利号码，并且接受福利的状况可以不受地区也不受企业性质的限制。我国也应该尽快建立起一个没有地区差异、没有城乡差距的统一全社会的养老保障管理制度，并着重解决好事业单位、中小企业、个体户、农民工、农民等群体的社会保障问题。同时，充分利用现代信息技术，建立覆盖全国的统一的社会保障信息网络，统一全国的养老保险号码，精准掌握参保人的参保情况及其实时的动态变化情况，推进实现养老保障管理现代化。建立养老保险资金行政监督机制，加强基金的社会监督，强化基金管理机构的内部监控是非常有必要的。同时，我国还应该出台养老保险的相关法律法规，及时将养老保险制度法制化，形成对保险基金具有专款专用的强有力的法律约束。

（三）夯实护理服务基础，提升养老服务质量

一是我国养老机构要注重信誉，树立品牌，打造优质养老护理服务。当前，我国养老机构的养老服务普遍较为粗糙，护理服务员的职业素养和技能水平都有待进一步提升。需要进一步加强对护理服务员的培训，使其真正牢固树立以老人为本的服务意识，确实将老年人的需求放在首位，根据老年人身体健康状况和需求提供相应的配套护理服务，建立激励和惩罚机制，根据护理员的职业考试成绩、客户口碑以及实践应变能力等标准构建加薪和晋级通道。二是创新实行家属养老有偿化。虽然在我国子女负有赡养老人的义务，但是国家有责任以某种方式承担养老服务，以减轻子女的养老负担，可以借鉴德国养老服务经验，实行家属养老服务的有偿化以增加为老年人服务的人员数量。对于家属为老年人提供养老服务的人员，国家财政可以某种形式给予补偿。三是建立专业护理人才队伍培养体系。德国已经构建了一套十分完善的护理人才培育机制，护理专业门类繁多且齐全，护理学历从专科到研究生学历都有，各层次的护理科都有专门的学时、课程要求，与学位直接挂钩，且十分注重实践性，标准要求高且严格，没有达到一定级别的护士不可以直接护理患者。当前，我国养老护理人才缺口大、护理人员的专业化水平亟待提升，所以必须进一步强化我国护理人才的培养力度，加强护

理实践培训，设定护理服务执业准入条件，在全国实行护理职业资格考试制度，注重护理专业知识基础和护理实践能力结合的能力，严格规定持证上岗条件，即理论与业务水平同时通过测试才可入职。制定护理服务行业服务标准，并将其转化为养老服务人员的绩效考核标准，养老服务协会和民政局定期开展护理服务的培训与考核评价活动。建设完善护理人员职业资格考试和晋升通道，将养老护理服务职业化和规范化，根据护理考核成绩切实提高养老服务人员薪酬待遇水平。四是创新护理保险支付方式。我国是发展中国家，绝大多数老年人未富先老。生搬硬套地学习德国的福利养老模式不太适合我国的国情，根据我国已有的多个省市试点施行商业养老保险中的长期照护险的经验证明，长期照护险对我国养老护理业的发展必将起到极大的促进作用。目前，我国商业养老保险只占整个养老保险的 2%，远低于全球平均水平的 5%，更不要说发达国家的商业养老保险保费占整个养老保险的比例均超过 35% 的水平。因此，在强制养老保险体系尚未完善的情况下，我国应积极发展商业养老保险，尤其是长期照护险，充分发挥其对我国基本养老和医疗保险的补充作用，创新商业养老保险产品，为我国养老护理服务长期健康稳定发展提供消费支持。

（四）打造适老公寓社区为社会化养老提供灵活服务方式

我国可以借鉴德国社区养老的成功经验，积极发展智能养老社区公寓、多代居和合租互助养老公寓，推动养老服务模式创新和服务智能化。一是充分利用电子信息技术推进普及智能养老服务模式。国家财政政策与货币政策要支持创新电子信息技术以推动发展智能养老服务，通过实施政府购买、税收优惠、贴息贷款等导向性政策措施，推进实现我国"互联网＋养老"产业体系的网络化和智能化。二是积极营造全社会养老服务氛围以支持多代居和合租互助养老模式的建设和推广。我国要积极参照德国多代居养老公寓建设模式和经验，促使不同代际没有血缘关系的居民可以共同生活在同栋楼同套房屋的空间里，方便年轻人照顾老年人。同时，积极鼓励非家庭关系的代际互助、邻里互助，营造可持续发展的社会养老氛围，积极借鉴德国"时间储蓄"养老服务模式，由人社部、民政局委托专人负责记录、统计存储年轻人志愿照顾护理老年人的服务时间，待年轻人年老后再通过其本人申请提取存储的服务时间，以获取来自他人的养老护理服务。

（五）适度逐步延长退休年龄

2007 年德国政府通过了一项退休者年龄改革法案，提高了德国的退休年龄，在 2012~2029 年，逐步逐层地将原来退休年龄 65 岁缓慢调高至 67 岁。所谓逐步逐层是在时间渐进上的安排，延迟两年退休的时间被分隔为 24 个月来计算。第一个 12 个月用 2012~2024 年总计 12 年时间来过渡，每新一年则必须比上一年度增加 1 个月的在职工作时间，到 2024 年退休年龄可延迟到 66 岁；后一个 12 个月则用 2024~2029 年总计 6 年时间来完成，从 2024 年开始每年都需要比上一年度延长 2 个月的在职工作时间，至 2029 年所有在职职工的退休年龄延迟至 67 岁。党的十八届三中全会已经提出，我国要制定出台渐进式延迟退休年龄政策。这种渐进式延迟退休是非常符合我国当前实际情况的，我国目前的职工退休年龄是在 20 世纪 50 年代制定出台的政策，企业职工正常退休年龄为：男年满 60 周岁，女干部年满 55 周岁，女工人年满 50 周岁。这一政策延续了几十年，基本上一直沿用至今，显然，当年的退休年龄规定已经不再适合新形势下我国人口老龄化的今天：一是我国已经进入了人口老龄化的国家行列，如果仍然还是男 60 岁，女 50 岁（或 55 岁）就不工作退休了，则劳动力的供给总量就必然逐步减少，毕竟很长一段时间我国实行一胎政策，独生子女家庭占绝大多数，一个家庭里老年人口占多数，劳动力人口占少数，领取养老金待遇者与缴纳养老金的劳动者比例差距越来越大了，我国的人口红利必将逐渐消失殆尽。二是随着我国社会经济的快速发展，人民生活水平的显著提高，早期退休老年人领取的养老金也要跟着水涨船高，这就说为国家创造经济财富的劳动者减少了，同时领取国家养老金"吃喝玩乐"的人多了，这势必给我们国家财政带来很大的负担。三是现阶段我国人口平均预期寿命已经大幅度提高（见图 2－2），1949 年我国人口平均预期寿命只有 35 岁，而 2015 年我国人均预期寿命已经高达 76.34 岁。如果我国的退休政策仍然还维持在 20 世纪 50 年代的较低退休年龄，绝大多数劳动者仍然还身强体壮就面临法律规定的需要退休养老年龄，这势必会打击中青年劳动者的工作积极性。另外，已经退休了的老年人的退休金也不可能得到持续合理的提高。否则，还没退休的在职职工将会有很大意见，因为他们缴交了这么多这么久的养老金，早期退休的老年人都赶上有的甚至超过了现在在职职工的工资，在职职工心里会很不平衡。四是随着经济社会不断向前发展，社会文明程度进一步提高，劳动者需要接受的教育年限不断延长，形成了初始工作年龄普遍退后的格局，一般人又都是从基层干起，等到真正锤炼成骨干人才，可以独当一面施展抱负时，忽然发现自己已经到了需要退休的年龄。这样的退休政策制定安排不仅限制了青年、壮年人力资源，尤其是女性人力资源的充分利用，甚至还会影响我国人才强国乃至国家复兴战略的实施。

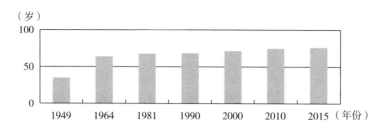

图 2 - 2 中国历年人口平均预期寿命

资料来源:《中国统计年鉴》(1949~2015)。

总之,目前我国的养老保险制度采用的是社会统筹与个人账户相结合的制度,是属于资金积累的模式,还处于初级试行阶段,而德国的养老保险制度为我国提供了一个很好的学习样本,我们可以充分吸取其经验和教训,加快全面建立和完善我国养老保险制度。再从德国养老保险制度的改革方向看,改革必须适应社会和经济的不断发展变化,因此,我国的养老保险制度改革是一个渐进且无止境的过程。目前,德国政府正努力改革其养老保险制度,以建立"少一些政府,多一些个人"的养老保险制度,虽然我国不能生搬硬套德国模式,但从传统的政府主导向政府参与、社会自治转化的思维模式也应该是我国养老保险制度改革的主要方向。

第三章 美国养老保障制度和养老产业发展研究

一、美国的人口老龄化情况

美国人口老龄化有三个特点：一是美国进入人口老龄化社会的时间很长。早在20世纪40年代美国就已经步入了人口老龄化行列，1940年65岁周岁及以上老年人口在美国总人口中已经占比高达6.8%，2000年，美国人口总数为2.813亿，其中65岁以上老年人口为3500万人，人口老龄化率为12.44%；2010年，美国人口数量为3.085亿人，其中65岁以上老年人口已经达到了4000万人，经过10年美国65岁老年人口上涨了15.3%，人口老龄化率为12.96%；2015年，美国人口数量为3.2061亿人，其中65岁以上老年人口已经达到了4700万人，人口老龄化率为14.66%。根据美国相关部门测算，2030年65岁以上老年人口预计将超过7000万人以上。二是美国人口老龄化速度缓慢。由于美国是一个移民国家，每年都有大量青壮年人口移民美国，加上美国有较高的出生率，这就大大缓解了美国的人口老龄化速度，也使得美国作为世界上主要的发达国家与其他欧洲发达国家强烈的人口老龄化有所不同，美国的人口老龄化速度只是处于中等水平。三是美国高龄老年人口占比相当大。2000年，美国的人均预期寿命为77岁。2014年，美国人均预期寿命为男81岁、女84岁，才经过14年美国人均预期寿命延长了许多。人均预期寿命的延长使得美国高龄老年人口增多，据估计，2050年美国85周岁及以上老年人口数量将有1800万人左右。显然，美国的人口老龄化趋势也是不断加剧的，养老形势也相当严峻。

二、美国的养老保障制度

在西方发达国家中，美国的养老保险制度不仅历史相当长，至今已经有200多年的历史，而且还是相当完善的，美国养老保险制度经过长期的发展，目前已经形成了三大养老支柱：联邦退休金制度、企业补充养老保险制度和个人退休金计划。这三大支柱形成三足鼎立，充分发挥了政府、企业和个人的作用，互为补充，形成一种合力，共同为老年人、参保退休人员提供立体的多元化和可靠的养老保障。

（一）联邦退休金制度

联邦退休金制度是由美国政府主导的、强制实施的社会养老保险制度，它是美国社会最基本的养老保险制度，是政府为参保退休人员提供的一种社会福利保障，也是美国养老保障的第一支柱。联邦退休金制度主要涵盖以下内容：

1. 社会保障税

社会保障税是美国政府按照雇员一定的工资比率在全国范围内进行强制统一征收，企业在每月发工资时被要求必须按照雇员的社会保障号码（SSN）代扣代缴保障税，美国财政部国内工资局集中收缴由企业上缴的社会保障税后，作为专项资金进入养老保险管理机构——美国社会保障署（Social Security Administration）设立的社会保障基金。缴纳社会保障税是美国联邦退休金制度的最核心内容，美国的社会保障税是仅次于个人所得税的美国第二大税种。

2. 社会保障税的税率

社会保障税的税率由美国社会保障署进行动态调整，调整后需要经美国国会批准后方可执行。税率调整依据主要根据美国人口老龄化的预测数据以及养老金支出需要来进行。比如，1980年，美国的社会保障税税率按雇员工资总额的10.16%缴纳；1990年以后至2014年，社会保障税税率上调至按工资总额的12.4%缴纳。2015年，美国的社会保障税税率虽然仍然按雇员工资总额的12.4%缴纳，但是雇员只需要缴纳50%即可，雇主需要为其雇员再缴纳余下的 50%。

美国联邦退休金制度的设计理念是鼓励职工工作时多缴纳社会保险税，职工退休后就可以多领取养老保险金了。社会保障税税率按工资总额的 12.4% 缴纳，职工工资越高，需要缴纳的社会保障税金越多，该职工退休后领取的养老金也必然越多。当然，美国政府为了社会的相对公平，防止个别退休老人领取太多的养老金，对社会保障税增设了应税工资的上限，超出应税工资上限的部分工资不再缴交社会保障税。例如，2006 年，应税工资上限设置为 9.42 万美元，雇员工资超过 9.42 万美元的部分就不需要再缴纳社会保障税。同时，应税工资的上限会随着物价和工资水平的变动逐年进行动态调整。比如，2015 年以后，美国社会保障署已经把应税工资上限提升到 11.85 万美元。也就是说，所有的雇员，无论他的工资有多高，最多可能缴纳的社会保障税金额为 $11.85 \times 12.4\% \times 50\% = 0.7347$ 万美元，雇主最多需要为其缴纳的社会保障税金额为 0.7347 万美元。

3. 退休金的领取

美国联邦退休金制度规定，一个雇员最少必须要缴纳社会保障税合计 40 个季度（也就是总计 10 年的缴费年限），当达到法定退休年龄退休后他才可以按月领取退休养老金。而且他所能够领取的退休养老金金额和他的实际退休年龄挂钩。美国联邦退休金制度经过不断调整和完善，对不同时间出生的雇员有不同的法定退休年龄规定：1943～1957 年前出生的雇员，他们的法定退休年龄为 66 岁，1957～1960 年前出生的雇员，其法定退休年龄为 66 岁又 6 个月，1960 年及以后出生的雇员，他们的法定退休年龄都提高到 67 岁。老年人只有达到法定的退休年龄退休，方可领取全额的联邦退休养老金。老年人如果在还没有达到法定退休年龄就提前退休，则领取减额的联邦退休养老金，原则上，老年人每提前一个月退休，则所领取的养老金减少 0.56%，老年人最早可以在 62 周岁时就提前退休。美国联邦退休金制度设计不实行 67 周岁就强制退休，鼓励老年人在达到法定退休年龄后继续工作，每推迟一个月退休，则其退休金增加 0.25%，如果在 70 周岁时再退休，则老年人可以领取联邦全额退休金的 130%，超过 70 周岁以后才退休者，老年人仍然领取联邦全额退休金的 130%，其退休养老金并不会再继续增加。老年人退休后仍然继续工作，如果年总收入低于一定标准，其仍可以领取全部的退休养老金；如果其收入超过了一定标准，则按超过部分金额的 50% 减发其退休养老金；如果老年人在 70 岁以上仍然继续工作，不管其收入有多少，都不再减发退休养老金。

一般地，老年人领取的退休养老金是免税的，但如果老年人的年总收入超过了一定金额则仍然需要纳税。例如，2015 年，单身老人年总收入超过 2.5 万美元，则其在领取联邦退休养老金时需要缴纳所得税，退休夫妇两人总收入合计超过 3.2 万美元的，他们在领取退休养老金时也需要缴纳所得税。美国联邦退休金制度还规定，退休养老金的受益人除了退休老人本人，还可以包括其符合特定条件的配偶（含离异）以及未成年孩子（含领养）等。

2015 年，美国有 4200 万退休老人从社会保障基金处每月领取退休养老金，每位单身退休老人平均每月领取 1328 美元的退休金，约占退休老人平均月收入的 40%，每对退休夫妇平均每月领取 2176 美元的退休金。

此外，美国政府还有生活保障托底：如果 65 岁以上的老人领取的联邦退休金和其他收入都太少，无法维持生计，美国政府的社会保障署将按"附加保障收入计划"（Supplemental Security Income Program），从联邦政府财政收入（不是社会保障基金）中支出，每月给予该低收入老人生活补助金，用于保障低收入老年人的基本生活。比如，2015 年，享受美国政府附加保障收入计划的每一个低收入退休老年人每月领到的生活补助标准为 733 美元，每对低收入退休老年夫妇每月享受美国政府附加保障收入计划领取的生活补助标准是 1100 美元。

（二）企业补充养老保险制度

企业补充养老保险制度也就是企业年金计划（也称 401K 计划），它是美国养老保障的第二支柱。企业年金计划主要由企业主导、雇主和雇员共同缴费并享受税收优惠的企业补充养老保险制度，也是雇主出资为雇员提供的一种最为普遍的退休福利计划。

1. 401K 计划的产生

1980 年以前，美国有一些工会组织力量强大的私人企业，雇主被迫全额承担雇员的退休养老金，并包揽其退休工人的各种福利。这种退休福利制度安排显然对雇员很有利，但却增加了雇主的资金支出，不利于企业竞争力的提升和发展。1978 年，美国政府出台《国内税收法》的第 401 条 K 项条款规定，政府机构、企业和非营利组织等不同类型的雇主，为雇员建立积累制养老金账户就可以享受税收优惠。根据这 K 项条款，越来越多的企业都选择了雇主和雇员共同出资、一起合作建设雇员的退休福利方式。因此，美国企业年金计划又称为 401K 计划，或称为现金或延迟安排（CODA）退休计划，是企业补充养老保险的重要组成部分。该计划虽然是在 1978 年颁布，但是真正开始全面实施是在 1980 年，并在计划实施的过程中得到了不断的完善。截至 2017 年底，401K 计划的资产已经达到了 5.3 万亿美元，占美国养老金总资产的 19.00% 左右。

2. 401K 计划的管理

401K 适用于政府机构、企业和非营利组织等不同类型的雇主，规定雇主为雇员设立专门的 401K 个人账户。雇主为每一个雇员设立专门的 401K 账户后，雇员每月从自己工资中拿出一定比例的资金存入该账户，雇主可以视情况选择匹配一定的资金存入该账户。一般地，雇员单位（机构、企业或组织）通常会视雇员的缴费情况选择匹配一定资金缴纳存入该账户（一般是雇主按雇员工资的 3% 缴纳存入，雇员自己存入工资的 7%）。因为这笔资金可以作为单位给予雇员的福利，还可以鼓励雇员积极参加 401K 计划。但是，单位匹配缴纳的金额不能够超过雇员自己缴纳存入该账户的金额，并且缴存的金额有税收优惠上限，缴存的金额超过了优惠上限，超过上限的金额部分不能够享受税收优惠。比如，2018 年，50 岁以下的雇员每年缴存的上限金额为 1.85 万美元，50 岁及以上缴存上限为 2.45 万美元，雇员和雇主都匹配缴存后的总额上限为 5.5 万美元和 6.1 万美元，缴存超过上限部分的金额都不能够享受税收优惠。401K 计划中，雇员缴纳存入账户的资金和单位匹配缴存的资金均在其收益中税前缴纳扣除，401K 账户资金的当年投资收益也免予纳税，所有税费均在退休时领取账户资金时缴纳。一般退休老人的收入都较退休前低许多，这时再缴税，纳税基数减小了，再加上投资收益免税，其实际缴纳的个人所得税税金将大幅下降。401K 账户资金如此的税收优惠安排，刺激了雇主和雇员积极缴纳该账户资金作为雇员的养老费用。

401K 账户资金归雇员所有。提供 401K 计划的雇主，一般需要至少指定一名受托人（一个基金公司）管理雇员的 401K 账户，雇主通过专业咨询机构向雇员推荐三种以上的证券投资组合，由雇员自主进行投资决策，投资收益和风险均由雇员自己承担。一般地，因为有专业咨询机构参与进行投资，401K 账户资金常年都有 6% 以上收益率，这显示 401K 账户资金的安全性和成长性。在处理 401K 账户资金时，20～40 岁的年轻雇员常常选择收益高风险大的新兴市场股票型投资组合，以博取高投资回报，随着年龄增长，雇员的投资方式渐趋稳健和保守，更愿意选择存款、债券基金等。目前，401K 账户资金大约 67.20% 投资于共同基金，投资范围涵盖了定期存款、债券基金、股票基金、指数基金以及平衡基金等；其余401K账户资金绝大多数被雇员投资于雇员所在公司股票，这反向刺激了股市和本公司的发展。雇员离职或退休后401K账户资金由雇员自行处理，可以从401K账户一次性或分期或转为存款等多种方式领取养老金，多数退休人员一般会把账户资金转入自己选定的提供401K计划的基金，至于自己401K账户里有多少资金取决于雇员在职期间雇员和雇主共同缴费的多少以及该账户的投资收益情况。

401K计划有多重灵活形式。401K分为传统401K计划、安全港401K计划、简单401K计划以及罗斯401K计划。罗斯401K计划与其他三个401K计划的最大不同是它在雇员和雇主共同缴纳资金的当年就要纳税，而取款时则免税。前面三个401K计划主要是为适应机构、企业或组织的不同需求：传统的401K计划往往是具有最大的灵活性，单位可以自由选择是否为雇员进行匹配缴费；安全港401K计划则强制单位必须对雇员进行匹配缴费，但是它免除了实际延迟纳税缴费与实际匹配缴费的百分比检测；简单401K计划和安全港401K计划相类似，但它仅适用于100人及以下的小型单位。单位可以根据自身实际情况，在四种401K类型中灵活选择一种。一旦选定一种401K计划，并且缴纳的资金被存入该计划中的个人账户，一般地，虽然账户资金属于雇员个人，但是在59.5岁以前雇员不能随意提取资金，否则，雇员必须要补税费及缴纳罚款。因此，很多雇主在401K计划中增加设计了贷款条款，以便解决雇员急需使用资金的需求。此外，401K计划也可能存在其他一些风险，比如，2001年美国安然公司破产，该公司的雇员已经通过401K计划大量购买了本公司股票，这些雇员基本上就血本无归了。

领取401K计划个人账户中养老资金的条件有多种情况：一是401K计划个人账户持有人已经年满59.5岁了；二是持有人死亡或永久丧失工作能力；三是持有人发生了超过其年收入7.5%的医疗费用；四是持有人在55周岁以后下岗或离职或被解雇或提前退休。以上四种情况个人账户持有人可以提前取款，但是如果持有人未满59.5岁，其提前取得的款项将被征收惩罚性税款；但允许其提前借款，再返还回其个人账户。五是账户持有人退休时，可以对401K其个人账户的资金选择一次性领取或分期领取或转为存款等方式使用。六是账户持有人在年满70.5岁时，必须开始从401K其个人账户里取款，否则政府将对应取款额按50%征税，这一规定主要目的是为了刺激退休老年人的当期消费，促进经济发展，避免整个社会落入消费不足陷阱。

总之，401K计划执行以后得到美国民众高度的认可，许多美国公司雇员将

401K 计划中的个人账户资金投资本公司股票，促进了美国股市长达连续几十年的繁荣，也有效弥补了美国社会保障制度的不足，进一步完善了美国养老体系。目前，401K 计划也已经成为美国政府机构、企业或非营利组织等雇主首选的企业补充养老保障制度。

（三）个人退休金计划（IRA 计划）

个人退休金计划是美国养老保障体系的第三支柱，个人退休金计划也就是个人储蓄保险，它是一种由个人负责、美国联邦政府提供税收优惠、个人自愿参与的个人储蓄养老保险制度。个人退休金计划的核心是建立个人退休账户（Individual Retirement Accounts，IRA），所以个人退休金计划也被称作 IRA 计划。

1. IRA 计划账户自己管理

IRA 账户由个人自己设立，凡是年满 16 岁以上至 70.5 岁以下，而且年薪不超过一定数额的美国公民都可以到有资格设立 IRA 基金的银行或基金公司等金融机构开设自己的 IRA 账户，且不论其是否已经参加了其他养老金计划。这显然与401K 账户是雇主为雇员设立账户不同。IRA 账户的个人开户者可以根据自己的收入和支出情况确定每年度账户的缴存金额，但必须在每年 4 月 15 日之前缴存入该账户。IRA 账户也有规定每年的最高缴费限额：2014 年，50 岁以下公民最高缴存限额是 5000 美元。如果公民的年薪超过一定数额，则其不可以参加 IRA 计划。比如，已经拥有 401K 账户的公民，未婚者年薪超过 5.6 万美元，已婚者年薪超过 8.9 万美元，都不得申报缴存该年度的 IRA 计划账户。

IRA 账户由个人户主自行管理，但是开户银行和基金公司等金融机构会协助提供不同组合 IRA 基金的投资建议，户主可以根据自己的投资偏好进行投资决策，自负盈亏。此外，个人在 401K 计划的账户资金，在户主换工作或退休时可以转存到 IRA 个人账户，以减少不必要的损失。户主退休后，从自己 IRA 账户可以领取的养老金取决于自己缴费的多少以及账户投资收益状况。

2. IRA 账户资金享受税收优惠

IRA 账户资金使用受到一定限制。IRA 计划是储蓄行为，而不是投资行为，每一个参与的公民可以使用 IRA 账户内的资金进行股票、债券、基金等投资活动，但是，IRA 账户里的本金和投资收益都被严格限定并只储蓄在 IRA 个人账户内，不得转移至其他账户，并强制这 IRA 账户内资金只在公民退休后才能使用。

但是，IRA 账户资金具有免税等多种税收优惠：首先是延迟纳税。在年度免税额度（即最高缴费限额）内不需要缴纳个人所得税，一直到账户持有人退休后支取时再缴纳个人所得税。其次是免征账户内的存款利息、股息以及投资收益所得税。账户持有人可以选择缴存税前或税后收入，如果缴存的是税前收入，持有人在领取时需要对账户的总金额上缴个人所得税；如果缴存的是税后收入，则持有人在领取时只需要对多年来的附加增值款部分缴纳个人所得税即可。美国政府对 IRA 计划账户的税收优惠政策安排，极大地促进了 IRA 计划的持续快速发展。截至 2017 年三季度，IRA 计划的规模达 8.6 万亿美元，有接近半数的美国家庭拥有各类 IRA 账户。

3. 领取 IRA 账户资金的条件

美国政府规定，IRA 账户持有人年满 59.5 岁后方可领取 IRA 账户里的资金作为养老金，如果未满 59.5 岁提前支取账户资金，持有人将被按提取金额的10% 处以罚金。美国政府希望通过这种处罚鼓励账户持有人一直到退休后才开始使用 IRA 账户资金。并且政府还规定账户持有人年满 70.5 岁就必须开始支取账户金额进行消费，不然也会被处罚。

与传统 IRA 计划相类似的，近年来，又出现了 Roth IRA、SIMPLE IRA、SEP IRA 等不同类型个人退休账户。例如：Roth IRA 个人账户在缴费条件、支取时间、年度免税额度、免税方式等方面提供了与传统 IRA 计划账户一些不同的选择，可以供小企业主、个体户等人群依据自己收入和就业等状况进行更加个性化的缴存安排。Roth IRA 账户在缴存资金时就需要缴纳个人所得税，也就是说，账户资金的缴存必须是完税后的资金，当持有人退休后支取账户资金时就免交所得税，同时，该账户不强制要求持有人年满 70.5 岁须支取账户金额。此外，政府规定未婚者和已婚者如果年收入分别高于 12.5 万美元和 18.3 万美元，则都不得申报 Roth IRA 计划。

IRA 计划已经是美国养老体系的重要组成部分，同时由于 IRA 账户资金规模庞大，也是美国政府经常用以调控宏观经济的手段。比如，IRA 账户免税资金额度的提高可以使 IRA 基金增加巨额投资，这笔巨资可以通过有效的投资体系投向美国各实体行业，从而促进美国经济发展，反过来也使 IRA 账户持有人分享到美国经济增长的好处。

综上所述，联邦退休金制度、401K 计划以及 IRA 计划分别充分发挥了政府、企业和个人的作用，使美国养老体系得到了多层次、立体的保障。其中，联邦退休金制度为美国所有老年人提供最基础的养老保障，而401K计划和IRA计划则能进一步有效提升退休老年人的实际收入。

（四）美国社会养老保险基金的运营管理

美国政府严格管制社会养老保险基金的投资运营，遵循"审慎人"原则，通过完备的立法严控保险基金的筹集、分配、投资等各环节，建立基金政府管制组织机构、基金董事会和美国国会三权分立管制机制，保证了养老保险基金的有序和透明运营，确保了养老保险基金不乱投资以及被挪作他用，保证了基金的安全性和收益性。养老保险基金运营的每个环节都设置专门管理部门，各部门分工协作，明确各自的权利和义务。实践证明，美国的养老保险基金通过良好的运营和管理，已经使自身的资产规模不断扩大。此外，美国社会养老保险基金统筹层次高、强制性明显。美国联邦政府是统筹社会养老保险基金的主体，在美国只要拥有薪酬收入的美国公民都必须缴纳薪酬税，且统一承担义务以及享受相关福利，这保障了美国社会养老保险制度的公平性。

三、美国养老产业的发展研究

（一）美国养老产业制度体系

美国已经建设了相当完善的养老产业制度体系，这些制度体系支撑了美国养老产业的繁荣发展。一是多层次养老服务体系。美国政府、公益慈善组织以及私营机构等组成了多元化的养老服务体系。美国政府对老年人住房、医疗和居家养老项目进行最基础的补助和资助，美国社会上的很多公民也积极加入养老服务队伍，使得美国拥有目前世界上规模最大的非营利性质的老年人照料机构以及养老服务数量最庞大的义工队伍，大量的义工服务队伍为居家养老老年人提供家政、护理和照料等养老服务，构成了对美国政府养老产业政策和商业养老机构的有力支撑。二是完善的养老服务支付体系。美国的社会保险、商业保险和个人IRA账户理财组成了较为完整的养老服务支付体系。美国政府的联邦退休金制度提供了退休人员的养老保险资金，可以保障退休人员的基本生活，这些资金一般只占退休人员收入的 40% 左右，多数退休老人通过企业 401K 计划和个人 IRA 账户理财方式取得剩余的大约 60% 养老费用。三是发达的资本市场。众所周知，美国拥有全世界最发达的可以直接融资的资本市场体系，成熟的资本市场体系可以使企业获得直接融资，据估计，美国企业直接融资额占整个金融市场的比重高达 90%。而美国房地产信托投资基金就是养老地产开发的最主要融资方式之一，它促进了美国养老地产规模化发展。此外，美国政府还有严格的预算管理制度，这保证了养老产业规范化发展。

（二）美国养老服务模式

1. 居家养老模式

美国养老产业发展历史悠久，已经有相当完善的养老保障制度以及活跃的慈善民间组织，加上美国发达的商业经济体系，美国已经探索出了成熟丰富的多元居家养老模式：一是会员制居家养老模式：20 世纪 90 年代，在波士顿有一群老年社区居民探索出了一种会员形式的居家养老模式，该模式要求凡是入会的老年居民每年都需要缴纳一定的会员费，便可享受到如下一系列养老服务，如家政、购物、出行、花园维护、房屋维修、保健护理和医疗等，所有这些养老服务基本上由志愿者或专业机构提供。二是合作居住养老模式：在私人大住宅里，让合作居住老年居民共享公共设备。如公共厨房、餐饮区、洗衣房、休息房、图书室、健身房、公共花园等各种养老设施，方便老年人邻里互助互动。三是居家医疗护理养老模式。1997 年美国联邦政府为了扶助老年人，出台政策把综合性老人健康护理计划（PACE）纳入平衡预算法案。在 PACE 服务区，美国联邦医疗保险和医疗补助网络服务商为 55 周岁以上行动不便、体弱或患病的老年人提供物理理疗、病理医疗、处方药物、护理照护、营养咨询以及社会公益服务等医疗护理和救助服务，这些服务所产生的费用由医疗保险和医疗补助网络服务商支付。

近几年，美国政府财政赤字越来越严重，政府不得不削减财政预算经费，政府资助的许多养老院经费被取消了，因此许多养老院被迫倒闭。而私人开办的养老院收费都昂贵，一般普通家庭老人无力负担。所以，目前，美国老年人开始流行居家养老，联邦政府也出台了很多相关的优惠鼓励政策和辅助服务，以保障老年人居家养老的生活质量。比如：居家养老老年人支付护工的费用、其家庭购置的老年医疗器械等设施都可以减免税收，医生可以随时为居家老人提供上门服务等，老年人家中装备有能随时监测生命体征的监护器，当老人的子女等监护人不在家时，如果老人身体健康出现不良反应，监护器在紧急时刻会响起警报信号，还有及时提醒老年人服药的药物管理系统，老人GPS定位装置，及时确定老人位置避免走丢等先进的护理老人设备。此外，很多老人居家养老社区还提供"喘息照顾"服务，也就是社区居家照顾老人养老的亲属，如果自己想喘息休息一下或者有其他事情，可以提前通知社区。社区会安排派义工帮忙填补家属离开这段服务空当。如此一来，照料老人养老的亲属也可以有时间休假，这也给予家属一定的生活自由，提升了家属生活品质。这些都为老年人居家养老提供了非常有利的条件。

2. 社区集中养老模式

美国老年人流行在大型社区里抱团集中养老。美国是移民国家，很多老年人信仰基督教，也受移民文化影响严重，使得许多老年人喜欢与同类群体的同龄人互动，加上美国社会养小不养老的传统，老年人都喜欢建立独立于子女的社交生活圈。因此，一些房地产开发商专门为老年人群体开发老年人可以方便地集中养老的社区，在美国，这样的社区一经推出就深受老年人欢迎。这些养老社区按老年人身体健康程度可以分为以下几类：

一是老年人活跃生活的社区。老年人活跃生活的社区是专门为充满活力的低龄老年人设计的，社区设计有独立房子或联排别墅等房屋，主要出售给老年人集中居住，社区内还配置老年人专用的文娱、体育等活动设施，社区管理服务人员还专门为老年人提供文娱活动、定期体检、餐饮、家政等基本养老服务。这种老年人活跃生活社区主要是为老年人提供居住权，而比较少提供养老服务，可以归为养老地产。

二是协助老年人生活的社区。这种社区专门为生活上有协助需要但自己身体还没有什么重大疾病的老年人提供一些简单的生活帮助，比如洗衣做饭、洗澡、穿衣、喂食、协助就医以及照料护理等服务。这类社区由于提供收费养老服务，需要州政府的运营许可执照才可以开展养老收费服务，可以归为房地产业和服务业的混合。

三是老年人特殊护理社区，这种特殊社区主要面向具有慢性疾病老年人，或者手术后需要恢复，或者一些失能失智的老年人提供特殊的专业医疗护理照料服务。这种老年人特殊护理社区更偏重于医疗护理等收费服务，属于服务业。

四是老年人持续护理的社区，这种社区也称为CCRC社区，服务的主要对象群体为：刚刚退休的活力老年人以及不喜欢改变住所的老年人，这些老年人一般在刚进入 CCRC 社区时自理能力都比较强，但 CCRC 社区会提前为这些老年人充分考虑随着老人年纪增加，未来健康度下降可能出现的一系列问题，并为老人做好相应规划和准备。在 CCRC 社区里，设计有老年人生活的自理单元房、生活互助单元房以及特殊护理的单元房，老年人可以根据自己的年纪大小、身体健康度以及对特殊养老服务的需求情况进行选择入住。CCRC 社区提供了各种不同的养老服务，涵盖了老年人从生活全自理阶段，过渡到生活需要协助的阶段，再进一步过渡到生活需要特殊护理的体弱多病晚年阶段。也就是说，CCRC 社区可以是生活活跃社区、生活协助社区和特殊护理社区三种社区模式的综合，它可以为老年人在不同生理年龄段和不同身体健康状况下，提供不同养老服务的"一站式"持续照料护理的社区。CCRC 社区养老服务内容主要是由老年居民根据自身需求自由选择，而且这里的各种养老服务可以一直提供直到居民去世前。这样贴心的"一站式"养老服务不仅解决了老年人频繁搬家的麻烦，也使得老年人可以很好地维持原有的亲朋好友和邻里关系，并且可以在一个自己相对熟悉和喜欢的环境里接受医疗护理照料等养老服务。随着老人年龄的增长，老人的服务需求也会不断增加，老年人有一个稳定熟悉的居住环境和社区环境居家养老，不需要频繁地更换社区居住地，这是广大老年人梦寐以求的，因此，持续护理社区（CCRC）在美国顺势快速发展起来了。当前，美国总共建设了 CCRC 社区有大约 1900 个，只有 18% 的 CCRC 社区是营利性，82% 的 CCRC 社区是非营利性组织所建设的，并且许多 CCRC 社区是通过美国传统养老院转型过来的。

CCRC 社区的收费主要有两种模式：一是入门费（Entry Fee）模式。社区与入住老年人签订入门费模式合同，老人需要支付入门费以及每月缴交少量月费，从而取得入住 CCRC 社区的居住权以及取得社区服务、设施的享用权。通常入门费在 2 万~50 万美元，费用的多少主要取决于 CCRC 社区的地理位置、设施水平、老人选择入住单元房的大小、社区提供的服务水平以及入住费的返还性等多种综合因素。同时，入门费还与当年当地住宅市场价格息息相关。二是租金模式。社区与入住老年居民签订租金模式合同。通常合同中的租金不包括任何协助或护理服务费用，如果老人想要享受这些服务，老人就需要额外再按市场价格支付服务费用。这种租金模式入住的老年人可以直接选择入住协助生活区（Assisted Living）或入住护理生活区（Skilled Nursing），社区将根据老年居民的偏好与其签订入住合同。

以上四种模式的社区定位的老年群体不同，各模式养老社区针对不同的老年人群体提供相应的基本养老服务，可以有效防止各模式社区之间的恶性竞争，老年人可以通过衡量自己的医疗护理等服务需求，以及根据自己的喜好选择适合自己的养老模式社区。

近年来，随着美国各种商业模式的不断发展和完善，出现了一些新型养老社区。比如，校园附属养老社区，它专门选择在大学附近建设养老社区，依托高校的运动场等便利设施以及高等学校的文化氛围吸引老年文化体育爱好者入住。退休教师社区则是专门瞄准退休教师群体的社区，退休邮递员社区、黑人养老社区和同性恋养老社区等都是专门为一些特殊群体打造的特殊社区。

3. 机构养老模式

美国的专业养老机构主要有老年公寓、疗养院、养老院和护理院等机构。入住养老机构的主要是一些高龄的老年人群体，他们更往往倾向于入住养老机构养老。

老年养老公寓以公租和廉租为主，主要服务对象是低收入的老年群体，在养老公寓里为老年人提供餐饮、健身、阅览和文娱活动等服务，多数分布于大城市人口稠密的地区如纽约曼哈顿、布鲁克林区等。

专业的养老院、护理院和疗养院主要服务对象是因重大手术、患慢性病和失能失智等原因而导致生活无法自理的老年人，一般在院内都配备有各种专业的护理设施，并配备医生和专业护理人员，给予入住老人提供医疗诊治、康复护理、生活照料和健康监管等 24 小时护理服务。其中，美国的护理院需要接受联邦和州级政府监管，必须在各种专业人员的配备和医疗水平等方面按规定达标才可以拥有营业执照开展营业。入住护理院老人资金的支付来源主要是老人自己的资金、医疗补助以及长期照料保险资金三个渠道。

美国养老院经典案例分析
——同胞社区养老院：让老人有尊严地老去

1. 优美的环境

纽约郊区有一个以养老院为主体的鲁道夫斯坦纳同胞社区（Rudolf Steiner Fellowship Community），还是美国华德福教育基地，社区里还拥有幼儿园、小学、中学、教师培训学校以及一个生态农场。

同胞社区养老院窗明几净、一尘不染，墙上挂满了入住老人们自己的绘画作品，老人们的绘画作品像名画一样被展示在养老院的餐厅、走廊和房间的墙上，获得大家的认可。社区认为对环境的照顾，与对人的照顾同等重要。养老院的室内外环境整洁、有序和美观，这也是老年人精神生活不可分割的部分。社区投入足够的人力、物力，保持环境整洁和美观，用心打造室内外环境，以良好的环境促进社员彼此心灵交流，营造健康的人际关系。这也是为什么社区养老院墙上处处挂着老人们绘画艺术作品的原因之一，这不由得令人赞叹和感动。

2. 特殊的聚餐

同胞社区养老院餐厅宽敞、明亮和整洁，是养老院的核心，社区所有老人、员工、义工、家属以及参观者等所有人员每天至少有一餐在餐厅共同聚餐。聚餐开始前，老人和义工一起摆放餐具，在餐桌上放置写着姓名的卡片，每次聚餐每个人的座位基本上都不相同，为的是让大家彼此相互认识，使老人和不同的人沟通交流，每顿饭都至少可以和身边新人打招呼交流沟通。比如，有一次一位双手失去功能的老太太，自己无法吃饭，旁边坐着一位年轻的德国义工，年轻人拿着勺子小心翼翼喂老人吃饭，还帮她擦嘴巴。这位德国年轻人在养老院做义务工作了将近 11 个月才回国。餐厅有专门的伙食部门，根据全面平衡的营养需要为全体人员设计食谱，并尽量照顾到不同的口味需求。大家坐在一起分享相同的营养伙食，个别人由于身体原因，可由医生提议专门为其做饭。一般地，养老院反对为个别人对特殊口味的需求而专门另外准备食物，因为整个社区就是一个大家庭，强调共同生活和共同分享。养老院的食物绝大部分来源于社区生态农场的有机食品。很多义工喜欢养老院的轻松气氛，只要有空，就会来做义工。有一个来自台湾的老板义工说，他已经来养老院工作有相当一段时间了，体会了老人的生活，学习尊重老人，为老人做事情。义工工作反过来促使他思考人生的意义，人为了什么而活着？要如何度过一生？

3. 活到老学到老、做到老

与美国其他养老院不同，同胞社区养老院里的老人不是消极等待别人照顾、无所事事天天混吃等死，老人们根据自己能力都主动参与不同程度的体力劳动，活跃在各个工作岗位。比如，老人们参与打扫院内外卫生、收拾厨房、收拾餐桌、制作标签、摆放餐具、下地劳动等工作。刚开始时，当地政府相关部门坚决不同意养老院的老人参与工作，认为这是养老院剥削了老人。但是，社区负责人反复和政府官员阐明利弊，并邀请他们来养老院参观和深入了解老人的想法，再者由于养老院的老人参与部分工作，使同胞社区养老院的收费仅仅只是其他养老院收费的一半左右。最后，政府认可了养老院的做法。

同胞社区养老院的老人们不仅分担着养老院的部分工作，还学做手工等技能。养老院主楼周围分散着一些小房子，有陶艺室、印刷厂、编织室、木工室、蜡烛制作室、绘画室、商店等，在这些房子内每周都有专业教师前来指导老人学习。只要老人愿意，可以选择学习自己喜欢的手工并去实践。因此，平日里，有的老人坐在外面晒太阳，边聊天边织毛衣、娃娃或围巾等；有的老人和孩子在陶艺室里专心做碗或花瓶；有的老人在弹钢琴，有的在歌唱，有的在欣赏音乐；有的在给迷人的鲜花浇水……老人们自己做好的手工艺品也会拿到商店去销售。

同胞社区养老院认为，活到老学到老，人生需要不断学习、不断成长。养老院为老人们创造了良好的学习氛围和环境：开放各类工作室和各种艺术活动，鼓励老人参加各种劳动，真正为老人们做到了"老有所学、老有所为、老有所养、老有所乐和老有所医"，有尊严地老去。

4. 大家都是"主人"

1966 年，同胞社区养老院成立，它不仅是养老的地方，创办人 Paul Scharff 围绕着养老服务，希望打造一个完整微型社会，涵盖了医疗、教育、农业、保险、金融、投资等，不同年龄人在这个微型社会里一起工作、生活、养育孩子，一起追求理想，一起面对死亡等。社区里每个成员都能得到尊重。工作人员和义工意见得到尊重，每个老人的意见也都一样得到重视。社区积极探索最佳合作方式，例如，清洁窗户玻璃，有的人建议使用清洁剂擦洗，有的要求用有机的清洁剂，有的认为自来水清洗就可以了，还有的说用旧报纸擦效果最好；需要买餐桌，有的建议买圆形的，有的要方形的，有的说贵点档次高，有的提议买便宜的可以节省开支，有的认为便宜没好货……怎么办？听谁的？社区里几乎所有决策都要大家反复参与讨论，直到每个人都认可。最后大家都认可的方案是在充分体现每个参与者的心声之后，以大家都同意的方式做出决策。

5. 轮流执"政"

养老院每天早饭后，由两个人主持会议，在征求每个人意见的基础上合理分配每个人当天的具体工作。负责主持会议的人只是普通的工作人员或长期的义工，避免了少数领导人发号施令的弊端。虽然每天开 10 多分钟会安排工作，效率比较低，但却能够使每个人都觉得自己很重要，且人人当家做主，有平等机会轮流执"政"。同时，社区工作轮换做。比如，厨师并非永远是厨师，他也会做清洁、照顾老人或到地里干活。如此一来，每个人都对社区里的各项工作很熟悉，往往能考虑不同岗位的特点，又能从整个社区需要出发提出更加具体合理的建议。

6. 各尽所能，按需分配

同胞社区工作人员的收入不是按劳分配！而是按需分配！似乎共产主义的

"各尽所能，按需分配"已经在同胞社区里实现了。两个人做同样的工作，收入是根据其家庭负担来发放，与岗位、工作量和学历无关！比如，医生的收入可能比清洁工的收入少，只是因为医生只需抚养1个小孩，而清洁工则要抚养两个孩子。同胞社区认为不应该用钱来买一个人的工作，金钱无法衡量一个人的劳动回报，换句话说，每个人参加劳动并不是为了钱，而是为了自己的需要，服务是送给别人的一份礼物，不能简单用金钱来衡量服务的价值。所以，同胞社区与目前社会上流行的以服务的质和量的好坏来付费的方式不同，它把收入和服务分开，不想把为别人服务变成为金钱服务。

大家知道，共产主义社会按需分配的前提之一是全体公民的觉悟水平极大地提高，人人都能自觉自愿，各尽所能参与社会劳动。同胞社区的每个人都能勤奋地做好自己的工作，不仅完成本职工作，还常常会主动帮助别人。有时候某项工作忙不过来，大家都会一起来帮忙。当社区所有工作人员的服务脱离了和金钱的关系，就变成了人和人之间最真诚的心与心的相遇相通。

同胞社区为员工免费提供交通、住房、伙食、医疗以及小孩学费。员工如果个人或家庭需要，还可以申请每月补贴以及特殊需要资助，由社区执行委员会讨论决定。每周五晚上，社区有人智学、哲学课程学习小组，所有人可以自愿参加。同胞社区的财政收入不完全依赖入住老人的收费，35%的收入来源于印刷厂、生态农场、商店以及各种工作坊等，许多工作人员没有工资只拿补贴，还有一些私人捐助。比如，一位画家去世后留下1800幅作品，他的妻子在社区颐养天年，她把丈夫的画作卖掉，资金全部捐给了同胞社区；还有一位入住社区的银行家女儿，她在社区度过了人生最后一段愉快的日子，临终前把全部财产捐给了社区，条件是社区里必须有老人和孩子……正因如此，社区还能够资助低收入的老人，减免他们的费用。许多志愿者无偿做义工。每年平均有50~60位志愿者，无偿付出25000小时的劳动。老人和志愿者、工作人员都建立起友好的关系，一位老人曾在社区做了20年的志愿者，年纪大了之后他成为入住养老院的一员。"愿智慧照耀我，愿力量渗进我，好让我成为，世人的帮手，上天的仆人，达至无私与真诚。"这正是同胞社区工作人员、志愿者和老人们孜孜不倦的追求。

7. 全年龄段和谐社区

同胞社区的理想是不同年龄的人共同居住。社区里既有养老院，也有幼儿园、中小学校和教师培训学校，孩子们常来养老院串门，每个孩子都认了自己的爷爷、奶奶。逢年过节时，老人和孩子们一起看演出，一起联欢。周末孩子们也来种菜，虽然孩子无法像大人那样种好，但他们可以做力所能及的事情，他们也喜欢在地里与老人们一起劳动。老人需要小孩子无忧无虑的朝气和蓬勃的活力，孩子需要老人的睿智和安详。老年人的豁达包容和沧桑历经正是孩子们心灵成长的最佳养分。比如，有一位日裔工作人员的儿子，虽然已经是高中生了，但仍然经常抽空来做志愿者。同胞社区里长大的孩子不像外面的孩子有空就玩游戏、看手机，他们都更懂得怎样生活，有空就来社区帮忙。在同胞社区可以见证人的一生，这样的孩子长大后，不仅容易立足社会，也更容易找到人生的目标和方向，因为他们更充实、更愿意承担责任。

同胞社区遵守三条基本原则：一是在照料老人的同时，要兼顾不同年龄人的需要。二是人与自然和谐关联。生态农场、果园、菜地、草地、花圃、树林、动物和人，所有的自然环境和人是互相关联、相处和谐的。三是管理协调。

资料来源：朱玉逸澄．美国鲁道夫斯坦纳同胞社区，http：//blog．sina．con．cn/s/blog_ 7b8b4f370100qoa2．html，2008 - 11 - 06．

（三）美国的三种养老地产发展模式

1. 销售养老住宅的模式

这种模式以销售住宅为目的，仅接收一些身体健康的老年人，销售养老概念住宅的地产项目。比如，太阳城项目模式就是美国第一个这种类型地产项目，太阳城项目的建设，直接带动了美国养老社区的发展。太阳城项目销售对象主要是55～70岁的身体健康老年人群体，项目是在城市郊区选址，主要是考虑到这类入住社区的老年群体收入水平普遍不高，房价必须要相对便宜些。太阳城项目的开发商在社区内配备了商业中心、娱乐中心、教育培训等配套设施，还配有一个美国老年人喜欢的高尔夫场地。太阳城项目具有丰富的住宅类型可供老年人选择，但主要是以独栋和双拼住宅为主，所有住宅都为住户按标准精装修了，老年住户拎包即可入住，非常方便。在社区的养老服务方面，允许第三方保健护理和家政等机构的服务人员进入社区开展各种综合服务。但是，社区内没有配置专业的医疗、护理等服务机构，入住社区原本身体健康的老年人如果需要医疗或护理救助等方面的服务，则需要到社区周边或市区的相关机构接受服务。

2. CCRC 模式

CCRC 模式是美国另一种主流养老地产发展模式，该模式由运营商主导，以租赁住宅和养老服务为其营收来源。CCRC 模式又分成净出租模式和委托经营两种模式。在净出租模式下，房地产信托投资基金（REITs）公司将旗下社区养老物业出租给运营商经营，每年获取固定租金收入，而运营商必须承担养老社区的管理费、运营费、服务费和维护费等所有一切费用，入住社区老人需要向运营商缴纳房租费、养老服务费等各种费用。而在委托经营模式下，REITs 公司把旗下社区养老物业托管给运营商经营，双方签订托管合同，运营商每年只按经营收入 5% ~6% 收取管理费，但不承担社区养老物业经营亏损的风险，也不获取剩余的收益。显然，比较净出租模式和委托经营两种模式，净出租模式下 REITs 公司的收益可能比较低但是更加稳定，而委托经营模式下 REITs 公司的收益可能比较高但是风险也大。因此，在美国，REITs 公司旗下的大部分社区养老物业都采用净出租模式运营，只有少部分社区养老物业采用委托经营模式运营。

CCRC 项目选址也位于郊区，但是它的建筑布局一般要比太阳城项目更加紧密，但与太阳城项目出售住宅获利不同，CCRC 项目只提供物业的租赁权和服务的享受权，通过收取房屋租金和服务费取得收益。一般地，CCRC 项目采用会员制运作，所以项目的管理运营和开发必须要找信誉好、口碑好的品牌公司进行，唯有如此，才能提升项目开发的成功率。

3. 金融机构投资 REITs 模式

这种模式的投资方是金融机构，金融机构投资以净出租为主的房地产信托投资基金，房地产信托投资基金采取公司或商业信托方式，集合众多投资者资金，收购并持有收益类房地产物业，同时享受政策税收优惠的投资模式。金融机构投资 REITs 模式具有相当的优势，因为金融机构可以为其养老地产项目提供非常稳定的资金来源，也可以解决资金长久被占用的问题，甚至还能够利用资本市场为其提供良好的退出机制。

美国政府能够为以上这三种养老地产模式提供担保，入住老人和信贷公司也都能有相当稳定的保障，因此，这些养老地产模式能够在美国很好地实施，"以房养老"也能够运行良好。美国政府只做一些托底保障工作，对贫穷的老年人群体做保障，至于其他方面，则最大化地放到自由市场中去解决，由市场起决定作用。

四、美国养老产业面临的挑战

（一）缺乏足够养老储蓄

尽管美国人基本上都是乐天派的，但是现在有许多美国老人正在为退休缺乏足够养老保障而烦恼。根据美国雇员福利研究所调查，66％的老年人没有足够的退休储蓄用于养老，57％老年人一生为养老积蓄的钱不足2.5万美元，28％老年人更惨，累积的养老钱还不足1000美元，28％的老年人对自己退休后目前的生活感觉"不阳光"，49％的在职职工怀疑自己退休后能否过上舒适的老年生活。专家认为，在美国要在退休后维持原来的生活水平，则如果工作期间年薪是5万美元，与之相对应积攒的养老钱需要有50万美元；如果在一生工作期间不能积攒下一定量的养老资金，虽然有退休金和政府的保障托底，但是退休后老人的生活也必然面临很大挑战，甚至在突发重大疾病等事件后直接陷入困境。

（二）过早消费401K计划账户资金

在美国，商业职场竞争激烈，许多人喜欢追求更高岗位，跳槽就成为家常便饭。美国政府规定，企业401K计划个人账户跟人走，但许多美国人一换工作岗位，直接就取出401K个人账户资金用于消费了，如此一来，个人退休账户上的资金就过早地被花掉了，退休后的日子可能就很艰难了。尽管美国政府为了防范公民提前消费401K个人账户上的资金，规定了过早消费账户上资金必须要缴纳个人所得税，而且要缴纳10％的罚款。因此，还没有退休就过早使用401K个人账户上资金是非常不划算的，但是，仍然有26％的被调查对象承认在他们换了新工作后提早将401K个人账户上的资金取出消费。

（三）生活不易，难以积攒更多养老钱

41％的被调查美国人承认有心积攒养老钱，但是对他们来说生活实在是太不容易了，工作也常常不稳定，他们每月的工资收入都在日常生活上花光了，实在是没有经济实力考虑几十年后的退休生活了。有很多美国人是"月光族"，还有的人崇尚花明天的钱，欠的债务太多，每月工资收入除了日常生活开销，还要拿

出部分收入偿还债务。调查表明，有55%的美国工薪族都有负债，而且债务的压力还是很重的。显然，过重的债务负担对家庭幸福生活具有严重的负面作用，对个人退休后的养老生活将带来难以预测的困境。

（四）担心退休后看不起病

随着老年人年纪的增长，疾病也会增多。尽管美国政府为65岁以上的退休老年人提供了医疗保险，但是仍然有一些医疗项目需要自付费用。芬德利投资公司调查显示，在美国，一对65岁以上的退休夫妇在他们的余生中所需要支付的医疗费用，除了可以从医疗保险来支付的费用外，他们个人平均还需要自付的医疗费用为22.7万~24万美元，并且这还不包含长期护理照料等养老服务费用。显然，在美国，退休老人的医疗费用和护理照料费用是相当大的一笔资金，只有在退休前在职工作时就做好财务规划，购买医疗保险和长期护理保险，退休后的日子才能够过得从容潇洒，甚至还有经济实力规划做自己喜欢的事情。调查显示，大约有84%的美国人对自己退休后的生活感到底气不足，对能否有足够的资金支付医疗费用感到担心。

五、美国社会养老保障制度建设对我国的启示

一要完善养老保障制度。虽然经过40年的改革开放，我国现在经济社会已经取得很大发展，但是距离西方发达国家的国富民强、养老保障制度相当完善还是比较遥远，我国绝大多数老年人未富已先老，我国养老制度的建设目前还尚处于初级阶段，仍然缺乏一套养老保障制度系统性的顶层设计，急需探索适合我国现阶段国情的养老保障制度体系。我们要借鉴美国的养老保障制度建设，建立三大养老保障支柱体系，加快完善三大支柱养老保障体系设计，构建起政府、企业以及个人三方责权明确，相互补充、相互支撑的立体养老保障体系，并充分利用三个养老保障支柱进行合理分工，根据不同老年群体特征制定好有针对性的养老保障政策，尤其是要对弱势老年群体予以兜底救助保障，以实现不同老年群体都可以享受到国家的养老保障，并积极促进社区居家养老模式蓬勃发展，让所有老年人老有所依、老有所养。

二要建立养老保险资金激励机制。从美国的养老保障制度的发展来看，促进

其养老保障体系快速发展繁荣，并获得大家认可的重要原因主要是美国实行了企业年金制度。美国政府通过实行激励机制，给予雇主和雇员合理的税收优惠支持，调动所有雇主和雇员个人的积极性，而且美国政府还注重机制的细节设置，以推动企业年金制度覆盖面的大幅度提升。我国要在完善第一养老支柱建设的前提下，进一步加快实施企业年金制度，通过对企业和个人的税收激励，促使企业和个人积极加入企业年金制度，加快企业年金制度政策的落地。同时，积极探索第三养老支柱建设，建立个人养老资金账户，逐步实现国家强制的基本养老保险保基本，企业和个人的补充养老保险保养老品质的合理结构。

三要完善养老保障基金管理制度。建立基金的多方位、多层次的严格监督管理机制，要完善对基金投资运营的行政、司法监督职能，完善标准化评估制度，建立基金的信息披露机制，实现养老保障基金投资管理机制的程序化。要建立养老保障基金投资运营管理与政府行政管理相分离的机制，养老基金必须由政府以外的专业投资机构进行投资决策和运营管理，政府对基金投资的运营效率和收益率进行必要的监督和管理。随着我国资本市场的建设和完善，政府要逐步扩大养老基金的投资范围，允许将部分养老基金投资于基金、债券、股票和不动产等领域，以提高养老基金的收益率，保障基金投资者的收益。养老基金运营要严格遵循第三方运营原则，确保基金运营管理机构的独立运行，设立独立的监管机构，保障养老基金运营的收益性和安全性。加强对养老基金投资运营的监督，特别是加强公众监督，完善养老基金信息披露制度，保障基金投资者的知情权。

四要充分发挥社会组织和民间团体力量，积极探索多元化的养老服务模式。美国的养老保障制度建设经验显示了，社会组织对养老服务的探索常常走在政府的政策、规划前面，比如同胞社区养老院，具有相当大的公益价值和借鉴意义。基层民间团体十分了解老年人需求，也能够准确把握养老服务的发展方向，充分发挥社会组织和民间团体的各种力量，有利于鼓励和激发老年人积极主动参与到整个社会的养老服务热情中，有利于最广泛地调动各种社会资源为我国的养老服务事业增色添彩，也有利于创新养老模式，更好地服务广大老年人，使老年人的晚年精神生活更加安康幸福和快乐，共享时代荣光。

第四章　我国养老保障制度发展研究

一、我国人口老龄化发展现状

1956 年，联合国发表了《人口老龄化及其社会经济后果》，对人口老龄化有了划分的标准：当 60 岁以上老年人口占一个国家或地区人口总数的 10%，或 65 岁以上老年人口占其人口总数的 7%，则这个国家或地区的人口就进入了老龄化社会。我国从改革开放初期就开始实行计划生育，随着计划生育政策的成功推行，我国人口生育率迅速下降，同时，改革开放为全国老百姓带来了翻天覆地的变化，人民生活水平有了巨大提高，科学技术和医疗水平都得到了迅速提升，因此，我国人均预期寿命也迅速延长，这两个因素的共同作用导致了全国总人口中年轻人口数量减少而老年人口数量则迅速增加，从而导致我国的老年人口比例迅速增长的动态。

2000 年，我国 65 岁以上的老年人口已经占总人口的 7%，正式步入了联合国认定的人口老龄化社会。2017 年底，我国 60 岁以上的老年人口占比已经高达 17.3%，其中 65 岁以上的人口占总人口的 11.4%（见图 4 - 1）。

二、我国人口老龄化特点

（一）规模大

在人口规模方面，我国人口数量几乎是世界总人口数量的 1/5（2015 年末，

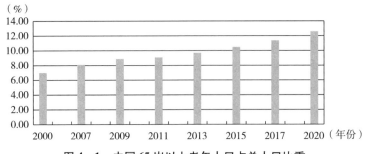

图 4-1　中国 65 岁以上老年人口占总人口比重

资料来源:《中国统计年鉴》(2000~2020 年)。

我国人口 13.97 亿,占世界人口比重 19.24%),经济社会不断快速发展,我国人口预期寿命的也不断延长。1949 年,我国人均预期寿命为 35 岁,1990 年,我国人均预期寿命为 68.6 岁,2017 年,国家卫生健康委员会发布《2017 年我国卫生健康事业发展统计公报》称"我国居民人均预期寿命已经达到 76.7 岁,婴儿死亡率下降到 6.8‰,孕产妇死亡率从 2016 年的 1.99 人/万下降到 1.96 人/万,我国居民主要健康指标总体上优于中高收入国家平均水平"。显然,人口预期寿命的不断延长必然带来老年人口数量的不断增长。2005 年底,我国 65 岁以上老年人口为 10055 万人,2017 年,我国新增的 60 岁以上老年人口首次超过 1000 万人,到 2017 年底,65 岁以上老年人口达到 15831 万人。2018 年底,65 岁以上老年人口达到 1.67 亿人。据测算,至 2020 年,我国 60 岁以上老年人口将达到 24800 万人,其中 65 岁以上老年人口将有 16342 万人(见图 4-2);2025 年,我国 60 岁以上老年人口将超过 3 亿人,成为老年人口数量巨大的超老年型国家。显然,我国今后每年将以新增老年人口 1000 万人以上的规模增长,我国这种人口老龄化速度之快和规模之大,在全世界所有国家中都是前所未有的。2015 年,我国 60 岁及以上老年人口数量规模就已经与印度尼西亚总人口数量相当,超过日本、巴西等 8 个国家的总人口数量,我国老年人口数量规模世界第一,占世界老年人口总数的 1/5。

(二) 增长速度快

根据人口学理论,人口年龄结构基本上呈现金字塔形态,金字塔底部是少年儿童,中部是中青年人口,顶部为老年人口。出现人口老龄化主要是由于少年儿童增长速度减缓所导致,也有可能是顶部的老年人口增长速度过快造成的。西方发达国家人口老龄化经过了从底部老龄化到顶部老龄化的漫长逐步演变过程。根

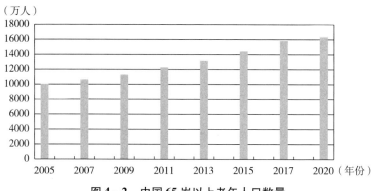

图4－2　中国65岁以上老年人口数量

资料来源：《中国统计年鉴》（2006～2019）。

据美国人口普查局的资料，西方各国65岁以上老龄人口的比重经历从7%提高至14%所用的时间分别为法国115年、瑞典85年、美国68年、英国45年（见图4－3）。而我国，由于实行计划生育政策和经济社会条件的不断快速改善，底部老龄化和顶部老龄化同步提速，使得我国人口老龄化发展迅速，只用了大约27年时间，就使得65岁以上老龄人口的比重从7%提高至14%，老年人口数量翻一番。根据《老龄化的世界：2015》报告，2015年全球65周岁及以上人口占世界总人口数量的大约8.5%，2050年，这一比例将增长到17%，年均增长0.24%。而我国人口老龄化速度明显要快于世界平均水平，也远快于许多西方发达国家。我国65岁以及以上老龄人口占比从2000年的7%，提高到2017年的17.3%，年平均增长0.57%，据相关部门预计，从2018年到2050年，我国65岁以及以上老年人口占比将提高13.6%，年均增长0.42%，仍然是明显快于全世界的平均水平。

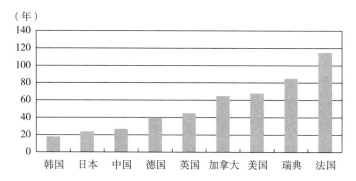

图4－3　各国65岁以上老龄人口比重经历从7%提高至14%所用的时间

资料来源：世界人口网。

（三）未富先老

与西方发达国家的人口老龄化不同，我国人均 GDP 还处于世界中等国家的水平，而我国人口老龄化是未富先老，在经济建设和制度建设等各方面都未能够做好充分的准备。尤其是 2008 年以来，我国经济步入长下行周期，经济增速不断放缓，2015~2018 年我国的 GDP 增长速度已经在 7% 以下，与之相对应的是人均收入水平的增长速度也下降了，2018 年，全国居民人均可支配收入 28228 元，比上年名义增长 8.7%，实际增长 6.5%。2015~2018 年我国城镇和农村居民的人均可支配收入，扣除价格因素，实际年均增长速度分别为 6.6%、5.6%、6.5%、5.6% 和 8.9%、6.2%、7.3%、6.6%。同时，受到国民经济增长速度和财政收入下滑的影响，养老金上调幅度也相应回落。在 2015 年以前，企业退休人员基本养老金连续 11 年每年提高 10%，而 2016 年，企业和机关事业单位的退休人员养老金上调幅度则下降为 6.5%，2017 年上调幅度进一步下降为 5.5%，2018 年再次下调降至 5%。同时，国民经济发展速度的减缓还加剧了我国老年人口的"未富先老"。西方发达国家人口老龄化是伴随着经济的进步，基本上是在人口进入老龄化阶段的时候，其社会的现代化也已基本实现，"先富后老"或"老富同步"的发展使得西方发达国家有比较雄厚的财政资金来应对老龄化社会的到来，同时也可以有充裕时间建立起较为完备的养老保障制度。而我国是发展中国家，在经济社会尚不发达，也还未能实现现代化的情况下就提早进入老龄化社会，也就是"未富先老"的社会。西方发达国家进入老龄化社会时，其人均GDP 一般是在 5000~10000 美元，而我国进入人口老龄化社会时，人均国民生产总值仅是 800 美元左右。随着我国经济从高速增长转向常态化的中高速增长，人均 GDP 增长速度必然逐步放缓，而人口老龄化程度还远未达到峰值，还将以远快于世界平均水平的增长速度提高，我国老龄化程度与人均收入水平之间的差距必将会进一步加大，必然会加剧经济社会发展水平的相对落后与人口老龄化程度之间的矛盾，这必将对我国的经济社会，以及政治和文化的发展都产生重大而深远的影响。

（四）区域发展不平衡

首先，我国东部沿海地区人口老龄化程度比中西部地区严重。以上海为例，上海的老龄化有如下特点：一是老年人口数量规模大、增速快。比如，2017 年，上海 65 岁及以上常住老年人口比重为 14.3%（北京为 10.9%、广州为 7.9%），其规模达到了 345.78 万人, 比上年增长 26.99 万人。据有关部门预计, 2030 年, 上海 65 岁及以上常住老年人口规模将达到 480 万人, 常住人口老龄化率为 19.2%。二是户籍常住人口老龄化程度明显偏高。2017 年上海 65 岁及以上户籍常住老年人口数量为 315.06 万人, 户籍人口老龄化率为 21.8%, 而 60 岁以上户籍常住老年人口的占比更是高达 33.2%, 也就是说每不到 3 个上海户籍人口中就有 1 位是 60 岁以上的老年人。三是上海的外来老年人口开始呈逐步增加趋势。2017 年上海外来常住人口占比高达 40%。最近几年来, 长期在沪工作的外来常住人口吸引了大量外来老人来沪照料孩子等, 因此, 来上海的外来老年人口规模也开始逐年扩大。比如 2017 年, 上海 65 岁及以上外来老年人口同比增长了 35.0%, 总量达到 30.72 万人, 比上年增加了 7.97 万人。四是 80 岁及以上高龄老人群体总量持续扩大。2017 年, 上海 80 岁及以上老年常住人口总量为 82.77 万人, 比上年增加 1.29 万人, 占全市 60 岁及以上老年人口的比重为 15.4%。而我国中西部地区的人口老龄化程度则显著低于东部地区。比如, 宁夏直到 2012 年才进入老龄化社会 (上海则是 1979 年就已经步入了老龄化社会)。

其次, 农村老龄化程度比城市严重。在西方发达国家, 一般地, 城市人口老龄化水平都比农村的严重。但是, 我国人口老龄化情况却正好相反。随着我国城市化进程加快 (见图 4-4), 大量的农村青壮年劳动人口进城务工, 整体年龄偏轻的农民工常住人口, 大幅拉低了城市人口老龄化程度, 但却使得广大农村只剩下留守的老人和部分小孩, 加剧了农村人口老龄化趋势。早在 1999 年, 我国农村地区就已经进入了人口老龄化行列, 但是, 2000 年我国才整体进入人口老龄化国家行列。显然, 农村地区先于城镇地区进入人口老龄化行列。21 世纪以后, 农村地区人口迁移进入城市速度明显加快, 使得农村人口老龄化显著增加。2010 年, 我国农村人口老龄化率为 10.06%, 而我国城镇人口老龄化率才 7.8%。可见, 农村人口老龄化是我国人口老龄化挑战的重点。

(五) 家庭结构变化明显

家庭规模小型化。1980 年以前, 中国家庭平均一户 4.4 人。随着改革开放和经济社会的不断发展, 家庭规模快速缩小, 1990 年, 中国家庭平均一户为 3.96 人, 2000 年, 平均一户减小为 3.46 人, 到了 2010 年, 进一步缩小为 3.10 人, 2014 年平均一户更是降到 3 人以下, 为 2.97 人。虽然 2015 年二胎政策推出以后, 我国家庭户均规模所有回升, 2016 年已上升为平均一户 3.11 人。但是根据《中国养老白皮书》, 从长期来看我国的家庭户均规模仍将处于下降趋势, 预计到 2030 年，中国家庭平均一户将缩小至 2.6 人，2050 年将更进一步降为 2.51 人。家庭规模的小型化导致了我国老年人口抚养比快速提高，1995 年我国老年人口抚养比为 9.2%，到了 2017 年我国老年人口抚养比则上升为 14.96%。

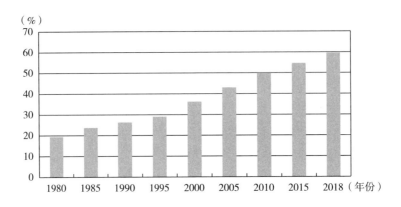

图 4 - 4 我国历年城镇人口比重

资料来源：《中国统计年鉴》。

家庭类型呈现多样化。《2016 年中国家庭发展报告》显示，目前 2 人家庭和 3 人家庭是我国家庭的主体，但是，单个人的家庭、空巢的家庭以及丁克家庭也呈现增长态势，留守的家庭也逐步成为家庭的常态化模式。家庭规模小型化后，空巢、留守老人问题非常突出。据统计，目前我国城市中有大约 54% 的老年家庭属于空巢家庭，而随着城市化进程加快，农民工进城人数增加，农村空巢老人越来越多了。近几年农村空巢老人的比例也已经接近了半数。2016 年，我国空巢老人总数已经超过 1 亿人，其中独居老人总数超过 2100 万人。

三、我国发展养老保障制度的探索

我国养老保障制度从开始探索发展至今已经取得了非常大的成就，但随着我国经济社会不断向前发展，原来建立的一些养老保障制度也出现了无法适应新形势新环境的状况，需要及时不断地与时俱进的改革。自中国共产党成立以来，党就把"实现工人阶级的社会保险"作为与反对派斗争的重要内容，并以中华全国总工会作为工人运动的领导机构。建立了革命根据地后，苏维埃政权就开始通过制定《中华苏维埃共和国劳动法》等多部劳动法规来探索推行劳动保险。《中华苏维埃共和国劳动法》法规对劳动保险的实施对象、经费来源、劳动保险的种类、保险基金的管理、给付条件、给付标准等做了许多详细而具体的规定，并在各苏区推行实施。只是由于红军第五次反围剿失败，被迫进行了两万五千里长征，该法在原来根据地也无法再实施，只能随之终止。抗日战争时期，延安等各边区政府因地制宜，也制定了《陕甘宁边区战时工厂集体合同暂行准则》和《晋冀鲁豫边区劳工保护暂行条例》等许多劳动保险办法，但这些法规的条文规定、待遇等都没有统一，不尽相同。进入解放战争后，中国共产党制定了第一部专门性社会保险法规《东北公营企业战时暂行劳动保险条例》。该条例为中华人民共和国成立初期建立劳动保险制度提供了宝贵的经验借鉴，为劳动保险工作指明了方向。中华人民共和国成立后，我国养老保障制度发展的探索大致可以分为以下五个阶段：

（一）养老保障制度初步探索阶段（1949～1965年）

中华人民共和国的建立，使生产得以迅速恢复、国民经济得到迅速发展，新生政权得到巩固。为调动工人阶级的积极性，1949年9月中国人民政治协商会议颁布了《共同纲领》，明确规定"要逐步实行劳动保险制度"。该纲领借鉴了各解放区原有的劳动保险制度实践经验。1951年以前，全国有1213个公营企业单位实行了劳动保险，参保职工共计1427519人。对私营企业，国家也开展了广泛的集体合同制定运动，但是由于全国各地区各行业原订立的劳动保险合同没有统一的标准，保险待遇差别较大，也没有建立统一的管理机构。同时，中华人民共和国成立初期，我国政治经济发展受苏联影响很大，我国的社会保障制度也采用苏联的国家社会保障制度模式。

1951年2月，政务院颁布了《中华人民共和国劳动保险条例》（以下简称《条例》），该条例于同年5月1日正式生效并开始实行。这标志着新中国第一部社会保险法规在全国范围内真正开始推行了，标志着我国养老保障制度建设进入了一个崭新的历史时期。但是，由于解放初期国民经济困难，缺乏企业工会和保险管理机构，所以《条例》选择在一些规模较大企业先试先行，等待条件成熟后再进行全国性推广和普及。所以《条例》限定：凡是①有工人职员一百人以上的国营、公私合营、私营及合作社经营的工厂、矿场及其附属单位；②铁路、航运、邮电的各企业单位与附属单位；③工、矿、交通事业的基本建设单位；④国营建筑公司都必须按《条例》规定实施。由于我国解放初期工矿企业规模普遍小，雇用职工人数也较少，因此《条例》覆盖面窄，覆盖总人数只有 302 万人左右，仅是全国在职职工比重的 18.8%。《条例》规定的劳动保险缴费是：劳动保险的各项费用全部由实行劳动保险的企业行政方面或资方负担，其行政方面或资方须按月缴纳相当于各该企业全部工人与职员工资总额的 3%，作为劳动保险金。劳动保险金全国统一调剂使用，实行分级管理。企业所缴纳保险费的 70% 留在企业，用于支付职工养老金；30% 转入国家总基金，由中华全国总工会管理。《条例》规定领取养老补助费的条件为：男性退休年龄为 60 岁，一般工龄满 25 年，本企业工龄满 5 年；女性退休年龄为 50 岁，一般工龄满 20 年，本企业工龄满 5 年。劳动者退休后，按其本企业工龄的长短，按月领取养老补助费，其数额为本人工资的 30%～50%。《条例》还对职工因工伤残待遇、集体劳动保险等八项职工待遇标准做了规定。

1953 年，《条例》经过两年的实践取得了许多成绩和经验，也发现了不少不足之处。为此，政务院对《条例》进行了补充完善和修改，主要是扩大了保险实施的范围，放宽了保险实施的条件，并且进一步提高和细化了保险待遇标准。比如：规定退休职工本企业工龄已满 5 年未满 10 年者，每月领取的养老补助费付给标准提高为本人工资的 50%；已满 10 年未满 15 年者，付给标准提高为本人工资的 60%；已满 15 年及 15 年以上者，付给标准提高到本人工资的 70%。在职养老补助由原来的 15%～30% 也提高到 20%～30%。

1955 年，政务院出台了《国家机关工作人员退休处理暂行办法》和《国家机关工作人员退职处理暂行办法》，这两个《办法》对国家机关工作人员的养老保险做出了单独规定：男性年满 60 岁，劳动年限总共满 25 年；女性年满 55 岁，劳动年限总共满 20 年，可以退休。退休后根据本人工龄的长短，分别领取本人工资 50%～70% 的退休金。

1956 年，在基本完成对私营工商业和个体手工业的社会主义改造后，《条例》扩大实施范围，所有国营企业和规模较大、经济条件较好的集体所有制企业也参照该《条例》实行。1956 年底，劳动保险制度覆盖全国职工总数已经达 1600 多万人，参加退休养老保险的人数有 2300 万人。国营企业、公私合营企业和私营企业职工总数的约 94% 都参加了养老保险。

1958 年，国务院的《关于工人、职工退职处理的暂行规定》发布，统一了国家机关工作人员和企事业单位职工退休制度。

1962 年，在全国推行的"大跃进"运动以及三年自然灾害后，我国国民经济受到严重破坏，工农业发展停滞，工人就业困难，为此，国务院颁布了《关于精简职工安置办法的若干规定》，精减城市职工，下乡参加农业生产，妥善处理这批职工生活问题，减轻财政负担。同时规定，凡是被精减下来的老弱残职工，符合退休条件的作为退休处理，不符合退休条件的则作为退职处理；对家庭生活有依靠者，发给退职补助费；对家庭生活无依靠者，则由当地民政部门按月发给相当于本人原标准工资40%的救济费。1966年底，全国参加社会保险的职工人数已经达到4000万人，支付保险费用为30.5亿元。

显然，该阶段的社会养老保障制度，是在国家计划管理下逐步探索建立起来的，主要是实行现收现付制度，养老金资金来源完全由单位或企业负担，养老金支付采取完全的受益确定制形式。这种养老保障制度主要体现了公平原则，可以充分调动参保人员的积极性，能够有效地保障退休人员基本生活，促进社会和谐稳定，但是该制度由于覆盖范围比较有限，受益范围较窄，同时没有建立统一的保障制度。

（二）养老保障制度探索停滞阶段（1966~1977年）

众所周知，从1966年开始的"文化大革命"，带给我国经济社会十年浩劫，经济文化等各方面发展都遭到严重破坏，养老保障制度建设也处于停滞和倒退状态。许多劳动保险、职工福利的方针政策和规章制度，都被当作修正主义的东西而遭到批判，甚至被根本否定。作为社会保险的专门管理机构的内务部被撤销，中华全国总工会也被停止活动。从1969年开始，劳动保险基金也不再筹集。《关于国营企业财务工作中几项制度的改革意见（草案）》规定由国家机关、企事业单位各自支付养老金，国家不再进行企业、行业、地区间的调剂，国营企业一律停止提取劳动保险基金，企业的退休职工、长期病号工资和其他劳保开支，改在营业外项目列支，实报实销。职工福利基金的提取统一改为按企业工资总额的11%的比例提取，取消按计划完成情况提取奖励基金的制度。这些措施的实施形成了平均主义局面，使国家的养老保障制度不再是社会保险，而退化为企业保险或单位保险，国家社会保险制度退化为企业、单位保险。失去国家社会养老保险的调剂性后，各地区、各行业、各企业的养老保险费用负担严重失衡，抗风险能力大为减弱，给企业带来了沉重的负担，严重阻碍了经济社会的建设和发展。

（三）养老保障制度改革初步启动阶段（1978~1985年）

1978年，特别是党的十一届三中全会确立了以经济建设为中心以后，我国的经济社会环境发生了巨大变化。随着改革开放的稳步推进，农村的家庭联产承包责任制转变了集体的人民公社化制度，城市经济体制也逐渐实行多种经济主体参与制度，原来的所有制结构不断发生变化和调整，非国有经济部门的从业人数不断增加，计划经济逐渐转向市场经济。而非国有经济部门的工资不采用原有等级工资制，使得原来以标准工资计算基础的社会保险待遇计发办法难以实行，也使得国有企业在市场竞争中越来越处于不利地位。尤其是《破产法》的实施，让原先企业职工终身制保护受到严重威胁，所有这些新变化新情况的发生对我国原以计划经济为建立基础的社会保障制度构成极大挑战，原有的社会保障制度的覆盖范围、实施对象等都出现了新变化，促使原养老保障制度必须进行应对新形势的改革。为此，国务院推出了《国务院关于安置老弱病残干部的暂行办法》和《国务院关于工人退休、退职的暂行办法》，这两个《办法》对1958年的《退休办法》进行了较大幅度的改革。这两《办法》重新将国家机关、事业单位工作人员以及企业职工三者的退休、退职制度分开管理，分别实行不同的保障制度，并放宽了退休、退职的标准，提高了退休、退职待遇，在经济、医疗和住房保障等方面也重新对老弱病残干部和工人做了相应的规定。

1980年，国家又颁布了《关于老干部离职休养的暂行规定》。1982年，国务院再出台了《关于发布老干部离职休养制度几项规定的通知》，再次提高了离休干部的待遇标准。同时，新修订的《中华人民共和国宪法》规定："国家依照法律规定实行企业事业组织的职工和国家机关工作人员的退休制度。退休人员的生活受到国家和社会的保障""中华人民共和国公民在年老、多病、丧失劳动能力的情况下，有从国家和社会获得物质帮助的权利"等。从宪法的高度把我国公民获得社会保障的权利第一次进行规范，为我国养老保障制度的建设打下了坚实的法律基础。同时，国家成立了劳动人事部，下辖保险福利局，专门管理全国的社会保障和职工福利。

1984年，在广东东莞、辽宁黑山、江苏泰州、湖北江门等地方政府开始试水退休人员的退休费社会统筹，通过建立养老保险基金，试行职工个人缴费，这拉开了我国社会保险制度改革的序幕。同年，国家决定把城镇集体所有制企业职工养老保险交由中国人民保险公司经营管理，全民所有制企业职工养老保险仍然由劳动部管理。1985年，中央将社会保险、社会福利、社会救济、社会优抚等制度纳入社会保障制度，使得全国老百姓对社会保障制度有了更加明确和更加深刻的认识。1986年，我国扩大了养老保险基金社会统筹试点范围，建立了劳动合同制工人的养老保险制度，并第一次明确了国家、企业和个人三方共同缴纳养老保险基金费用的原则，推进实现了全国县、市一级的养老保险基金统筹。此后，又进一步把养老保险基金统筹推进到省一级进行统筹。

该阶段对养老保障制度改革的初步启动是从县市一级试点开始的，由于养老保险基金统筹管理层次较低，难以保证基金的完整和安全，直到1994年全国先后才实现13个省、自治区和直辖市的省级养老保险基金统筹。

（四）养老保障制度改革探索阶段（1986~1996年）

1986年7月，国务院发布《国营企业实行劳动合同制暂行规定》，明确规定国有企业废除终身雇佣制度，首次正式确立了国家、企业和个人三方按一定比例共同筹集养老保险基金的缴费原则，退休人员养老基金从共同出资建立的养老保险基金中支付，这标志着我国以养老保险为主的社会保险开始步入深层次改革探索时期。《暂行规定》引入的个人缴费制度规定企业按工人工资总额的15%缴纳退休养老保险基金，工人个人按照不超过本人标准工资的3%缴纳退休养老保险基金，收缴的养老保险基金存入企业"退休养老基金"专户。合同制工人的退休养老基金待遇涵盖了退休金、医疗费和丧葬补助费、供养直系亲属抚恤费和救济费四个项目。自此以后，养老保险制度的个人缴费机制正式建立，进一步减轻了企业负担。

1988年，国家设置了人事部和劳动部，规定除机关事业单位职工养老保障由人事部主管，其他的都由劳动部主管，这显然可以进一步规范和加强社会保障的建设和发展。

1991年，国务院在总结养老保险制度的试点经验后，发布了《关于企业职工养老保险制度改革的决定》，开始进一步对养老保障制度进行改革。《决定》提出要"逐步建立起基本养老保险与企业补充养老保险和职工个人储蓄性养老保险相结合的制度。改变养老保险完全由国家、企业包下来的办法，实行国家、企业、个人三方共同负担，职工个人也要缴纳一定的费用"。显然，《决定》是具有里程碑意义的养老保障制度改革。《决定》明确表明，我国养老保障制度改革的最终目标是逐步建立国家基本养老保险、企业补充养老保险和职工个人储蓄性养老保险相结合的多层次养老保障制度。《决定》强调了我国的养老保障制度是以国家基本养老保险为核心，以企业养老保险为补充，与职工个人储蓄性养老保险相结合，其目的是减轻国家财政负担和企业负担，同时要增加个人责任，充分调动多方积极性，促进经济社会发展。养老保险基金实行国家、企业和职工三方共同筹集原则，按照部分积累的原则，实现社会统筹管理。并按"以支定收、略有结余，留有部分积累"的原则筹集基本养老保险基金，同时规定"职工退休后的养老金基本计发办法目前不作变动，今后可结合工资制度改革，通过增加标准工资在工资总额中的比重，逐步提高养老金的数额"。虽然这次里程碑式大刀阔斧的养老保障制度改革比较深入，但是，这次改革没有取得国家希望的预期效果。这主要是因为本次养老保险基金改革后企业和个人缴费部分负担加重，加上养老保险基金进行社会统筹管理，企业或个人多缴无法多得，因此，企业和个人对于养老保险基金的缴费积极性低下，甚至出现少缴或是不缴的严重情况。据统计，截至1995年12月31日，全国企业欠缴的养老保险费已经接近5万户，累计欠费总额超过50亿元人民币。

1992年1月，国务院《关于机关事业单位养老保险制度改革有关问题的通知》发布，为推进机关事业单位职工养老保险制度改革提供了一些原则性意见。劳动部指出机关事业单位基本养老金由社会性养老金和缴费性养老金两部分组成。其中社会性养老金按全省职工平均工资的25%计发，缴费性养老金则以指数化月平均缴费工资为基数，每缴费1年，按1%计发。第二年，中央的《中共中央关于建立社会主义市场经济体制若干问题的决定》再对社会保障制度改革提出了三项原则：一是要建立多层次的社会保障体系。《决定》指出社会保障体系的构成涵盖社会保险、社会救济、社会福利、优抚安置、社会互助和个人储蓄积累保障；社会保障水平"要与我国社会生产力发展水平以及各方面的承受能力相适应。城乡居民的社会保障办法应有区别。提倡社会互助。发展商业性保险业，作为社会保险的补充。"二是要按照社会保障的不同类型确定其资金来源和保障方式。《决定》指出，"城镇职工养老和医疗保险金由单位和个人共同负担，实行社会统筹和个人账户相结合。进一步健全失业保险制度，保险费由企业按职工工资总额一定比例统一筹交；农民养老以家庭保障为主，与社区扶持相结合。有条件的地方，根据农民自愿，也可以实行个人储蓄积累养老保险"。三是要建立统一的社会保障管理机构。《决定》再次肯定我国养老保险改革的方向是建立多层次养老保障体系，养老缴费由国家、企业和个人三方共同承担，同时对社保基金的投资方向做出了详细具体的规定。《决定》还指出，要"建立由政府有关部门和社会公众代表参加的社会保险基金监督组织，监督社会保险基金的收支和管理；可依法把社会保险基金主要用于购买国家债券，确保社会保险基金的保值增值"。但是，该《决定》对我国养老保障制度的改革只提出了一些方向性和比较模糊性的原则，比如，《决定》对个人账户的规定用语模糊，难以操作。

1995年，国务院下发了《关于深化企业职工养老保险制度改革的通知》，这是我国养老保险制度改革的第二个里程碑。该《通知》再进一步明确了企业职工养老保险制度改革的目标和原则主要是"适用城镇各类企业职工和个体劳动者，资金来源多渠道，保障方式多层次，社会统筹和个人账户相结合，权利和义务相对应，管理服务社会化的养老保险体系"。对如何实施"社会统筹和个人账户相结合"，该《通知》提供了两个实施办法，由地、市（不含县级市）提出选择，各地区还可以结合本地实际，对两个实施办法进行修改完善。虽然这两个实施办法一个是强调个人账户，另一个则更多强调社会统筹，但是，在具体实施过程中，各地根据本地实际情况也对办法进行了改革，《通知》执行的结果却导致各地方案都不尽相同，无法统一，致使国家难以进行更高层次的统筹，全国养老保险制度改革陷入困境。

（五）养老保障制度改革深入探索阶段（1997年至今）

在经过1986年和1996年的改革摸索和试点，我国基本上建立起了统账相结合的养老保障制度。虽然取得了很大成绩，但是，还存在许多挑战，比如国家基本养老保险制度没有全国统一、企业的保险费负担过重、保险资金统筹的层次偏低，养老保险基金管理制度不健全等问题。面对这些挑战，1997年，国务院发布了《国务院关于建立统一的企业职工基本养老保险制度的决定》，第三次开启了我国养老保障制度进一步改革的步伐，具有里程碑式的意义，该《决定》建立了全国统一的企业职工基本养老保险制度，促进了我国经济社会健康稳定发展。该《决定》还提出扩大养老保险覆盖范围，并开始推行全国统一的养老保障制度。《决定》改革内容主要有：一是全国统一缴费比例。企业缴费的比例，一般不得超过企业工资总额的20%。个人缴纳基本养老保险费的比例，1997年不得低于本人缴费工资的4%，1998年起每两年提高1%，最终达到本人缴费工资的8%。二是建立统一的个人账户。按本人缴费工资11%的数额为职工建立基本养老保险个人账户，个人缴费全部记入个人账户，其余部分从企业缴费中划入。随着个人缴费比例的提高，企业划入的部分要逐步降至3%。职工或退休人员死亡，个人账户中的个人缴费部分可以继承。三是统一基本养老金计发办法和领取条件。该《决定》实施后参加工作的职工，个人缴费年限累计满15年的，退休后按月发给基本养老金。基本养老金由基础养老金和个人账户养老金组成。退休时的基础养老金月标准为省、自治区、直辖市或地（市）上年度职工月平均工资的20%，个人账户养老金月标准为本人账户储存额除以120。个人缴费年限累计不满15年的，退休后不享受基础养老金待遇，其个人账户储存额一次支付给本人。四是建立过渡制度。该《决定》实施前已经离退休的人员，仍按国家原来的规定发给养老金。该《决定》实施前参加工作、实施后退休且个人缴费和视同缴费年限累计满 15 年的人员，在发给基础养老金和个人账户养老金的基础上再确定过渡性养老金，过渡性养老金从养老保险基金中解决。五是逐步提高统筹层次。《决定》提出要逐步由县级统筹向省或省授权的地区统筹过渡。待全国基本实现省级统筹后，原经国务院批准由有关部门和单位组织统筹的企业，参加所在地区的社会统筹。该《决定》的实施将我国养老保险覆盖范围扩大到城镇所有企业以及职工；1999 年，我国的养老保险覆盖范围又进一步扩大到了外商投资企业、城镇私营企业职工；2002 年，养老保险覆盖范围又再次扩大到了城镇灵活就业人员。

1998 年，为解决不同所有制企业之间养老保险制度不统一，养老基金不能全社会统筹运用问题，国务院制定并颁布了《关于实行企业职工基本养老保险省级统筹和行业统筹移交地方管理有关问题的通知》。

2000 年，《中共中央关于制定国民经济和社会发展第十个五年规划的建议》再次明确了社会养老保障制度改革的主要政策方向：加快形成独立于企事业单位之外、资金来源渠道多元化、养老保障制度规范化、管理服务社会化的社会养老保障体系。同年，国务院再次下发了《关于完善城镇社会保障体系的试点方案》，该《试点方案》先选定在辽宁全省和其他各省（自治区、直辖市）的部分地市进行试点，《试点方案》规定原规定的用人单位 20% 的缴费比例不变，但不再划入个人账户，而是全部形成社会统筹。个人账户的规模从此前的相当于个人工资的 11% 下降为 8%，并全部计入个人账户。职工跨统筹范围流动需要迁移账户时，个人账户可以随同转移。职工或退休人员死亡，个人账户可以继承。

2004 年 1 月 6 日，劳动和社会保障部颁布了《企业年金试行办法》，《办法》改企业补充养老保险为企业年金。

2005 年，国务院发布《国务院关于完善企业职工基本养老保险制度的决定》。《决定》规定的主要内容是：一是扩大基本养老保险覆盖范围。将非公有制企业、城镇个体工商户和灵活就业人员纳入基本养老保险覆盖范围。城镇个体工商户和灵活就业人员参加基本养老保险的缴费基数为当地上年度在岗职工平均工资，缴费比例为 20%，其中 8% 记入个人账户，退休后按企业职工基本养老金计发办法计发基本养老金。二是改革基本养老金计发办法，并确保养老金按时足额发放。从 2006 年元旦起，个人账户的规模统一由本人缴费工资的 11% 调整为 8%，全部由个人缴费形成，单位缴费不再划入个人账户。三是加快提高养老保险基金统筹层次。在完善市级统筹的基础上，尽快提高统筹层次，实现省级统筹，为构建全国统一的劳动力市场和促进人员合理流动创造条件。该《决定》是在总结东北三省完善城镇社会保障体系试点经验后发布的，为未来我国养老保障制度改革完善指明了方向。

2009 年，为了解决我国广大农村老年人的养老保障问题，我国农村养老保险制度开始试点。2011 年，我国启动了城镇居民养老保险试点。从此，我国养老保险制度已经实现全覆盖。

2010 年，国家颁布了《中华人民共和国社会保险法》，该《保险法》从 2011 年 7 月 1 日起开始实施。自此，我国在法律上确立了我国覆盖城乡全体居民的社会保障制度。

2016 年，人社部颁布了《社会保障"十三五"规划纲要》，《纲要》明确提出，要坚持全民覆盖、保障适度、权责清晰、运行高效，稳步提高我国的社会保障统筹层次和保障水平。《纲要》以增强公平性、适应流动性、保证可持续性为重点，通过实施"基本实现法定人员全覆盖、完善社会保障体系、建立待遇合理调整机制、确保基金安全可持续运行"四大措施，建立和完善我国系统的多层次的社会保障制度，使其更加公平、更加可持续，以维护我国经济社会的健康稳定和谐发展。

2018 年，我国全面推进实施全民参加养老保险计划，实施基本养老保险基金中央调剂制度。5 月 11 日，中央全面深化改革委员会在第二次工作会议中通过了《企业职工基本养老保险基金中央调剂制度方案》。

四、我国养老保障制度发展现状

改革开放 40 年来，我国经济社会发生了翻天覆地的发展变化，人民生活水平也得到了显著提高，我国养老保障事业也取得长足进展。我国初步建立了多层次的养老保险体系，逐步建立和完善了养老保障制度，基本养老保险覆盖范围不断扩大，基本实现了全民覆盖，养老保险基金收支规模持续增长，老年人各项待遇水平稳步获得提高，保障了人民的基本生活，促进了我国经济健康快速发展，维护了社会的和谐稳定。这些成就主要体现在以下几个方面：

（一）基本养老保险

基本养老保险是国家通过法律法规明确规定，以权利和资格相对应为原则，强制实施的为保障广大离退休人员基本生活需要的一种养老保险制度。这是国家根据一定的法律和法规，为解决劳动者在达到国家规定的解除劳动义务的劳动年龄界限，或因年老丧失劳动能力退出劳动岗位后的基本生活而建立的一种社会保险制度。基本养老保险费用来源，一般由国家、单位和个人三方共同负担，并实现广泛的社会互济。

基本养老保险是社会保险制度中社会保险五大险种中最重要的险种之一，主要包含以下三层含义：

（1）养老保险是在法定范围内的老年人完全或基本退出社会劳动生活后才自动发生作用的。这里所说的"完全"，是以劳动者与生产资料的脱离为特征的；所谓"基本"，指的是参加生产活动已不成为主要社会生活内容。我国法定的退休年龄界限衡量标准一般是：男 60 周岁，女 55 周岁。

（2）养老保险的目的是为保障老年人的基本生活需求，为其提供稳定可靠的生活来源。

（3）养老保险是以社会保险为手段来达到保障的目的。

2014 年 5 月 22 日，国务院出台的《社会保险费征缴暂行条例》规定了缴费个人享受以下四项权利：一是享受待遇权。当缴费个人依法履行了缴费义务且达到规定的缴费年限时，个人退休后可以依法享受基本养老保险的各项待遇。二是知情权。缴费个人有权按规定向养老保险经办机构查询本单位缴费状况以及本人个人账户记录情况，在发现本人个人账户记录有误时，缴费个人可依法要求养老保险经办机构予以更正。同时，缴费个人还有权要求所在单位向职工公布全年社会保险费的缴纳情况。三是监督权。任何人对有关社会保险费征缴的违法行为，都有举报权。如果用人单位未按规定履行缴费义务，缴费个人认为其社会保险权益受到侵犯时，可以举报或提请有关部门处理，劳动保障行政部门或者税务机关对举报应及时调查，按规定处理，并为举报人保密。四是申请仲裁和行政诉讼的权利。当缴费个人与所在单位因社会保险义务的承担情况发生纠纷时，可依据《企业劳动争议处理条例》的规定，向劳动争议仲裁委员会申请仲裁。当缴费个人就社会保险待遇享受的条件、给付标准、时限等与社会保险经办机构发生争议时，可向劳动保障行政部门提起行政复议，对行政复议决定不服的，可依法向人民法院提起行政诉讼。

《劳动法》和《社会保险费征缴暂行条例》规定的缴费个人有以下义务：职工个人必须依法参加社会保险，按规定履行缴费义务。1997 年，国务院出台的《关于建立统一的企业职工基本养老保险制度的决定》规定，个人缴纳基本养老保险费的比例，1997 年不能低于 4%。此后一般每两年提高一个百分点，最终达到 8%，企业划转部分相应减少到个人缴费工资基数的 3%。有条件的地区和工资增长较快的年份，个人缴费提高的速度可以适当加快。

我国基本养老保险选择介于现收现付制和完全积累制之间的部分积累筹集资金模式。

现收现付制亦称"收付实现制"，是在特定精算估计基础上，以货币实际收付的时间作为核算的标准，通过以支出确定收入的方式，使社会保险的资金来源与保险金给付在年度内保持平衡的一种会计核算方法。按照这种标准，任何收益，在未实际收到货币资金之前，不认为是收益；任何费用，在未实际付出货币资金之前，也不算是费用。采用这种方法处理日常经济业务时，其原则就是不管费用支出数额的大小、受益时间的长短以及收益确定的时间，而是根据款项支付的时间来计入当期的成本和收益。现收现付制的优点：一是可保证养老保险金的及时发放。二是有利于防止由物价或收入变动所带来的养老保险金的波动。三是有利于促进社会福利水平的提高。现收现付制融资模式的收入再分配功能有利于实现社会公平，增进社会福利。现收现付制通过收入调节与再分配，将在职人员的一部分货币收入调节为全社会的养老保险，进一步彰显了养老保险的共济性和福利性原则。四是符合低成本原则。由于保险基金投资运行和管理的成本较少，保险人的责任风险也较少，从而对管理水平和其他管理费用的要求也较低。现收现付制的缺点：一是代际间的收入再分配矛盾较突出。该模式采取"以支定收"的弹性费率制原则，在职投保人与退休被保险人之间的权利与义务的不对等，引发在职职工和退休职工间的矛盾是难以避免的。二是人口老龄化加重了投保人的负担。三是不利于刺激经济增长。四是缺乏动态效率。人口老龄化导致的入不敷出的养老保险负担，不仅会导致劳动力成本上升，影响经济效率，还可能使政府的财政不堪重负。

完全积累制，也称基金制，是以远期纵向平衡为原则的社会保障基金筹集模式。此种模式要求劳动者在整个就业期间，采取储蓄方式筹集社会保障基金，建立个人账户，作为长期储存及保值增值积累的基金，所有权归个人，达到领取条件一次性或按月领取。完全积累模式的最大特点是要求每个参保人在工作时期的总供款额（包括缴费额、投资收益以及政府补贴等总收入）与退休后领取的养老保险金总额之间平衡，也就是追求长期的平衡。完全积累模式下，个人养老保险基金账户积累时间跨度长、数额大，所以受通货膨胀影响，基金遭受贬值的风险很大。此外，利率、工资增长率变动以及基金投资管理水平（收益水平和管理成本）对社会保障基金的实际保障水平影响也较大。完全积累模式的社会保障基金中，由于社会统筹的比重很小，所以这种模式的收入再分配的功能很弱，对保障水平所起的调剂作用小，预测与实际发生不一致的情况经常出现，需要及时调整。

为了规避现收现付制和完全积累制两种模式的不足，我国基本养老保险采用部分累积制的折中路线。在部分积累制情况下，退休人员的养老金一部分来自现收现付式的筹资方式，另一部分来自完全积累式的筹资方式。与完全基金制和现收现付制的两种方式相比，部分基金制既保持了现收现付制下的代际间的收入再分配功能，又能通过部分资金积累，降低现收现付制下当代人的负担与完全基金制下货币贬值的风险和资金保值增值的压力。部分积累模式是现收现付模式和完全积累两种模式相结合的一种模式。部分积累制有以下特点：一是既能够保留现收现付制养老金的代际转移、收入再分配功能，又能够实现完全积累制刺激缴费、提高工作效率的目的。二是既能够减轻现收现付制福利支出的刚性，又能够克服完全积累制个人年金收入的过度不均，并保证退休人员的基本生活。三是既能够利用完全积累制积累资本、应付老龄化危机的制度优势，又能够化解完全积累制造成的企业缴费负担过重与基金保值增值的压力。四是投资基金制的风险则来自市场的收益率不确定，投资基金制需要的税较少，因而效率损失较少。

在部分积累模式下，社会养老保险基金当年收支是不平衡的，但长期来看应是平衡的。部分积累模式兼有现收现付式和完全积累式的优点。按部分积累模式，只需在满足现收现付的基础上，加提工资总额的百分之几作为积累，并使其运营增值，就大体可以应付 21 世纪我国人口老龄化时养老金支付增加的需要。这样，既可避免现收现付所面临的提取比例不断上升、缴费者负担日益严重的问题，又可以减轻完全积累式所带来的投资风险和计算困难的问题，受人口结构、通货膨胀和经济状况的影响也相对小些。多年以来我国实行的现收现付模式，经过实践证明已不能适应中国经济发展的需要，政府承担的最终债务风险非常大，而且中国的经济发展水平也无力承担如此大的债务偿付风险，而完全积累模式，由于转制成本太高，受经济条件的制约目前也无法实行。显然，中国现在实行的统账结合的部分积累制，其中的社会统筹账户采用现收现付制的基金积累方式，强调收支的当期平衡，体现社会互助共济。统筹账户的基金主要满足个人养老基本需求。而其中的个人账户采用完全积累方式筹集基金，可以充分调动参保人员的积极性。个人账户主要用于提高退休人员的生活水平。部分累积制模式是一种调和的产物，也是一种正确的选择，体现了公平和效率的统一。

对于基本养老基金的给付，主要有待遇确定型和缴费确定型两种方式。待遇确定型是指退休后的养老金按事先约定给付。而缴费确定型是指参保者每月的缴费是固定的，但是退休后每月所领取的养老金是不确定的，因为缴纳的基金将用于投资，投资收益具有不确定性。由于我国的参保人员对未来收入有所预见，会产生安全感，为了维护社会稳定和谐，我国养老金给付选择的是待遇确定型，这样也有利于调动参保人员为了未来美好生活而更加努力工作。

（二）企业年金制度

企业年金是指在政府强制实施的公共养老金或国家养老金之外，企业在国家政策的指导下，根据自身经济实力和经济状况建立的，为本企业职工提供一定程度退休收入保障的补充性养老金制度。企业年金基金是指根据企业年金计划筹集的资金及其投资运营收益形成的企业补充养老保险基金。企业年金被称为我国城镇职工养老保险体系"三个支柱"的第二支柱，是养老保障体系的重要组成部分之一。企业年金制度作为一种补充的养老保险计划，企业年金计划已经被越来越多人口老龄化的国家认可和采用。在西方发达国家，年金、股票和期权一起被称为企业留住人才的三副"金手铐"。企业年金是企业的一种激励模式，也是企业和职工之间的长期契约，有利于增加企业和职工的长期人力资本投资，减少或克服企业和职工的"短期化"行为。企业年金制度建设直接影响到现代企业制度建设中的企业薪酬激励制度、人力资本投资和财务决策。因此，企业年金制度建设能较好地把员工个人利益与其个人对企业的贡献度或经济效益紧密联系起来，吸引和留住人才，稳定员工队伍，增强企业的凝聚力和竞争力。

企业年金按法律规范程度分类，可分为自愿性和强制性两类：

（1）自愿性企业年金。以美国、日本为代表，国家通过立法，制定基本规则和基本政策，企业自愿参加；企业一旦决定实行补充保险，必须按照既定的规则运作；具体实施方案、待遇水平、基金模式由企业制定或选择；雇员可以缴费，也可以不缴费。

（2）强制性企业年金。以澳大利亚、法国为代表，国家立法，强制实施，所有雇主都必须为其雇员投保；待遇水平、基金模式、筹资方法等完全由国家规定。

我国劳动和社会保障部颁布的《企业年金试行办法》，于2003年12月30日经第七次部务会议通过，自2004年5月1日起施行。《办法》明确规定我国实行自愿性企业年金制度。

我国企业年金的特点如下：

一是企业年金定位于补充养老保险，员工在参加国家的基本保险后可以参加企业年金计划。

二是企业年金由企业自主建立。《办法》规定，"依法参加基本养老保险并履行缴费义务、具有相应的经济负担能力、已经建立集体协商机制"的企业可以依法设立企业年金。

三是企业年金的资金来源于企业和个人。《办法》规定"企业年金所需费用由企业和职工个人共同缴纳。企业缴费的列支渠道按国家有关规定执行；职工个人缴费可以由企业从职工个人工资中代扣。企业缴费每年不超过本企业上年度职工工资总额的十二分之一。企业和职工个人缴费合计一般不超过本企业上年度职工工资总额的六分之一"。

四是国家给予一定税收优惠。财政部等三部门联合发布《关于企业年金职业年金个人所得税有关问题的通知》，自2014年1月1日起，实施企业年金、职业年金个人所得税递延纳税优惠政策："企业和事业单位根据国家有关政策规定的办法和标准，为在本单位任职或者受雇的全体职工缴付的企业年金或职业年金单位缴费部分，在计入个人账户时，个人暂不缴纳个人所得税。个人根据国家有关政策规定缴付的年金个人缴费部分，在不超过本人缴费工资计税基数的4%标准内的部分，暂从个人当期的应纳税所得额中扣除。年金基金投资运营收益分配计入个人账户时，个人暂不缴纳个人所得税……"此举在一定程度上降低年金参保者个人所得税税负，旨在推进我国补充养老保险制度建设，促进多层次养老保险体系发展。

五是企业年金实行的是完全的市场化投资运营。为了维护企业年金基金的安全性，国家对基金的投资范围做了严格的限制。根据新修订的《企业年金基金管理办法》规定，企业年金基金财产限于境内投资，投资范围包括银行存款、国债、中央银行票据、债券回购、万能保险产品、投资联结保险产品、证券投资基金、股票，以及信用等级在投资级以上的金融债、企业（公司）债、可转换债（含分离交易可转换债）、短期融资券和中期票据等金融产品。企业年金不得用于信用交易，不得用于向他人贷款，但可进行短期债券回购。

（三）个人储蓄性养老保险

个人储蓄性养老保险是由职工自愿参加、自愿选择经办机构的一种补充保险形式。它是我国养老保险体系"三大支柱"的第三支柱，是基本养老保险的一种补充保险形式，其特点是职工自愿参加、自愿选择经办机构。个人储蓄性养老保险账户资金来源主要是个人自愿自行缴纳，国家在政策上给予扶持。社会保险机构经办的职工个人储蓄性养老保险，由社会保险主管部门制定具体办法，职工个人根据自己的工资收入情况，按规定缴纳个人储蓄性养老保险费，记入当地社会保险机构在有关银行开设的养老保险个人账户，并应按不低于或高于同期城乡居民储蓄存款利率计息，以提倡和鼓励职工个人参加储蓄性养老保险，所得利息记入个人账户，本息一并归职工个人所有。个人储蓄性养老保险金一般不允许提前领取。职工达到法定退休年龄经批准退休后，凭个人账户将储蓄性养老保险金一次总付或分次支付给本人。个人账户的储蓄性养老保险金可以随职工跨地区流动而转移。职工未到退休年龄而死亡，个人储蓄性养老保险金账户由其指定人或法定继承人继承。

国家实行职工个人储蓄性养老保险的目的，一是扩大养老保险经费来源，多渠道筹集养老保险基金，减轻国家财政和企业的负担。二是有利于提高个人养老金替代率，消除长期形成的保险费用完全由国家"包下来"的观念，强调职工自我保障意识，增强职工主动参与社会保险的意识。三是形成对社会保险工作的广泛群众监督，还有利于个人做好理财规划。在经济环境不稳定、资本市场较动荡的情况下，开展个人储蓄性养老保险可以提供一个个人理财途径，还可以帮助年轻人制定相应的理财计划，摆脱"消费明天"的不合理消费观念而形成的"月光族"的称号。四是可以促进我国相关金融行业发展。积极开展个人储蓄性养老保险，会积累起相当规模的养老基金，与其他社会保险资金一样，这笔基金作为资本市场上重要的机构投资者，可以增加资本市场的资金有效供给，扩大资本市场规模，还能促进资本市场产品创新、效率提高，促进资本市场健康稳定发展。

在西方许多发达国家，个人储蓄性养老保险一直发挥着重要作用。在美国，个人储蓄养老是十分重要的一种养老方式，2003 年美国人的个人储蓄性养老保险在其养老供给结构中占比高达39.8%。而我国首先强调政府的责任，其次才是企业和个人。虽然最近几年，在政府和社会各界的广泛关注下社会统筹与个人账户相结合的养老保险模式取得了较快发展，我国的企业年金计划也逐步步入发展正轨，但是我国的个人储蓄性养老保险发展滞后，甚至很多人并不了解这种养老保险，其养老保险的补充地位还没有显现出来，难以分散国家的养老负担。

（四）我国养老保障制度建设取得的显著成绩

一是结束了养老金"双轨制"。2015 年，养老金并轨方案的公布，标志着存在了近 20 年的养老金"双轨制"的终结，近 4000 万"体制内"机关事业单位人员将和"体制外"企业职工一样缴纳养老金。结束"双轨制"有助于弥补养老金缺口、缩小制度内外的差距，有利于人才的优化配置，促进了各群体间的权利公平，增进了社会的稳定和谐。

二是逐步提高了基本养老金标准。2015 年 1 月，国务院印发《关于机关事业单位工作人员养老保险制度改革的决定》，着力对机关事业单位工作人员养老保险制度进行改革。同时，国家统一提高了城乡居民基本养老保险基础养老金最低标准，再次提高企业退休人员基本养老金标准。

三是基本形成了覆盖我国城乡的基本养老保险体系。养老保险是社会保险体系中最主要的险种，关系到全体国民的养老大事。随着我国人口老龄化加剧，建立健全养老保险制度成为我国社会保险制度改革的重中之重。20 世纪 90 年代我国建立了"社会统筹与个人账户相结合"的城镇企业职工基本养老保险制度，近几年我国又陆续建立了农村新型养老保险制度和城镇居民养老保险制度，事业单位基本养老保险制度也在五个省试点，除公务员基本养老保险制度未改革以外，基本形成覆盖全社会的养老保险制度体系。2015 年，由机关事业单位基本养老保险、企业职工基本养老保险和居民基本养老保险共同构成的法定养老保险体系正式形成。2014 年，国家启动实施全民参保计划，养老保险覆盖面取得新飞跃，截至 2016 年 9 月底，领取养老金人数达到 2.4 亿人。所有这些都充分体现了执政为民的理念和让全体人民分享改革发展成果的思想。

四是初步建立了企业职工基本养老保险基金征缴、发放等管理体系。20 世纪 80 年代，我国开始探索企业职工养老保险社会统筹办法，国有企业职工养老金由工会征缴和发放的。1997 年我国实现了"社会统筹和个人账户相结合"，企业职工养老保险改由劳动社保部门的社会保险基金管理机构征缴和发放，并委托银行和邮局等机构发放给个人。进入 2000 年以后，很多地方探索地税部门代征，目前大多数地方实行主管部门征缴与地税部门代征相结合，这大大提高了基本养老基金征缴率。同时，完善了养老金由银行和邮局按照个人社会保险号码签发的社会保险金领取卡社会化发放机制，我国近年来建立的农村新型养老保险制度和城镇居民养老保险制度也采取了发放社保卡到银行和邮局领取的方式，方便了老百姓领取养老金和其他社会保险金。

五是逐步提高了企业职工基本养老保险制度的社会统筹层次。企业职工基本养老保险制度改革初期实行县市统筹，统筹层次低，问题不少。目前，多数省、自治区基本养老保险实行了更高的省级统筹，只是统筹办法不一样，有的只上划基金调剂权，有的则设立养老保险基金垂直管理体系，将发放和弥补的责任都集中到省一级。尽管还存在不少问题，但基本上解决了省内的养老保险基金调剂和平衡问题。扩大养老保险基金统筹范围，可以增强养老保险基金的调剂能力与可持续性，提高养老保险基金的抗风险能力，还可以解决因历史和经济发展不同地区的基本养老保险基金收支平衡问题。但是目前我国农村新型养老保险制度和城镇居民养老保险制度基本上仍然是以县、市统筹为主，统筹范围小，抗风险能力差，因此，我国农村新型养老保险制度和城镇居民养老保险制度亟待扩大统筹范围，提高统筹层次，如市级统筹和省级统筹，以便应对各种风险，提高抗风险能力。

六是逐步建立健全了养老保险基金监管制度。在社会保障主管部门成立了专门的基金监管部门，出台了基金监管条例，定期对基本养老保险基金收支和结余的情况进行监督检查，确保基金收支的规范和结余资金的安全。同时，财政部门和审计部门相关部门通过不定期对基本养老保险基金收缴、使用和投资运营情况进行检查，加强了基金的内部监管和外部监管，使基金的安全得到加强。

五、我国养老保障制度发展存在的问题

尽管我国实行全民养老保险，城乡养老保险制度基本上全覆盖，各项养老保险基金管理制度也都逐步建立，但是，同我国人口快速老龄化发展的要求相比，我国的养老保险制度和养老保险基金管理仍然面临许多挑战。

（1）对养老保险制度认识不足，执行时偏差大。我国的养老保险制度实行权利与义务相统一的社会保险制度，一个人如果没有履行保险缴费义务，无论年龄多大都是不能够领取养老金的，同时规定每个人缴费多少同养老金待遇支付多少存在着密切的联系，多缴纳养老金费用的人可以多领取，少缴费则少得。养老保险不是社会救助，养老保险制度是通过养老金缴费维持运转的，政府对基本养老保险基金提供财政补贴只是对基金的补充。但是，国家的养老保险制度在有的地方被理解错误，执行时出现了偏差。比如，有的地方为了强行扩大养老保险覆盖面，把一些不缴费或少缴费的职工个人强行纳入养老保险制度中，造成少缴费的个人侵害按规定标准缴费的人的利益；有的自由职业者参加养老保险按当地社平工资的20％缴纳养老金，而不是按自己取得工资多少缴费，出现从事低工资职业的个人承担较高的缴费，高工资职业的个人承担较低的缴费，而且使雇用这些自由职业者的企业也逃避了应承担的法定缴费义务；有的地方对现行农村养老保险制度和城镇居民养老保险制度的认识有些偏差，做法违背养老保险权利与义务相统一的原则：对于农村和城镇60岁以上的老人，一方面给60岁以上老人发放定额养老金，另一方面又让其子女按照定额标准缴纳养老保险金，把养老救助与养老保险混为一谈。事实上，养老保险金的发放不能回到改革前的平均主义，养老保险是按个人取得工资的一定比例缴费，每一时期缴费多少不一样，所积累的养老金数额存在较大差别，企业普通职工与技术人员、企业管理者之间工资存在较大差别，所以缴费多少不一样，退休后拿到的养老金也不一样。但是，现在许多地方基本养老保险金的发放并没有真实反映这种差别，执行时往往喜欢搞平均主义，偏差太大。

（2）我国养老保险制度碎片化较严重，且缴费标准和支付待遇相差很大，统一全国的养老保险制度困难重重。目前，我国养老保险制度存在五种保险制度共存的格局。一是城镇企业职工基本养老保险制度。职工基本养老保险制度已实行16年，是我国养老保险制度中最成熟、管理体系最健全、最规范以及覆盖群体最多的一项养老保险制度。二和三是近几年建立并逐步完善的农村新型养老保险制度和城镇居民养老保险制度。农村新型养老保险制度和城镇居民养老保险制度主要面向农村居民和没有参加企业职工基本养老保险制度的城镇居民。四是正在试点的事业单位基本养老保险制度。目前对事业单位基本养老保险制度争论较大，制度还远未成熟。五是公务员基本养老保险制度。公务员基本养老保险制度还未提上议事日程，仍然沿袭传统的财政供给制。

虽然我国建立了五项养老制度，但是仅解决了覆盖面问题，却留下了许多后遗症。

一是缴费标准相差较大。城镇企业职工基本养老保险缴费标准是按照职工工资总额的28%缴费，其中企业缴纳20%，个人缴纳8%；而城镇居民养老保险是按照每年100~1000元10档中选择一档缴费一次，也有的地方按当地城镇居民人均纯收入的一定比例一年缴纳一次，农村新型养老保险制度规定按100~500元五档选择其中一档每年缴费一次，显然城镇居民养老保险和农村新型养老保险的缴费采取定额缴费，似乎与城乡居民取得的工资或劳动报酬无关，尽管设立两项制度的初衷是针对农民和城镇工作不稳定的居民，解决他们的"老有所养"问题，但缴费标准大大低于城镇企业职工基本养老保险的缴费标准。如果要将三项制度合并为一项制度，缴费标准就很难统一。

二是支付待遇相差较大。这是当前老百姓反响最为强烈的问题。城镇企业职工基本养老保险支付待遇按照基础养老金加个人账户每月发放额和调整数额之和计算，而城镇居民养老保险与农村养老保险发放采取定额发放加个人账户每月发放额之和发放，关键定额的确定失去依据，完全由财政支付，与城镇企业职工基本养老保险发放的基础养老金相差较大，必然导致领取城镇居民养老保险金和领取农村养老保险金的群体向城镇企业职工基本养老保险金的群体攀比，如果政府无力解决三种养老保险制度之间的支付待遇差别，可能带来新的社会矛盾和不稳定。现在反映最强烈的企业职工基本养老保险待遇标准与行政事业单位职工退休金发放水平相差较大，相差50%～100%。同时，养老保险"碎片化"也导致制度内不公和不利于劳动力流动及养老金跨地区接续转移。

（3）机关事业单位基本养老保险制度改革滞后，使养老保险制度显得不公平。全国机关事业单位的职工占全部城镇职工总数的14%，有近4000万人，这一个庞大的群体没有进入基本养老保险制度，仍然全靠政府财政提供退休金，这必然影响城镇企业职工养老保险制度的可持续性，也会增加国家财政负担，甚至影响政府宏观调控。如果机关事业单位长期由政府财政拨付职工退休金，而所有企业职工则进入基本养老保险制度覆盖范围，必然会形成就业和人才流动的体制壁垒，阻碍人才的合理流动和市场公平竞争环境。只有机关事业单位也建立起基本养老保险制度，才能实现与企业职工基本养老保险制度的"并轨"。目前，机关公务员基本养老保险制度和事业单位基本养老保险制度都尚未建立，且各自形成体系，加剧了养老保险制度的碎片化，也引发了公务员、事业单位职工、企业职工等群体的养老保险不平等，增加了社会矛盾。

（4）养老保险的相关管理制度不健全，制约养老保险基金的安全和效益。基本养老保险基金管理内容丰富，涉及很多方面，但其中主要有两项对养老保险基金的安全产生重大影响：

一是隐性债务问题。目前我国的人口正经历快速老龄化，对养老保险基金的需求也是快速增长，虽然我国基本养老保险是采用部分累积制的折中路线模式，但所积累的资金毕竟相当有限，未来10年我国人口老龄化水平极高时期所带来的隐性债务，势必会让国家财政补贴负担极重，必然会严重影响国计民生正常发展以及政府职能的实现。而且不仅养老保险与人口老龄化密切相关，医疗保险也与之密切相关，因此政府作为养老保险和医疗保险的组织者和管理者要未雨绸缪，早作打算，为应付未来10年我国人口的快速老龄化积极准备更多的养老保险储备资金。重中之重就是及早建立养老保险数额巨大的隐性债务的弥补机制。

如果不想方设法建立机制，解决隐性债务问题，我国的养老保险制度就难以可持续发展，这直接影响千千万万老年人基本养老保险的可持续性。

二是养老保险资金投资运营管理机制滞后。通过20多年的发展，目前，我国现行的养老保障体系存在着比较严重的不平衡问题，具体体现就是作为国家强制性的社会养老保险"一枝独大"，相比之下，其余两个支柱占比都太小，使得我国的养老保障过于依赖第一支柱，这就让国家财政负担过重，随着养老金缺口的不断增加甚至会造成了对国家财政的裹挟。截至2017年底，我国超过9亿人口参加了基本养老保险，累计结余的社会保险基金超过4.6万亿元；作为第二支柱的企业年金制度也已经具备了一定资金规模，全国有近8万户企业建立起了企业年金制度，参加的职工人数达到了2300多万人，累计结余的基金总计1.3万亿元左右；这些庞大资金规模是经过了将近20年时间才累计实现的，如何让这笔庞大资金保值增值，影响的不仅是养老保险结余资金的增值，而且也直接影响了职工参加养老保险的积极性。如果像现在基本养老保险结余资金为了追求投资安全，使得基金每年增值不超过2%，这会使职工们觉得还不如自己将钱存在银行，至少每年也会有不低于2%的收益，这显然会损伤广大职工参加养老保险的积极性。同时，虽然作为我国养老保障第一支柱的基本养老保险基本实现了"全覆盖、保基本"的目标，但是，根据人社部《中国社会保险年度发展报告2016》，全国有13个省份的基本养老保险基金累计结余的可支付月数不足12个月，个别省份养老保险基金"入不敷出"，基金赤字超过200亿元。此外，还有相当数量的自由职业者、流动人口和灵活就业人口还没有被纳入基本社会保险覆盖范围内。

可是，由于缺乏健全的投资运营管理机制，在各种复杂而严峻的环境影响下，基本养老保险结余资金投资机制滞后，在过去多年已经错过了我国经济高速成长带来丰厚投资回报的最佳时机，虽然当前及未来相当长一段时期我国的经济还会保持一定的中高速增长，但是，如果养老保险基金的投资管理运营再错过这个时机，基本养老保险基金就会失去民心，基金的投资运营也就会失去意义。

（5）补充养老保险发展滞后，无法成为国家应对人口老龄化的有力支撑。企业年金和个人储蓄性养老保险作为补充养老保险是一种商业养老保险，都是我国养老保障制度的三大支柱之一。如果补充养老保险建立滞后，等于养老保障内容和构成的缺位。虽然我国推广企业年金制度已经很多年了，但是仅仅只是针对利润高的大型垄断企业，绝大多数企业并没有建立企业年金。主要的原因是政府政策引导缺失，企业建立企业年金的所得税和财政补贴优惠和奖励政策，在财税政策和税收缴纳中没有做出明确规定和说明，无法调动企业建立企业年金的积极性。同时，当前企业承担的社会保险费率过高和各种税费负担过重，也窒息了许多企业建立企业年金制度的积极性。而作为第三支柱的个人储蓄性商业养老保险的发展则相对滞后，与前两支柱相比，无论是商业养老保险的产品，抑或是其服务供给都显得相对不足，商业养老保险的覆盖面也只有很小一部分比例，无法发挥其对我国养老保障事业和社会经济稳定发展的支撑作用。

总体上看，我国的第二、第三养老保险支柱的发展明显处于弱势地位，企业年金、商业养老保险仍然发展迟缓，不足以满足人民群众多元化的养老金需求，面对日益加速的人口老龄化，补充养老保险制度在养老保障机制中不能发挥应有的作用。

六、我国养老保障制度改革的原则和目标

（一）改革的原则

我国目前仍处于社会主义初级发展阶段，社会主义市场经济体制正在逐步完善当中，要完善具有中国特色的养老保障制度，还需要经历一个相当长的过程。因此，当前我国养老保障制度的改革要由易到难，逐步建立和完善，要遵循以下九个原则：

一是福利原则。要保证每个公民在年老时能获得基本生活需要，保障公民的营养、健康、住所等基本需求，让每个老年人都能够体面地"过真正人的生活"。

二是全覆盖原则。要扩大养老保障制度的覆盖面，努力推进实现全民的全面养老保障，使我国全体公民都能够共享改革开放的经济发展成果，这是我国养老保障制度改革所必须坚持的基本原则方向。

三是与时俱进原则。养老保障是一部分的国民收入再分配，养老保障水平要与我国生产力的发展水平相适应，既不能超前，也不应该滞后，养老保障资金的收支要与国家财政收入、企业效益水平和国民可支配收入等因素相协调。

四是公平与效率相结合原则。养老保障制度的改革设计，要让每个公民都有参与养老保障的平等机会，养老保障要尽可能扩大覆盖范围。养老保障制度要体现多缴多得的激励产品项目。养老保障制度的投资管理运营要有效率，要建立科

学的基金投资管理运营机制。

五是权利与义务相匹配原则。每个公民都享有养老保障的平等权利，同时又都对养老保障负有不可推卸的责任和义务。只有先尽缴纳养老保险费的义务，才能享受养老保障的权利。

六是可持续平衡发展原则。养老保障制度的改革要兼顾地区差别、历史差别、经济差别、体制差别等诸多因素，坚持养老保障政策的可持续性，坚持灵活与统一相结合，统筹兼顾、协调发展。

七是法制化与社会化相协调原则。养老保障制度的改革要求国家通过立法，以法律强制性建立全国统一的基本养老保障制度，保障每个公民享受养老保障权利和机会的平等，保障每个公民的基本生活需求，免除公民的后顾之忧。养老保障制度是市场经济制度的有机组成部分，养老保障制度必须社会化，以适应人才自由流动等，促进市场经济健康稳定发展。

八是责任分担原则。养老保障是保障每个公民的老年生活，与公民个人利益休戚相关，社会每个成员都要为此承担一部分责任。因此，养老保障资金的筹集应该由国家、企业和个人共同承担。

九是多层次保障原则。我国经济社会发展的不平衡性和经济结构的多层次性，决定了在相当长一段时间内我国需要存在养老保障方式、保障水平的多样化和多层次性。首先，因为我国所有制结构表现为公有制为主体、多种所有制并存，一方面是政府、事业单位、国有单位员工有着较为完善的养老保障，另一方面是私营企业员工和自由职业者的养老保障水平一般较低；还有城乡二元经济社会结构差异明显，国家财力尚不具备建立国家统一养老保障制度，这些经济社会结构的多层次性导致养老保障制度发展的多样性。其次，养老保障制度中不同的组成部分，担负着不同层次的保障任务。如基本养老保险和企业补充养老保险是保障社会成员年老时的基本生活，个人养老保险是个人根据收入状况自行选择，多缴多保，可以起到改善老年生活的作用。再次，覆盖面不同。基本养老保险是国家立法强制执行的，覆盖面最广。补充养老保险根据单位和个人能力自愿投保，是基本养老保险的有益补充，覆盖面低下。最后，不同区域、行业和企业经济发展水平、经济效益有差异，导致其养老保障水平必然会有一定的差异。因此，我国养老保障制度改革需要与社会经济发展程度相适应，养老保障制度在未来一定时间内必须遵循保障方式多样化、保障水平多层次的原则，积极建立具有中国特色的养老保障制度体系。

（二）我国养老保障制度改革的目标

2013 年 11 月 15 日公布的《中共中央关于全面深化改革若干重大问题的决定》指出："建立更加公平可持续的社会保障制度。坚持社会统筹和个人账户相结合的基本养老保险制度，完善个人账户制度，实现基础养老金全国统筹，推进机关事业单位养老保险制度改革。整合城乡居民基本养老保险制度，建立健全合理兼顾各类人员的社会保障待遇确定和正常调整机制。完善社会保险关系转移接续政策，扩大参保缴费覆盖面，研究制定渐进式延迟退休年龄政策。健全社会保障财政投入制度，完善社会保障预算制度。加快发展企业年金、职业年金、商业保险，构建多层次社会保障体系。积极应对人口老龄化，加快建立社会养老服务体系和发展老年服务产业……"显然，健全养老保障制度对我国国计民生和经济社会发展都具有重大意义，养老保障制度的改革必须与经济社会发展水平相适应，并能通过改革支持国民经济增长和社会健康稳定发展。国务院发布的《关于深化企业职工养老保险制度改革的通知》，明确提出我国养老保险制度改革的目标是"建立多层次、社会统筹与个人账户相结合、权利与义务相对应、管理服务社会化的养老保险体系"。在这一总体目标的指导下，我国养老保障制度改革的目标是以下几项：

1. 多层次、社会统筹与个人账户相结合

多层次指我国的养老保障制度改革发展目标是要逐步建立基本养老保险、企业补充养老保险（企业年金）和个人储蓄性养老保险相结合的保障制度。其中基本养老保险是核心支柱，企业养老保险是补充，与个人储蓄性养老保险相结合，目的是减轻国家财政负担和企业负担，增加个人责任，调动多方积极性，促进经济社会发展。多层次的养老保障制度是指养老保障制度不再单纯由政府或企事业单位承担养老责任，它是对原来计划经济体制下养老保障制度的根本性变革。建立多层次的养老保障制度，可以合理界定政府、企业及个人的权利和义务。多层次养老保障体系中，政府按照公共财政的要求，强化养老保障的职责；企业则要体现对社会、对职工应尽的社会责任，按时足额缴纳各项养老保险费；个人须对个人和社会负责，依法参保和缴费，履行个人应尽的义务和责任。

2. 养老保险资金来源多元化

随着我国人口老龄化程度的不断加剧，养老保障资金缺口也逐渐加大，资金筹集问题已经成为制约我国养老保障事业发展的主要问题。因此，养老保障制度改革目标必须是促进保险资金来源多元化，通过多渠道筹资养老保障资金。第一，要扩大养老保险覆盖面，依法及时做好保险费征收工作，加强监管，及时催收，确保养老保障费用按时足额地缴纳。第二，加大国家财政支持养老保险的力度。第三，开征社会保障税。借鉴西方发达国家的养老保障经验，通过开征新税种，弥补社会保障资金缺口。第四，建立养老保险基金社会化投资运营机制，提高养老保障基金的运营效率，严格进行投资监管，以实现基金的保值增值。总之，通过多种创新方式推动实现养老保障资金来源多元化，确保养老保障资金可持续发展。

3. 广覆盖、保基本

从经济总量上看，当前我国已经是世界第二大经济大国。但事实上人均 GDP很低，仍然是发展中国家，远不是经济强国。同时，我国目前又是世界上老龄人口最多的国家。截至 2018 年 12 月，我国 65 岁以上老年人口已经达到 1.67 亿人。2020 年，我国 60 岁以上老年人口规模将达到 24800 万人，其中 65 岁以上老年人口将有 16342 万人，老龄化水平将达到 17.17%。这种隐性债务时刻威胁着我国养老保障基金的安全。在这种情况下，未来一段时间内我国的养老保障制度无法走西方福利国家的道路，只能坚持广覆盖、低标准、保基本的方针，即要最大限度地将每一个公民纳入养老保障体系内，切实保障每一个老年人的基本生活需求。

4. 养老保障管理服务社会化

根据政事分开原则，从企业事业单位把一系列养老保障事务分离出来，交由社会服务机构管理和服务。养老金发放、退休人员管理、基金的投资运营管理等都逐步由社区组织进行日常管理和服务。养老保障相关的社会管理机构应制定相应措施，加强基础建设，提高服务质量和效率，增加管理服务透明度，提高人员素质，不断提高社会服务机构的管理服务水平。促进社会保障信息社会化，方便快捷地向公众和社会保障对象公布有关信息，提供及时准确的查询服务。

5. 养老保障制度法制化

养老保障制度涉及政府、企业和个人三方利益，需要建立相关法律制度体系保障各方权益，实现养老保障制度的法制化、规范化。首先，要制定全国统一、专门的社会保障法律，根据法律规范管理社会保障工作，将社会保障纳入法制化、规范化轨道。其次，要完善养老保障管理制度。科学界定养老保障对象，领取资格、缴费费率、发放标准等，并在全国范围内统一实施。针对各地养老保障制度不统一的状况，科学制定过渡办法、过渡时间，实现养老保障旧制度向新制度的转变。最后，依法规范管理。建立全国统一的养老保障信息库，规范社保部门业务流程、办事程序和管理权限，规范登记申报、费用征缴、待遇发放等环节，严格管理，加强监督，并保持养老保障政策的连续性。

七、加快完善中国特色养老保障制度

国务院决定："建立统一的城乡居民基本养老保险制度，使全体人民公平地享有基本养老保障""在已基本实现新型农村社会养老保险、城镇居民社会养老保险全覆盖的基础上，依法将这两项制度合并实施，在全国范围内建立统一的城乡居民基本养老保险制度，并在制度模式、筹资方式、待遇支付等方面与合并前的新型农村社会养老保险和城镇居民社会养老保险保持基本一致。"这些重要政策为我国养老保障制度改革与体系完善提供了直接的政策依据与指导思想。

1. 改革养老保障制度，完善养老保障体系

分三步整合养老保障制度，完善养老保障制度结构体系。第一步，整合同一社会群体的养老保障制度。整合机关事业单位职工基本养老保险制度和企业职工基本养老保险制度统一为职工基本养老保险制度，使职工基本养老保险制度覆盖机关事业单位职工、企业职工、乡镇企业就业的劳动者以及农村有雇佣关系的劳动者等各类从业者。整合农村现行各类养老保障相关制度，尤其是农村五保户供养制度、农村计划生育户奖励扶助制度以及新型农村社会养老保险制度等制度，强化农民工养老保险关系与新农保制度的转移接续。整合城镇居民社会养老保险和新型农村社会养老保险制度统一为居民基本养老保险制度，尤其是失地农民养老保险制度整合纳入城乡居民基本养老保险制度中。第二步，融合衔接好不同社会群体养老保障制度。推进实现农村基本养老保障制度与城镇基本养老保障制度整合为城乡居民基本养老保险制度，进一步推进实现城乡居民基本养老保险制度与城镇职工基本养老保险制度的整合，逐步实现养老保障制度一体化。完善职工

养老保险与个体工商户和灵活就业人员养老保险对接机制，实现三种群体养老保险制度顺利整合。建立统一的城乡养老保险制度，不是将各种已有养老保险制度进行机械整合，而是要在公平性、可持续性以及适应人口流动性的前提下，建立不同社会群体养老保险制度整合衔接机制，使各种群体养老保险制度顺利转换与衔接整合。在统一城乡养老保险制度建设中，要建立统一的全国养老保险基金信息管理系统，逐步提高统筹层次，促进劳动力的自由流动及不同地区的协调发展；还要做好养老保险基金的筹集、运营和监管工作，扩大养老保险筹集的资金来源渠道，提高养老基金收益，确保养老保险基金的保值增值。第三步，促进不同养老保障制度项目协调发展。推进基本养老保险制度与企业年金等其他社会保险制度之间协调发展，促进基本养老保险制度与社会福利制度、社会救助制度以及社会养老服务体系之间相互衔接与协调发展。尤其是要注重城乡居民基本养老保险制度与社会救助制度、社会养老服务体系、老年福利制度与社会养老服务等核心性养老保障制度项目之间的整合衔接与协调发展。

完善多层次养老保障体系。建立统一的由国家财政支持的基本养老保险制度，建立统一的基于单位与个人责任的企业年金制度（或职业年金）和个人储蓄性养老保险制度。推进职工养老保险制度逐步走向制度统一待遇多档，多缴、足缴多得。建立基于不同缴费层次的多层次老年长期护理保险制度，特殊困难群体如农村五保老人、残疾人、城镇三无人员等老人群体的长期护理保险缴费国家财政予以补贴。根据不同老年人的年龄、自理能力以及收入和养老服务需求状况，建立多层次的社会养老服务体系，推进实现城乡社会养老服务体系一体化均衡发展。

总之，总体目标是建立一个更具公平正义性和可持续性的统一城乡养老保险制度。

2. 完善制度法制化建设，化解养老保障风险

首先，要加快养老保障制度立法。我国人口老龄化速度远快于保护老年人权益的立法速度，需要加快养老保障制度立法进程，并且提高立法层次与级别，以《社会保险法》《老年人权益保障法》为主干进行立法，完善老年人养老权益及养老保障的法律体系。扩大立法范围，丰富养老保障制度各方面的法律内容，通过法律手段规范养老保险基金的征收、管理和投资运营。其次，要加大管理监督和执法力度。国家在建立健全体系完整的立法后，还要有一个良好的监督和法律执行环境，这就要求监督部门、司法机关、执法人员在处理与养老相关的法律事

务时，公正司法、严格执法，使侵害老年人人身权益与财产权益的行为真正受到惩罚。同时，完善监督机制，对执法部门形成相对约束与制衡，对养老基金管理和运营机构的管理机制、投资规则、投资透明度等强制性规范加以明确界定，确保养老保障基金运行安全。再次，要建立养老金预警机制。借鉴国内外预警领域的先进理论与方法，结合人口、经济、养老保险政策的特点，建立基本养老保险基金收支预测模型，根据预测结果、警限判断其警度，同时提出防范措施。最后，要加强养老保障制度的普法宣传。发挥网络、电视广播等大众传媒的作用进行养老保障制度相关的普法宣传，使家庭以及养老机构等社会组织对老年人的权益保护法律有一定的了解，提高老年人的法律保护意识和知识水平，在自身的权益受到违法行为侵害时，能够根据法律武器依法维权。

3. 加大政策支持力度，完善多主体养老保障制度

首先，要加大对多层次养老保障的政策支持力度。出台一系列支持鼓励社区居家养老和机构养老的优惠政策，加快对社区居家养老与机构养老的基础设施建设，完善养老用地供应政策，出台养老护理人员培养和就业优惠鼓励政策。完善养老保障预算制度，促进养老保障可持续性发展。完善对养老保障的税收优惠政策，加大对企业年金、职业年金和个人储蓄型养老保险的税优支持力度，鼓励更多单位和个人参加年金和个人商业养老保险，提高养老保障层次和水平。加大国家财政对养老保障的补贴和支持力度，划转部分国有资本补充社保基金。长期以来，我国基本上一直实行低工资、高积累政策，国有资产中相当一部分是靠老职工的牺牲积累起来的，也可以说国有资产的一部分是过去国有企业职工养老保障权益的沉淀。因此，养老保障制度改革过程中的转轨成本不是通过增加企业缴费来解决，完全可以通过合理变现部分国有资产来补偿国有企业职工过去的养老保障权益。其次，积极发挥商业养老保险机构在养老保障制度中的作用。加快在养老保障制度建设中融入商业养老保险机构，使商业养老保险的优势真正体现于养老保障服务中，充分发挥其在解决养老难题中的积极作用。扶持商业养老保险机构发展壮大，积极宣传商业养老保险对养老服务的益处，鼓励民众踊跃参与。调整企业和职工的企业年金缴费比例。针对企业负担过重的实际。可适当降低企业的缴费比例，提高职工的缴费比例。最后，充分发挥家庭、个人作为养老支持主体的作用。继续发挥家庭在我国养老保障中的基础性作用，宣传鼓励子女对父母的赡养，使父母安度晚年。鼓励老年人自我独立支持，互助或抱团养老，摆脱传统思想束缚，积极融入社区养老服务，减轻子女养老负担。

4. 加快农村养老保障制度建设，努力提高养老覆盖率

加大对农村养老保障的支持力度，增加对农村养老基础设施建设的财政投入，加快建设新型农村养老保障制度，完善补助政策，丰富补助方式，创新补助渠道，推动实现对养老保障农村老年人的全覆盖。鼓励农村老年人自助与互助养老相结合，组织农民广泛建立养老互助点。以政府为主导，以自然村为单位，以自愿结合、自愿提供（养老场所等）、互助养老为原则，设立养老互助点，政府协助、社会帮助提供所需养老资源，使农村老年人能够在熟悉的环境里实现互助养老。要按照"统筹城乡发展、统筹区域同步发展"的要求，加快城镇企业、机关事业单位和农村的养老保险改革，尽快建立城乡一体化的养老保险制度。

5. 建立动态调整机制，保障老年人养老待遇

制定老年人养老保障的动态调整机，保证养老待遇根据工资、物价变动，及时予以调整，尤其是城乡居民基本养老保险制度待遇水平需要及时进行动态调整。要综合考虑各类基本养老保险待遇之间、基本养老保险待遇与其他社会保险待遇间的协调，考虑在职人员社会平均工资水平与最低工资标准之间的协调，还必须考虑基本养老保险待遇与老年福利特别是老年津贴制度以及社会养老服务体系的覆盖面及其水平。养老保障待遇调整要体现鲜明的激励机制，基本养老保险部分与物价水平挂钩，实行普调以保证公平，商业保险部分与缴费年限、缴费水平挂钩以鼓励长缴费、多缴费，每部分比例可根据养老保障待遇调整的具体目标来确定。

制定和实施延迟退休年龄政策时，要将通过推迟退休年龄实现的工作年龄延长和养老保险缴费年限、退休年龄、法定性领取养老金年龄以及养老保险待遇的替代率等五方面情况紧密挂钩，同时，还要注意社会心理承受能力等各种情况。唯有如此，才能够使延迟退休年龄政策选择不仅能够满足适应劳动者与社会大众的心理预期，还可以促进劳动力增长，而且还能促进劳动就业与养老保障协调发展，实现养老保障权益最大化。

6. 强化养老保障信息化改造，推进信息化养老

首先，加快建设完善养老保障信息化系统。养老保险要为每个参保人建立伴随终生的个人账户进行精确管理，为提高管理效率和水平，必须加快信息化建设，加大人力、物力、财力的投入，采取现代化的计算机管理手段和方法，推进养老保险业务重构和应用整合。必须加快网络系统的升级，更新软硬件设备，不断提高工作效率，提高社保机构的信息化水平。这样既可以为宏观决策、实时监控提供技术支撑，也可以为参保企业和职工提供便捷服务。同时，网络化管理促进了养老保险业务的公开、透明，使参保人关心自己的缴费情况，有利于形成自我保障意识，提高参保缴费的积极性和自觉性。其次，要不断提升养老保障信息化职能。将养老保险征缴信息与企业工资总额、企业税收、职工的生存状况等信息联动，以科学的方法促进养老保险的征缴，严防养老保险基金的流失。最后，加快推进信息化养老。信息化养老是以信息化养老终端采集数据为基础，利用互联网、移动通信网、物联网等手段建立系统服务与互动平台，通过整合公共服务资源和社会服务资源来满足老年客户在安全看护、健康管理、生活照料、休闲娱乐、亲情关爱等方面的养老需求，从而为广大老年群体提供了一种新型的养老解决方案。该方案有效弥补了当前传统机构养老、社区养老及居家养老存在的局限与不足，代表了未来养老方式的发展趋势。信息化养老让老人的日常生活（特别是健康状况和出行安全）能够被子女远程实时查看。

第五章　厦门养老服务发展现状
及存在的主要问题

一、厦门养老服务发展现状

　　2014年12月31日，厦门市60周岁及以上户籍人口为28.53万人，老龄化水平为14.02%。2017年12月31日，厦门市户籍人口231.03万人，其中60周岁以上的老年人口33.88万人，占全市户籍总人口的14.66%，其中80岁以上高龄人口6.6万人，占全市老年人口的19.6%。显然，厦门市的人口早已经突破联合国的传统老龄化社会标准，事实上，厦门早在1994年就已经进入了人口老龄化社会。市发展研究中心预测，至2020年底，厦门市户籍总人口将达到247.19万人，其中60岁以上老年人口数为39万人左右，厦门市人口老龄化程度将达15.78%，厦门市老年人口年均增加大约1.5万人，年均增长速度为5.6%。

　　截至2017年底，全市共有各类养老床位数12569张（其中养老机构10534张、农村幸福院930张、社区日间照料中心450张、居家养老服务站655张），每千名老人养老床位数达37.1张，高于国家规定30张标准。全市3%的老年人实现机构养老，97%的老年人依托社区实现居家养老，基本形成了"以居家为基础、社区为依托、机构为补充"的格局。厦门先后被确定为"全国养老服务业综合改革试点城市""社区居家养老服务试点城市""第一批国家级医养结合试点单位"。在全省率先实现"互联网＋养老"的智慧养老模式，促进养老服务市场化、信息化和专业化发展。有条件的街（镇）已建立居家养老服务中心，依托政府公共服务信息平台，整合社区公共服务信息资源，以社区老年人基本信息数据库和养老服务信息数据库为基础，提供社区居家养老信息服务。

厦门市政府进一步完善了城乡居民基本养老保险办法，建立了基础养老金正常调整机制，引导激励城乡居民早参保、多缴费，增加个人账户资金积累，提高了待遇水平。厦门市人社局统筹考虑国家、省最低基础养老金调整、全市城乡居民收入增长、物价变动和职工基本养老保险等其他社会保障标准调整待遇情况，适时调整厦门市城乡居民基础养老金标准。比如，2019 年 1 月起，厦门城乡居民基本养老保险最低缴费档次从每月 100 元调整为 200 元，最低缴费补贴标准从 45 元调整为 50 元。调整后，个人缴费档次从原来的 100～4000 元 13 个档次，调整为 200～4000 元 12 个档次，取消了原来的 100 元档次，其他缴费档次金额不变。每月缴费补贴标准从原来的 45～90 元提高到 50～230 元，缴费补贴标准大幅提高。同时，对于残疾人、计生困难人员（计生对象中独生子女残疾或死亡、计生手术并发症人员）、贫困人员（最低生活保障对象、特困人员等困难群体），由政府为其缴交最低缴费标准养老保险费（即每月 200 元），超过部分由参保人员本人负担。

但是，由于计划生育政策的影响和经济社会的快速发展，厦门社会转型加快，家庭结构加速向高龄化、小型化发展，家庭养老功能逐步弱化，"421"家庭结构普遍出现，加上现代社会生活节奏不断加快，人民生活水平不断提高，社会竞争压力加大，年轻人不得不将更多时间和精力用在学习和工作上，这些因素都对传统家庭养老模式产生很大冲击。同时，老年人对社会养老服务功能的强化及养老服务需求的多样化提出了新的更高要求。因此，传统意义上的单纯家庭养老模式已经难以为继，不断遭受到冲击和削弱，正面临严峻挑战。在"未富先老"的严峻形势下，如何根据厦门社会经济发展的实际情况，利用政府财政不多的经费破解养老难题，降低养老成本，提升养老效率，让更多人老有所养，走出一条具有厦门特色、满足厦门老年人养老需求的新路子，促进社会和谐已经刻不容缓，已经成为厦门市政府亟待解决的社会问题。

二、厦门养老服务发展存在的主要问题

1. 养老需求总量提升快，服务供给总量不足

2017 年厦门户籍人口平均期望寿命达 80.45 岁，比全国高 5.95 岁，预计未

来厦门高龄人口比重还将以较快的速度持续提高。随着厦门市老年人口数量日益庞大，老年人的日常生活照料、医疗保健、护理服务等需求将不断提高。同时，伴随着厦门城镇化的快速发展，老年人受到更多新技术、新文化和新观念的冲击，消费理念更新变化大，他们对文化娱乐、精神慰藉等服务需求的层次不断提升，这些都导致了厦门市养老服务供给跟不上老人快速增长需求的步伐。

2. 社区居家养老服务政府购买行为内部化

当前社区居养老服务是政府直接向社区居家养老服务中心（站）购买，由社区助老员提供居家养老服务，但在购买居家养老服务过程中，购买程序缺乏制度化规范与约束，尚未能向社会公开招标，背离了居家养老服务市场化供给原则。这可能导致部分服务购买行为内部化、关系化，造成承接方之间不公平的市场竞争，进一步衍生出其他问题：居家养老服务受惠面窄，服务成本高等。部分基层政府组织要求社区助老员参与非助老相关工作，造成助老员工作压力大，影响了日常助老工作。

3. 养老服务经费不足，服务供给内容单一

厦门六个区对社区居家养老服务经费投入不平衡，很多社区经费不足，工作经费使用也不够合理、及时，例如：有的作为生活补助直接发放，有的则积压资金不及时下拨，有的聘请养老服务员不专业甚至不专职。目前，各区都购买社会组织提供居家养老服务，但是社会组织的专业化服务技能良莠不齐，多数社会组织尚缺乏系统化、规模化的管理模式，缺乏专业化的居家养老服务队伍，难以提供标准化和规范化的服务，导致服务供给水平处于较低层次，仅限于日常生活照料和护理服务，缺乏社会化和专业化的服务供给，无法满足老人的心理健康、精神慰藉、临终关怀等多元化需求。

4. 老年人对社区居家养老服务认识不足，参与主动性弱

很多老人受传统家庭养老观念影响，不愿意接受社区委托的社会组织服务人员或者社区志愿者提供的服务，这在一定程度上增加了额外的服务成本，降低了养老服务供给效率。尤其在边远或较偏僻的社区，居家养老服务工作薄弱，老人享受居家养老服务少，对社区居家养老概念和服务项目内容都不清楚，缺乏主动参与居家养老服务的意识和维权意识。享受到政府提供无偿养老服务的老人，对于社区居家养老服务满意度较高，而一旦老年人面对商业化的居家养老服务，局

限于传统消费观和养老观，绝大多数老人都表现出不愿意，即使是福利性的低偿服务也难以对老人形成足够的吸引力。因此，厦门养老服务市场既出现巨大的养老服务潜在需求又同时出现有效需求不足的尴尬局面。

5. 养老机构供需失衡

全市现有养老服务机构35所，只有6所公办（或公办民营）养老机构一床难求。多数民办养老机构在一地难求情况下只能租用民房改造，难免存在设计不合理、设施简陋、居住环境较差、活动场所欠缺等问题，提供的养老服务通常为日常生活照料，技术含量低，对服务人员的专业技能缺乏统一标准要求，加上规模小、配套不全、服务水平低、同质化低水平竞争等问题，难以满足老人养老服务的多样化需求，床位空置率高。因此，厦门民办养老机构的生存发展空间小，多数养老机构长期亏损，只是在近几年可以使用医保卡后才勉强达到微利状态。

6. 养老专业人才缺口大

随着厦门老年人口的迅速增长，对养老专业人才需求加大，2015年底，全市养老护理人员只有1130人，其中，有648人具有养老护理员职业资格证书（占养老护理员的57.35%）。全市入住养老机构的老人3520人，其中：生活完全不能自理或半自理的老人（需护理的）有2885人，按照老人护理工作量匡算，对护工需求量应达到3:1标准配备，即每3名需要护理的老人需要配备一名专业护理员，按此标准全市养老机构护理员缺口达314人，供需明显不平衡。同时，一方面养老护理员劳动强度高、危险性强、待遇低，人员流失严重，另一方面护理员招工难，服务人员专业素质和服务管理水平不高，相当部分人员没有经过系统的专业培训，养老志愿者队伍规模也小，人员素质无法满足需要，社会组织的力量未能充分挖掘，这些都极大地影响了厦门养老服务质量的提升。

第六章　厦门岛外农村养老服务
供给和需求调查报告

当前岛外农村社区日间照料中心和农村幸福院的建设都被纳入了市委、市政府为民办实事项目中,我市已经建成农村幸福院 93 个、村老年活动中心(室)61 个,还有 30 个农村幸福院正在建设中,也即将在年内完工。随着村民生活和健康水平不断提高,社会人口老龄化趋势不断加剧,老年人的身心健康需求变得日益突出。农村农民养老服务的提升和完善,从方方面面影响着厦门整体社会的和谐稳定和迅速发展。如何采取切实有效的措施充分发挥这些幸福院的作用,使得岛外农民享受老有所养、老有所乐,已成为政府和社会急需解决的重要问题。本次主要针对岛外四个区农村老人和幸福院养老服务供需情况进行调研,通过问卷调查和随机采访相结合方式,力求探寻岛外农村老人的真实需求和当前农村养老服务的供给和需求状况,为提高农村养老服务水平提供可靠的素材。

一、岛外农村养老服务调查对象与方法

1. 调查对象

岛外四个区农村居民户口厦门市户籍 50 岁以上老年人,排除不能正确表达的严重生理或精神疾患者。先采用多阶段抽样的调查方法,岛外每个区 340 份问卷(见附件养老服务供需调查问卷),再按各村社区人口均分问卷进行随机抽样调查。共发放问卷 1360 份,收回有效问卷 1204 份,有效回收率 88.53%。

2. 调查方法

主要采用问卷调查法和实地面对面访谈法。调查内容主要包括老年人的收入、养老模式需求、社区养老服务状况及老年人养老需求和意愿等。问卷调查过程：由调查人员向调查对象说明调查目的、内容和填写方法，获得其知情同意，能自行阅读问卷者，由其自行填写，调查人员在旁指导；无法自行阅读问卷者，由调查人员解释后，按其意愿协助其填写。

二、农村养老服务供需问卷调查资料分析

（一）被调查老人基本情况

1. 被调查对象的性别及居住、活动情况

被调查农村老年居民男性537人，占44.6%，女性667人，占55.4%；年龄主要集中在70～79岁，有385人，占32%；其次是60～69岁，共有349人，占29%；再次是50～59岁，有229人，占19%；80～89岁，有205人，占17%；90岁以上有36人，占3%。文化程度的分布是：小学及以下，有819人，占68%；初中301人，占25%；中专或高中78人，占6.5%；大专及以上6人，占0.5%。老人居住情况：独居有179人，14.9%；和配偶同住334人，占27.7%；两代同住有318人，占26.4%；三代同堂349人，占29%；和他人同住24人，占2%。如表6-1所示。调查显示，随着家庭规模趋向小型化，空巢老人迅速增多，调查对象中有42.6%为空巢老人，这是一个不容忽视的社会问题。此外，岛外农村老人普遍受教育程度偏低，随着年龄增长，其认知、分析和判断能力还可能会下降，其对自身的护理、保健等问题的认识也不很清楚，护理员为他们做保健等服务时需要更细心更到位，同时这些因素在我市推进智慧养老等新模式时也是一项严峻的挑战。

2. 子女等亲人探望老人频率

有42.84%的被调查老人和子女住一起，子女每周看望老人在4次以上的占

19.02%，看望老人每周 1~3 次的占 14.31%，每月看望老人 3 次以上的占 5.34%，每月只看望老人 1~3 次的占 4.53%，每年看望老人 1~11 次的有 7.89%，其他情况（即很少看望老人）占 6.07%。岛外农村尊老敬老的中华民族传统美德传承得很不错，绝大多数子女都能够及时送给老人温暖和亲情。但是，仍然存在 6% 左右的老人因为各种原因，难以获得子女及时的亲情慰藉，这是令人遗憾的。因此，政府应重点关注独居和无子女的老年群体，让他们也能够和正常老人一样体会到亲人般温暖和慰藉。

表 6 - 1　被调查农村老年居民基本情况

		频数	百分比（%）	文化程度		频数	百分比（%）
性别	男	537	44.6	文化程度	初中	301	25.0
	女	667	55.4		中专或高中	78	6.5
年龄	50~59	229	19.0		大专及以上	6	0.5
	60~69	349	29.0	居住情况	独居	179	14.9
	70~79	385	32.0		和配偶同住	334	27.7
	80~89	205	17.0		两代同住	318	26.4
	90 以上	36	3.0		三代同堂	349	29
文化程度	小学及以下	819	68.0		和他人同住	24	2

3. 农村老人对养老模式了解情况和对养老机构收费的接受区间

（1）老人对目前厦门的养老模式知道的主要集中于：与子女同住的家庭养老模式，占 95%，其次是福利院、敬老院养老模式，占 56.3%，接着是养老公寓（机构养老）模式，占 45.3%，社区居家养老模式，只有 15.4% 的老人知道。医养融合养老模式，知道的老人也只有 10.2%。其余的养老模式知道的老人都非常少，所占比例都低于 2%。

（2）老人对养老模式了解的程度：对机构养老模式了解的老人占 22.6%，听说一点儿的老人占 67.2%，不了解的占 10.2%；对医养融合养老模式了解的老人占 12%，听说一点儿的占 37.5%，不了解的占 50.5%；对社区居家养老模式了解的老人只有 14.6%，听说一点儿的占 21.5%，不了解的占 63.9%；其余的抱团互助养老、田园养生养老、候鸟式旅居养老、以房养老、现代化智慧养老和农村就地集中养老等养老模式绝大多数老人都选择不了解，了解的比例不足

2%，听说一点儿的占比也都是个位数。

显然，岛外农村老人还是非常传统，对非传统的社区养老等服务新模式的结构和提供形式不了解，也不愿意花时间和精力去了解，社区养老意识不强。

（3）老人对养老机构每月收费多少能够接受：有40.6%的老人对养老机构2000~4000元/月收费可以接受，32.5%的老人可以接受4000~6000元/月，有16.8%的老人接受每月2000元以下价格，养老机构收费6000~8000元/月只有7.9%的老人可以接受，而每月8000元以上的收费则仅仅只有2.2%老人有可能接受。

4. 农村老年人日常主要的活动项目

农村老人选择日常主要活动项目的比重从大到小依次为：忙于家务（71.2%）、照看孙辈（60.1%）、医疗保健（36.6%）、电视手机等休闲娱乐（36%）、采购生活用品（33.8%）、走亲访友（31.3%）、体育锻炼（散步、运动、广场舞等）（30.5%）、工作赚钱（14.8%）、参加兴趣爱好活动（14.2%）、参加社区活动（14%）、投资理财（10.4%）、休闲养生（7.9%）、旅游（4.8%）。显然，老年人空闲时以看电视手机等为首选休闲娱乐方式，其次才是体育锻炼（散步、运动、广场舞）等。

（二）农村老人的收入及满意度

农村老年人养老收入来源主要是：37.5%的老人主要靠政府补助，16.9%的老人靠养老金收入，16.7%的老人靠退休金，14.8%的老人靠房租等财产性收入，13.5%的老人靠子女孝敬，12.5%的老人靠工作收入。调研发现，很多老人搞不清楚自己的收入是养老金还是政府补助，不存在无收入的老人。可见，社会保障工作已经全覆盖岛外农村。

岛外农村老年人的收入主要在1000~2000元，占34%；其次是收入在1000元以下的，占29%；收入在2000~4000元的占20%；收入在4000~6000元，占14%；收入在6000~8000元的占2%；收入高于8000元的占1%。访谈中发现，虽然绝大多数老人只能领取基础养老金，收入并不高，与城镇老人收入差距较大，但农村老人对养老金、政府补助和医疗保险的作用给予了积极评价，多数老人认为养老金对自己养老保障帮助很大，自己种点菜，钱还花不完呢，而且很多老人养老金的首选开支是给子女提供一些生活上的帮助，他们考虑自身的养老需求非常少；如果病了住院费用也有一部分可以报销，老人们都很满意。但是，与养老保险情况类似，农村老人多数都有居民医疗保险，报销要求高、比例也低，而城镇老人基本上参加的是职工医疗保险，吃药看病主要都靠医疗报销了。可见，农村老人传统节俭的品质及一心为子女着想的性格，降低了老人对养老的需求，使他们绝大多数都很满足于现状。政府应该加强对农村老人社保和补助的倾斜力度，防止农村老人因病还贫，确保他们能够安享晚年。

（三）老人对养老模式的需求

在回答自己希望以哪一种方式养老时，有 68.4% 的老人选择和子女同住家庭养老；其次是选择福利院、敬老院养老的，有 36.5%；再次是选择医养融合的，有 35.8%；接着是选择社区居家养老、养老公寓（机构养老）和现代化智慧养老的，分别为 31.2%、30.6% 和 28.8%；其余的田园养生养老、抱团互助养老、独立居住、农村就地集中养老、以房养老和候鸟式旅居养老模式，选择的老人都比较少，占比分别为 12.2%、9.4%、8.6%、7.6%、5.6% 和 4.5%。

老人们希望政府提供的养老模式按得票数排序分别是：福利院、敬老院（353）、养老公寓（机构养老）（316）、医养融合（312）、社区居家养老（248）、子女同住家庭养老（181）（一些老人认为不需要政府提供这个）、现代化智慧养老（177）、田园养生养老（154）、抱团互助养老（87）、候鸟式旅居养老（78）、农村就地集中养老（54）、以房养老（33）、独立居住（15）。

显然，受传统观念的制约，家庭养老具有不可替代性，在农村老年人的观念中还根深蒂固，大多数农村老人期望的养老模式首选仍然是和子女同住家庭养老。尽管老人们知道他们和孩子的饮食、起居、喜好、思想观念等生活习惯不同，还存在婆媳等矛盾，时常可能出现磕磕碰碰，但他们仍然还是最希望和儿女们在一起。一方面，老人们希望享受儿孙绕膝其乐融融的家庭幸福，一家人还可以互相帮助照顾。另一方面，高达 68.4% 的老人选择和子女住在一起，也体现了老年人对孤独生活的排斥，以及对陪伴、心理慰藉的渴望！老人害怕孤独和不安全，更容易像孩子一样，儿孙能陪他们说说话，这种精神满足比物质要重要很多！

（四）老人对农村社区的养老服务需求

所在（农村）社区当前为老人提供的养老服务项目：有 35.7% 选择不知道，还有 7.1% 的老人选择没有，其余老人选择的项目按得票占比排列依次是：广场舞等活动（25.8%）、预防保健（21.2%）、生活照料（20.8%）、医疗康复

（18.9%）、社区参与（18.7%）、文化娱乐（16.7%）、家政服务（14.5%）、学习培训（13.1%）、休闲旅游（11.1%）、精神慰藉（9.5%）、心理咨询（7.5%）。

希望政府提供的服务项目按得票数依次是：预防保健（189）、医疗康复（157）、休闲旅游（105）、生活照料（78）、社区参与（59）、文化娱乐（51）、精神慰藉（47）、家政服务（44）、学习培训（35）、广场舞等活动（24）、心理咨询（17）。许多老人很满意目前的政府提供的各项服务，所以填没有或不填。

老年人对当前所在社区（村）提供的养老服务项目是否满意：选择不知道的老人占比高达51.1%，有27.6%的老人选择基本满意，有12.3%老人选择很满意，但是，存在9%的老人不满意当前社区提供的养老服务项目。访谈发现，半数以上老人选择不知道，主要原因是老人对村里的养老服务项目和养老设施等养老资源知晓度低，一些老人甚至对村里的幸福院或"老年人日间照料中心"在哪里都不知道，许多老人表示听说过但不了解，如此必然造成养老设施的闲置和大量资金的浪费。此外，老年人不满意当前社区提供的养老服务项目主要是社区缺乏爱心午餐和日托照料，他们希望社区能够提供更多的照料类服务。

在社会养老服务中老人更看重哪些方面：农村老人最为看重亲人团聚（66.8%），其次看重医疗康复（58.8%），再次是预防保健（52.3%），之后的顺序依次是生活照料（45.5%）、精神慰藉（43.8%）、休闲旅游（37.8%）、文化娱乐（34.9%）、学习培训（31.3%）、心理咨询（22.4%）、家政服务（18.7%）、社会参与（16.9%）和体育活动（7.9%），如表6-2所示。

表6-2　老人看重的养老服务项目及排序

	看重（%）	排序		看重（%）	排序		看重（%）	排序		看重（%）	排序
医疗康复	58.8	2	预防保健	52.3	3	生活照料	45.5	4	家政服务	18.7	10
精神慰藉	43.8	5	心理咨询	22.4	9	社会参与	16.9	11	亲人团聚	66.8	1
体育活动	7.9	12	学习培训	31.3	8	文化娱乐	34.9	7	休闲旅游	37.8	6

（五）老年人目前感觉较为困扰或担心的项目

首先，选择"自己/老伴身体不好，多有疾病"的老人比重高达51.2%；其次，选择"外出不方便"的有32.4%；再次，选择"医疗康体活动不方便"占比为32.2%；其余项目老人们的选择按比重从大到小依次是：日常生活无人照料

（19.8%），为后代的事情操心（18.5%），娱乐文化活动太少，常感觉寂寞无聊（18.5%），社区养老设施及服务不完善（17.7%），经济困难（13.2%），家务事情繁重（8.1%），电脑手机智能设备使用困难（8%），其他（和配偶关系不好等）（6.8%），住房困难（3.2%），和子女关系不好（3%）。调查显示，"身体不好，多有疾病"正是农村老人面临的主要困难，反映了老人群体比其他群体对医疗保健服务有更多、更迫切的需求，这也正是农村老人最希望政府提供的养老服务项目。

农村老人希望政府帮助的项目按得票数从大到小依次是："自己/老伴身体不好，多有疾病"（127）、"医疗康体活动不方便"（109）、"社区养老设施及服务不完善"（93）、"为后代的事情操心"（69）、"日常生活无人照料"（26）、"电脑手机智能设备使用困难"（9）。该项目许多老人填没有或不填。

（六）老人平时生活中急需要哪些养老服务项目

老人急需养老服务项目按得票数占比大小排序依次为：医疗保健服务（52.1%）、老年人学习培训（智能产品使用等）（41.5%）、休闲旅游（34.7%）、生活照料（诸如洗衣做饭、打扫卫生、买菜购物、洗澡穿衣、陪同外出等）（32.8%）、参与社区活动（18.7%）、兴趣爱好活动（17.6%）、体育锻炼（17.1%）、日托服务（如日托站等）（12.6%）、提供就餐（或助餐）服务（12.5%）、起居照料服务（11.9%）、电话热线服务（紧急救助等）（11.8%）、心理慰藉服务（10.8%）。

农村老人希望政府提供的养老服务项目按得票数从大到小依次为：休闲旅游（155）、提供就餐（或助餐）服务（98）、医疗保健服务（95）、老年人学习培训（智能产品使用等）（87）、心理慰藉服务（18）、兴趣爱好活动（11）、参与社区活动（8）。仍然有许多老人填没有或不填。显然，农村老人在希望社区提供医疗保健服务，确保身体健康后，已经开始追求休闲旅游等精神享受了。因此，相比之下，独居老人和失能老人的心灵更脆弱，社区养老服务在满足其物质需求的同时，更需关注其精神需求与孤独问题。

（七）农村老人更乐意把钱花在哪些方面

有49.5%的老人选择留给子女，41.2%的老人选择养生养老，选择医疗保健的老人占比为36.7%，其余项目按选择的老人占比大小排序依次是：兴趣爱好（29.9%）、旅游（27.8%）、娱乐活动（25.7%）、投资理财（15.4%）、学习培训（13.4%）、心理慰藉（12.8%）、吃喝玩乐（10.5%）。

（八）农村老人的意见和建议

主要的意见和建议：①多组织旅游。②老人活动场所少，一些体育设施没有用，不方便他们活动。

调研发现，很多农村老人认为现在生活已经很好，不差什么了，所以没有填写希望政府提供养老服务项目，也表示没有意见和建议。

三、岛外农村幸福院养老服务供需调查

农村幸福院（或农村居养老服务站）包括老年人日间照料中心、托老所、老年灶、老年人活动中心等，是为老年人提供就餐和文化娱乐等照料服务的公益性活动场所。幸福院作为广大农民的公益性场所，它不具有营利性和商业性质，主要解决农村社区老年群体尤其是高龄、孤寡、空巢等老人的日常生活照料和文体娱乐需求，为该村老人群体创造一个安享晚年的舒适环境。目前，厦门市农村幸福院建设速度比较快，形成了一定规模，也取得了明显成效，但是，调研发现，我市农村幸福院有的每天很是热闹，有的却很冷清，差异相当大。

比如，2000 年，许水撰利用自家古厝，占地 2000 多平方米，在同安区汀溪镇五峰村开办了厦门最早的农村幸福院，深受老人喜爱。18 年来，无论是事业高峰还是低谷，许水撰都会千方百计地坚持每天为 60 岁以上老人提供一顿免费的午餐（午餐根据老人的口味来做，很适合老人的肠胃，老人们都很爱吃），老许也和老人们一起吃。每个月农历初二、农历十六，幸福院改善伙食，多炒许多菜，鸡鸭鱼肉样样都有，每逢这两天来幸福院就餐的老人也特别多。幸福院每天都是五峰村最热闹的地方，滋养着全村 400 多名老人的幸福晚年。幸福院有图书角、运动休闲区，还有跑步机、按摩椅、扭腰机等设备，每天都有几十位老人围坐大厅，聚精会神地看一台 65 英寸大液晶电视里的戏剧等节目。幸福院全天都对老人开放，有 16 间休息室，有床、有空调，跟宾馆一样，可以容纳近 40 名老人在这里午休。老许雇了 3 个专职人员来管理幸福院，还有两名兼职员工，每年重阳节，老许还组织全村数百名老人外出旅游，每次要花费 30 多万元，逢年过节，还给老人发红包。

再如，翔安区马巷镇五美社区的五美幸福院每天也是热闹非凡，平均每天有近百名老人来活动。政府为五美幸福院购买社会服务配备两名助老员，助老员每天免费给老人提供基础健康检查服务，有时还上门入户为老人排忧解难。每天中午也有免费的午餐，是社区发动爱心人士出资捐助的。老人来用餐，有的其自己也出部分物资，这就形成一个互助自助的可持续良性循环，也更容易把老人发动起来，让他喜欢出来。老人们每天和老朋友们聊聊天，唱唱歌，跳跳舞，有时候走一走、玩一玩，还经常有医生来检查身体。两名助老员常常都忙不过来，只能靠一些义工帮忙。而灌口镇铁山社区则将社区老年协会与幸福院合并运营，为60岁以上老人提供保健、医疗、康复、学习、娱乐等综合服务，推行老人"打卡上班"，采取"打卡积分兑换礼物"方式，很多老人每天都愿意来聊天、打牌、娱乐活动，深受社区老人欢迎。

多数村庄都有建设得很不错的幸福院，因为没有提供午餐，也不会每天都组织活动，每天也只有上班时间会开放，中午时分就关门（下午基本上也是关门）。尽管也有助老员，村里虽然也有几百个老人，但这样的幸福院只有在搞活动时热闹点，平时每天基本上是门可罗雀的，偶尔也会有聊天、打牌或下棋的几个老年协会老人。还有的村庄没有幸福院或者还没有建设好，村里的几百个老人基本上都是一天到晚待家里，偶有几个老人约好到村中庙宇打打牌。

（一）农村幸福院供给存在的问题

1. 运行资金短缺，资金需求缺口大

幸福院的建设需要有土地、房屋装修、配备设施、雇佣人员等，都需要大量资金支持，而农村幸福院的老人收入普遍偏低，政府、村集体、老人个人和社会如何协作筹集资金，是幸福院能否发挥作用，让老人幸福养老的关键。从实际运作情况来看，许多幸福院都处于闲置状态，运转不起来，主要是因为老人餐费补助需求较高，而财政资金支持力度小，村集体筹资少，社会捐助也没有多少，经费捉襟见肘。随着生活水平的提高，农村老人越来越多，幸福院运转起来困难重重，资金缺口大。显然，运行经费不足问题已成为制约我市农村幸福院持续发展的最大瓶颈。

2. 服务设施配置不够合理，供需失衡

有的幸福院休息室基本上大门紧锁，访谈得知休息室从未有老人使用过，许

多活动设施陈旧落后、种类少，活动室中一些健身器械也形同虚设，长期闲置，多数老人觉得不适合他们使用，应该是年轻人使用的，这造成了资源浪费。与之相反，活动室的棋牌、麻将和电视节目受到老人们的普遍欢迎，使用率很高，常常是供给小于需求。此外，很多幸福院缺乏专门的老年人活动场地，活动室的空间太小，几十个老人聚集在此已经显得拥挤狭小，若是全村几百个老人都来根本装不下。幸福院建设和运营的决策是"自上而下"进行的，有较强的行政色彩，忽视了广大农村老人的决策参与权，老人们无法表达实际需求意愿，从而使决策缺乏科学性，造成了很多农村幸福院在资源闲置供给过剩的同时也面临部分基础设施供小于求的尴尬境地。

3. 缺乏专业化服务

目前，农村幸福院一般仅有一或两名工作人员，工作人员工资待遇也不高，加上农村生活条件较差，工作量大、繁琐甚至有点危险（如发生老人摔倒等情况），很难吸引年轻人，更别说专业养老服务人员。因此，农村幸福院服务人员一般都是本村中年妇女，年龄较大、文化水平、专业素质偏低，且大多没有接受任何养老技能培训就上岗服务了，普遍缺乏照护老人的知识，也不具备与老人沟通的技巧，只能从事保洁、洗衣、做饭等最基础的工作。因此，幸福院养老服务质量难以保障，这些服务人员无法提供专业化的康复护理和精神慰藉等服务。

4. 一些责任主体积极性不高

农村幸福院隶属村（居）委会进行日常运营管理，村委会主任为第一责任人。调研发现，有些村干部对幸福院工作缺乏积极性，勉强维持幸福院运营仅仅只是为了应付上级检查，上级注重对幸福院各项标准提出要求、对村委会工作绩效考核提出指标，但忽视了政策的实践效果和落实能力，同时由于信息不对称，常常出现"上有政策、下有对策"的尴尬局面。主要原因可能是：村委会三年一换届，村干部对幸福院发展没有长远打算，加之担心在食品、安全、消防等方面发生问题，因而在幸福院工作上存在畏难情绪，不愿意承担责任。众所周知，在提供养老服务时工作人员的积极性不高、态度不好会直接影响老人对服务的满意程度，进而影响到再次接受服务时的选择，最终影响老人对养老服务的需求。

（二）农村幸福院养老服务需求状况

1. 老人物质生活需求逐渐增多

随着我市经济的不断快速发展，老百姓生活和健康水平也不断提高，老人们的需求也越来越多：农村幸福院老人已经不再满足于吃饱了，开始不断要求饭菜可口、营养、花样多，还要确保质量和卫生安全；一些高龄老人或者远离幸福院的老人（有不少村庄因为居民区无法获得空地，所以幸福院建设得确实比较远离居民集中区），表示自行走到幸福院越来越力不从心，希望幸福院服务人员能够提供上门送餐、上门慰藉等服务。

2. 幸福院的服务对象有限，难以大众化

调研发现，目前很多农村幸福院由于条件所限，并不能将所有符合条件的老年人都纳入服务范围。有的幸福院服务对象仅限于 70 岁以上的，有的限于生活能自理的重点优抚、五保、残疾、独居等特殊困难老人群体，而那些最需要服务的生活半自理或完全不自理的失能、失智老人未被纳入服务范围。许多老人因需要午睡或老伴体质较差需要照料，有的需要照顾孙子等，有的则是居住较远，都无法选择在幸福院吃饭、娱乐，这些老人的日常活动仅仅只是在家看电视或在家门口散步遛弯。还有的老人因为年老体弱、能力不足等原因也都无法上幸福院，享受幸福院提供的各种养老服务。因此，农村幸福院养老服务的覆盖范围很有限，属于选择性"打补丁式"的社会救助范畴，服务对象难以大众化，还有相当多农村老人难以享受幸福院的幸福养老服务。早在 2007 年民政部就提出社会福利要由补缺型向适度普惠型转变，可见我市农村幸福院还有相当长的路要走。

3. 幸福院服务内容单一，老人很多需求难以满足

根据厦民〔2015〕138 号文件，农村幸福院是以为本村户籍、年满 60 周岁以上老年人提供日间生活照顾、就餐服务等基本生活为目的，逐步向文化娱乐、情感交流、精神慰藉、健身康复等需求延伸。幸福院管理由政府指导，实行村民自主、自治，村委会建立经费使用、人员聘用、就餐住宿、设备管理等规章制度。调研发现，有些幸福院只能解决每天中午一顿饭，有些则采取节假日提供就餐服务等，相当多的幸福院只是老年人娱乐活动的一个平台，没有提供就餐服务。虽然政策文件中幸福院养老服务内容有文化娱乐、情感交流、精神慰藉及康复护理等各个方面，但是在具体操作中难度很大，岛外农村地区很难照搬岛内城市的做法开展"情感交流、精神慰藉及康复护理"等服务。岛外农村低龄老人，只要还有劳动能力，有的在外打工，有的则坚持从事农活，以获取经济收入和维持生计为其第一需求；农村中龄老人，由于身体机能减弱，健康问题显现，则需要一定的送餐等上门服务；农村高龄老人，最关键的是健康问题；农村残疾、独居、空巢等特殊老人，上门医疗服务、陪同就医、精神关爱、康复护理等成为首要需求。然而，由于农村幸福院资源和服务水平有限，对老人心理疏导、健身康复、医疗护理等方面的服务需求难以有效满足，服务内容难以深化。

四、岛外农村养老服务供需调查小结和建议

通过对岛外四个区农村老人养老服务供需情况进行问卷调查和随机采访相结合的调研，发现农村空巢老人占比达 42.6%，存在 6% 左右的老人因为各种原因，难以获得子女及时的亲情慰藉，农村老人对社区养老意识不强，农村老人对养老金、政府补助和医疗保险的满意度高，68.4% 的农村老人选择家庭养老，51.2% 的农村老人困扰或担心"自己/老伴身体不好，多有疾病"等。对农村幸福院的调查发现农村幸福院存在运营差异大，运行资金短缺，缺乏专业化服务，一些责任主体积极性不高等问题。因此，为促进农村养老服务可持续发展，本书提出如下建议：

1. 建立农村老年人健康档案，分类定位服务范围和服务内容

农村幸福院是一项长期的民生工程，需要从各村实际出发，建立老人健康档案，分类定位服务范围和服务内容，集聚政府、村集体、社会、家庭个人等多方力量，循序渐进，逐步探索出成熟的养老服务模式。经济基础一般的村庄，要优先保障生活能够自理的高龄、空巢、独居老人，尤其是重点优抚老人、五保老人、残疾老人等特困老人群体，主要满足老人就餐、休闲娱乐等基本需求。经济基础较好的村庄，应逐步将幸福院升级为社区综合养老服务中心。一是扩充幸福院服务功能。除了为生活自理的老人提供养老服务，更要为没有能力走出来的老人提供送上门的服务。二是丰富服务项目。除就餐、娱乐等基础服务外，依托 12349 及"互联网＋平台"，满足老人更多个性化的养老需求，丰富各类线上线下服务。

2. 多渠道补充养老资金缺口

一是加大财政支持力度。逐步提高幸福院运行经费补贴标准，建立服务岗位政府购买制度，重点解决幸福院管理人员和服务人员的工资问题。建议形成市、区、乡（镇）三级经费分担机制，对于村集体经济薄弱的应加大财政扶持力度，避免建起来的幸福院空置。建立政府对幸福院运行经费补贴标准与物价上涨挂钩的联动机制。各级民政部门应加强监督检查，确保幸福院运行经费按时、足额落实到位。二是加快村集体经济的发展。加强农村土地流转，积极通过组建农村股份合作社等方式盘活农村集体资产，促进农村集体经济发展。对于贫困村，要找准短板，精准帮扶，努力实现扶贫开发工作与村集体经济协调可持续发展。三是充分挖掘各种有利资源。利用幸福院餐厅，承揽本村红白喜事餐饮消费，将利润全部补贴到幸福院。为幸福院划定一定数量的土地作为菜园基地，既为老人提供田园养生养老锻炼机会，亦实现粮食蔬菜需求自给自足。加强村民思想道德建设，积极营造敬老、爱老、助老的良好氛围，优化养老服务环境。鼓励村民无偿把空置房屋、空地借给幸福院，作为老人活动场所。加强慈善组织网络建设，建立老龄事业发展基金，鼓励企事业单位、民间组织、台商和爱心人士，尤其是本村的成功人士为农村幸福院积极捐款捐物（尤其是轮椅和四脚拐杖等老年人医疗康复器材），拓宽幸福院资金来源渠道，保障农村老人的晚年生活。

3. 切实提高幸福院服务质量

一是强化服务人员队伍管理。完善服务人员的招聘、培训和管理工作，提高幸福院养老服务的专业化水平。建立服务人员定期免费培训制度，培训内容主要包括养老护理、心理慰藉、安全急救、康复保健、沟通技巧等。提高服务人员的工资待遇水平，吸引责任心强素质高的护理员来幸福院工作。二是加强标准化管理和监督。以老人需求为中心，制定幸福院各项服务的具体标准，实现标准化规范管理。完善幸福院服务质量检查监督机制，并将日常监督管理情况和老人满意度作为考核幸福院工作及拨付运行补助金的重要依据，不断提升养老服务水平。三是建立老人需求反馈机制，优化幸福院资源配置。通过对老人进行访谈、问卷调查和召开村民座谈会等方式，了解老人对幸福院养老服务的满意情况和意见建议，提高老人的决策参与积极性。四是推进医养结合。将幸福院建设与乡村卫生所建设相结合，由乡村医生为幸福院老人提供简单的日常医疗服务，实现医养结合，提高老人养老服务质量。五是丰富幸福院养老服务内容。积极开展适宜老人的体育、文化和娱乐活动，积极开展老年群体性社团活动。

4. 积极开展为老志愿服务活动

大力培育为老服务民间组织，以幸福院为平台，开展为老志愿服务活动。争取本村走出去的企业家回村建设农村幸福院，反哺故乡亲人。积极引导企业、爱心人士成立敬老志愿者组织和大学生志愿者，定期深入幸福院为老人提供理发、打扫环境卫生、沟通聊天、政策咨询、医疗陪诊等服务，给老人更多的精神慰藉或心理疏导。鼓励行政机关、企事业单位与农村幸福院缔结关爱对接机制，形成长期志愿者队伍，开展送戏曲、文化小品、歌舞等多种多样的为老服务活动。积极倡导乡邻互助、邻里互助精神，鼓励老人相互扶持帮助，以幸福院对其进行登记奖励的模式促进养老服务发展。鼓励医生和医学工作者深入农村幸福院，开展义诊、健康保健讲座等志愿服务。

5. 保持村委队伍相对稳定

村委会是农村幸福院的责任主体，选举村干部要以德为先，把那些真正有责任感、有事业心、有能力的人选拔出来。选派的大学生村官也必须是有责任感、有担当的优秀大学毕业生。尤其是往贫困村派村官，越是贫困村，人才外流往往也越严重，越需要选派优秀的村干部，帮助村民脱贫致富，并为该村幸福院的可持续运行创造良好条件。此外，在认真选拔村干部和严格监督考核的前提下，要适时保持村干部队伍相对稳定，这有利于村集体经济的发展，也有利于村幸福院长远规划和健康稳定发展。

第七章　厦门城市社区养老服务供给和需求调查报告

2017 年底，厦门市已建成社区居家养老服务站 376 个，社区老年人日间照料中心 15 个，今年还将新建 6 个日间照料中心，已经构建起了多层次养老服务格局，60 岁以上户籍老人均可享受社区居家养老服务站的相关服务，城市社区居家养老实现 100% 覆盖。

一、城市社区养老服务调查对象与方法

1. 调查对象

岛内湖里、思明两区和岛外四个区的城镇居民户口厦门市户籍 40 岁以上老年人，排除不能正确表达的严重生理或精神疾患者。先采用多阶段抽样的方法，湖里、思明两区每个区 900 份问卷，其余四个区每个区 220 份问卷，再按各街道进行随机抽样调查。共发放问卷 2680 份，收回有效问卷 2086 份（调查时有意避开非厦门户籍的，但仍然收回 238 份非厦门户籍常住老人问卷），有效回收率 77.8%。

2. 调查方法

主要采用问卷调查法和实地面对面访谈法。调查内容和问卷调查过程与岛外农村老年居民调查相同。

二、城市社区养老服务调查资料分析

（一）被调查老年居民基本情况

1. 被调查城镇老年居民的居住和活动等情况

被调查对象男性 1021 人，占 48.9%，女性 1065 人，占 51.1%；文化程度的分布是：小学及以下，有 485 人，占 23.3%；初中 243 人，占 11.6%；中专或高中 631 人，占 30.2%；大专 146 人，占 7%；本科及以上 582 人，占 27.9%。老人居住情况：独居有 97 人，占 4.6%；和配偶同住 679 人，占 32.6%；两代同住有 728 人，占 34.9%；三代同堂 534 人，占 25.6%；和他人同住 49 人，占 2.3%。如表 7 - 1 所示。调查显示，厦门城镇老年居民的文化水平还是比较高的，大专及以上老人占比超过 1/3；和亲人住一起的老人高达 47.3%，表明厦门城镇老人同农村老人一样也是很传统的，喜欢和子女住一起居家养老。但是，仍有 4.3% 左右的老人群体因为各种原因，一年都难以和亲人团聚，这是需要社区和相关部门重点关注的，以便让他们也能够沐浴亲人般关怀和慰藉。

2. 城镇老人对养老模式了解情况和对养老机构收费的接受区间调查

（1）城镇老人对养老模式了解的情况按比重从大到小依次是：与子女同住的家庭养老模式（96%），养老公寓（机构养老）模式（83.7%），独立居住模式（78.6%），福利院、敬老院模式（77.8%），社区居家模式（76.4%），医养融合模式（42.5%），以房养老模式（26.8%），抱团互助模式（16.9%），候鸟式旅居养老模式（16.7%），田园养生养老模式（9.7%），现代化智慧养老模式（4.4%），农村就地集中养老（0.1%）。显然，城镇老人对家庭养老、机构养老、独居、福利院敬老院、社区居家等传统养老模式还是普遍了解，对以房养老、抱团互助、旅居养老、养生养老、智慧养老和农村就地集中养老等较为新型的养老模式了解得很少。

（2）对养老模式的了解程度：了解"社区居家养老模式"的老人所占比例最大为 42.7%，"听说一点"的老人占 37.2%，"不了解"的占 20.1%；了解

表7-1 被调查城镇老人基本情况

		频数	百分比(%)		频数	百分比(%)
性别	男	1021	48.9	独居	97	4.6
	女	1065	51.1	和配偶同住	679	32.6
年龄	40~49	129	6.2	居住情况 两代同住	728	34.9
	50~59	359	17.2	三代同堂	534	25.6
	60~69	620	29.7	和他人同住	49	2.3
	70~79	554	26.6	住一起	986	47.3
	80~89	390	18.7	每周4次以上	368	17.6
	90以上	34	1.6	每周1~3次	351	16.8
文化程度	小学及以下	485	23.3	亲人探望频率 每月3次以上	113	5.4
	初中	243	11.6	每月1~3次	88	4.2
	中专或高中	631	30.2	每年1~11次	91	4.4
	大专	146	7	其他	89	4.3
	本科及以上	582	27.9	小计	2086	100

"机构养老模式"的老人占41.2%，"听说一点"的占34.5%，"不了解"的占24.3%；了解"医养融合模式"的老人只有35.6%，"听说一点"的占25.5%，"不了解"的占38.9%；了解"以房养老模式"的老人占24.2%，"听说一点"的占24.5%，"不了解"的占51.3%；其余的抱团互助养老、田园养生养老、候鸟式旅居养老、现代化智慧养老和农村就地集中养老等几个养老模式，绝大多数老人都选择"不了解"，选择"了解"的老人占比最大的只有2.4%，选择"听说一点"的老人占比也都不足5%。显然，城镇老人对目前较为流行的社区居家养老、机构养老、医养融合等养老模式比岛外农村老人要了解得多，至少基本上都有"听说一点"，但是对抱团互助、田园养生、旅居养老、智慧养老等养老新模式也基本上"不了解"，这一点与农村老人相同。因此，在加强厦门老龄政策和养老模式宣传普及时，新型养老模式要重点宣传，传统的社区居家养老、医养融合等养老模式更得强化宣传，因为如果社区居民没对老龄政策和养老模式有一定的熟知度，以老人养老需求为导向完善与发展厦门养老服务体系也就无从谈起。

（3）养老机构每月收费多少城镇老人能够接受：如表7-2所示，15.2%的城镇老人可以接受每月2000元以下价格，51.2%的老人可以接受收费2000~

4000 元/月，25.1% 的老人接受 4000~6000 元/月，6.4% 的老人接受 6000~8000 元/月，同农村老人一样，每月 8000 元以上的收费只有 2.1% 左右的老人可能接受。显然，价格 2000~4000 元/月是全市老人最可能的接受区间，占比高达 49.6%，其次是价格 4000~6000 元/月，占比为 26.2%。

表 7 - 2　老人对养老机构收费的接受区间　　　　　　　单位:%

项目（元）	农村占比	城镇占比	全市占比
2000 以下	16.8	15.2	15.4
2000~4000	40.6	51.2	49.6
4000~6000	32.5	25.1	26.2
6000~8000	7.9	6.4	6.6
8000 以上	2.2	2.1	2.1

注：厦门市占比以 2017 年厦门城镇和农村的户籍人口比重为权重测算得出。下同。

3. 老人日常的主要活动调查

如表 7 - 3 所示，城镇老人日常生活中最主要的活动项目是忙于采购生活用品（71%），而农村老人则是忙于家务（71.2%）；农村老人比城镇老人更需要照看孙辈（60.1%）和医疗保健（36.6%），而城镇老人比农村老人更注重电视手机等休闲娱乐、体育锻炼（散步、运动、广场舞等）、参加兴趣爱好活动、参加社区活动、投资理财、休闲养生和旅游等活动项目。全市老人日常主要活动项目依次是：采购生活用品（65.5%）、忙于家务（54.5%）、照看孙辈（51.8%）、电视手机等休闲娱乐（50.2%）和体育锻炼（40.2%）等。

表 7 - 3　老人日常主要活动项目调查表　　　　　　　单位:%

日常活动项目	农村占比	城镇占比	全市占比	日常活动项目	农村占比	城镇占比	全市占比
忙于家务	71.2	51.6	54.5	工作赚钱	14.8	16.3	16.1
照看孙辈	60.1	50.4	51.8	参加兴趣爱好活动	14.2	28.5	26.4
医疗保健	36.6	12.9	16.4	参加社区活动	14	28.1	26.0
电视手机等休闲娱乐	36	52.6	50.2	投资理财	10.4	17.7	16.6
采购生活用品	33.8	71	65.5	休闲养生	7.9	29	25.9
走亲访友	31.3	29	29.3	旅游	4.8	19.4	17.3
体育锻炼（散步、广场舞等）	30.5	41.9	40.2				

（二）老人收入及其来源情况

从收入来源看，城镇老人养老收入48.3%来源于退休金，如果加上现在还有工作收入的老人（退休后一般都有退休金），合计有60%多的城镇老人都是有退休金的，而农村老人养老收入来源比重最高37.5%的是靠政府补助（见表7-4）。从月收入看，月收入在4000元以上的城镇老人比重为47.6%，而农村老人只有17%；月收入在2000元以下的城镇老人比重只有21.4%，农村老人则占比高达63%，显然，目前厦门城乡老人收入"剪刀差"很严重，在推进养老收费服务时，应该加大对农村老人的补贴力度。

表7-4　老人收入主要来源及月收入水平　　　　单位:%

收入来源	农村占比	城镇占比	全市占比	月收入（元）	农村占比	城镇占比	全市占比
工作收入	12.5	15.5	15.1	1000以下	28.8	9.5	12.3
退休金	16.7	48.3	43.6	1000～2000	34.1	11.9	15.2
子女	13.5	12.1	12.3	2000～4000	19.9	31	29.4
养老金	16.9	12.6	13.2	4000～6000	14.3	23.8	22.4
政府补助	37.5	25.6	27.4	6000～8000	1.8	16.7	14.5
财产收入	14.8	12.1	12.5	8000以上	1.1	7.1	6.2
合计	111.9	126.2	124.1	合计	100	100	100.0

（三）老人对养老模式的需求

在回答自己希望以哪种方式养老时，城镇老人的选择按比重大小排前5的依次是：和子女同住家庭养老（23.7%），独立居住（21.1%），医养融合（19.7%），社区居家养老（19.6%），养老公寓（机构养老）（17.1%），而农村老人的选择排前5的则是：和子女同住家庭养老（68.4%），福利院、敬老院（36.5%），医养融合（35.8%），社区居家养老（31.2%），养老公寓（机构养老）（30.6%）。显然，农村老人比城镇老人更希望和子女住一起，也更希望能够现代化智慧养老（尽管他们不了解，了解的老人占比不足2%），而城镇老人明显更喜欢独立居住，很多老人向往田园养生养老（占比达15.4%）（见表7-5）。

表 7－5　老人自己希望的养老模式和希望政府提供的养老模式调查

| | 自己希望的养老模式 | | | | | | 希望政府提供的养老模式 | | | | | |
| | 农村 | | 城镇 | | 全市 | | 农村 | | 城镇 | | 全市 | |
	占比(%)	排序	占比(%)	排序	占比(%)	排序	占比(%)	排序	占比(%)	排序	占比(%)	排序
子女同住家庭养老	68.4	1	23.7	1	30.3	1	8.6	5	0.1	10	1.4	7
独立居住	8.6	9	21.1	2	19.3	4	0.7	12	0.4	8	0.4	11
社区居家养老	31.2	4	19.6	4	21.3	3	11.8	4	10.5	2	10.7	2
养老公寓（机构养老）	30.6	5	17.1	5	19.1	5	15	2	12.8	1	13.1	1
福利院、敬老院	36.5	2	9.2	9	13.2	7	16.1	1	9.7	3	10.7	2
医养融合	35.8	3	19.7	3	22.1	2	14.8	3	8.9	4	9.8	4
抱团互助养老	9.4	8	10.5	7	10.3	9	4.1	8	0.7	6	1.2	8
田园养生养老	12.2	7	15.4	6	14.9	6	7.3	7	1.5	5	2.4	5
以房养老	5.6	11	5.3	11	5.3	11	1.6	11	0.1	10	0.3	10
候鸟式旅居养老	4.5	12	6.6	10	6.3	10	4.1	8	0.2	9	0.8	9
现代化智慧养老	28.8	6	9.8	8	12.6	8	8.4	6	0.7	6	1.8	6
农村就地集中养老	7.6	10					2.6	10				

　　城镇老人希望政府提供的养老模式按比重大小排前 5 的依次是：养老公寓（机构养老）（12.8%）、社区居家养老（10.5%）、福利院敬老院（9.7%）、医养融合（8.9%）和田园养生养老（1.5%），而农村老人希望政府提供的养老模式依次主要是：福利院敬老院、养老公寓（机构养老）、医养融合、社区居家养老和子女同住家庭养老。调研发现，在回答自己希望以哪一种方式养老和希望政府提供的养老模式时，城镇老人比农村老人往往选择更少项目，很多城镇老人都只选择 2~3 个项目，而很多农村老人常常会选择 5~6 个项目（这也正是为什么表 7－5 中在自己希望的养老模式选择中农村老人相对占比大些的原因），表明城镇老人对自己要什么养老模式更明确，而农村老人则表示很多养老模式都很好，自己都可以接受。

（四）城镇老人对社区的养老服务需求

1. 所在社区当前为老人提供的养老服务项目调查

在回答"您所在社区当前为老年人提供的养老服务项目有："问题时，高达47.8%的城镇老人首选"预防保健"，其次是"医疗康复"（43.5%），第三是"广场舞等活动"（26.1%）（见表7-6）。值得注意的是，选择"不知道"和"没有"的占比合计也高达19.9%，说明还有相当一部分城镇老人还没有享受到社区提供的养老服务。同时，表7-6也显示了当前城乡社区为老年人提供养老服务的差距，城镇社区在几乎所有项目都显示了比农村的受众老人比重大，这说明社区养老服务项目城镇受众老人比重比农村的广，尤其是预防保健、医疗康复、生活照料、精神慰藉、心理咨询和文化娱乐等养老服务项目。同时，选择"不知道"和"没有"的农村老人占比合计高达42.8%，这表明在农村社区，养老服务项目不但需要加大提供力度，还要加强推广和宣传。

表7-6 社区为老年人提供的养老服务项目调查

服务项目	农村老人		城镇老人		服务项目	农村老人		城镇老人	
	占比（%）	排序	占比（%）	排序		占比（%）	排序	占比（%）	排序
医疗康复	18.9	5	43.5	2	广场舞等	25.8	2	26.1	3
预防保健	21.2	3	47.8	1	学习培训	13.1	9	17.4	6
生活照料	20.8	4	26.1	3	文化娱乐	16.7	7	21.7	5
家政服务	14.5	8	15.3	8	休闲旅游	11.1	10	15.2	9
精神慰藉	9.5	11	15	10	不知道	35.7	1	13.4	11
心理咨询	7.5	12	13	12	没有	7.1	13	6.5	13
社区参与	18.7	6	15.4	7					

希望政府提供的服务项目，城镇老人的主要选择按得票数依次是：预防保健（154）、医疗康复（104）、生活照料（76）、家政服务（56）、社区参与（46）、休闲旅游（41）、文化娱乐（31）、精神慰藉（28）、学习培训（22）、心理咨询（19）。很多老人觉得目前社区提供的各项养老服务都还不错，所以选择不填。

2. 您对当前所在社区（村）提供的养老服务项目满意吗

对该问题的回答，全市老人"很满意"的才占7.2%，"基本满意"为33.2%。其中城镇老人"很满意"占4.2%，"基本满意"为36.4%，而农村老人"很满意"的比重较城镇老人高出7.1个百分点。城镇老人"不满意"的比重为16.2%，也比农村老人的9%大（见表7-7）。

表7-7　社区养老服务项目满意度调查　　　　　　　　单位:%

	农村老人占比	城镇老人占比	全市老人占比
很满意	12.3	4.2	5.4
基本满意	27.6	36.4	35.1
不满意	9	16.2	15.1
不知道	51.1	43.2	44.4

3. 在社会养老服务中老人更看重哪些方面

如表7-8所示，城镇老人更看重的养老服务项目依次是医疗康复、预防保健、家政服务、生活照料、文化娱乐和休闲旅游等项目，而农村老人的选择依次是亲人团聚、医疗康复、预防保健、生活照料、精神慰藉和休闲旅游等项目。显然，城乡老人看重的养老服务项目基本上是相同的，只是城镇老人更看重家政服务和文化娱乐项目，而农村老人则更注重亲人团聚和精神慰藉。

表7-8　城乡老人所看重的养老服务项目

服务项目	农村 看重占比（%）	农村 排序	城镇 看重占比（%）	城镇 排序	全市 看重占比（%）	全市 排序	服务项目	农村 看重占比（%）	农村 排序	城镇 看重占比（%）	城镇 排序	全市 看重占比（%）	全市 排序
医疗康复	58.8	2	63.3	1	62.6	1	生活照料	45.5	4	51.1	4	50.3	3
精神慰藉	43.8	5	33.3	8	34.8	8	社会参与	16.9	11	24.4	10	23.3	10
体育活动	7.9	12	25.4	9	22.8	11	文化娱乐	34.9	7	48.9	5	46.8	5
预防保健	52.3	3	62.6	2	61.1	2	家政服务	18.7	10	53.3	3	48.2	4
心理咨询	22.4	9	6.7	12	9.0	12	亲人团聚	66.8	1	35.9	7	40.4	6
学习培训	31.3	8	22.2	11	23.5	9	休闲旅游	37.8	6	37.8	6	37.8	7

（五）老年人目前感觉较为困扰或担心的项目

调查显示，目前城镇老人最为困扰或担心的项目依次是：社区养老设施及服务不完善（35.7%），日常生活无人照料（30.4%），自己/老伴身体不好（29.6%），娱乐文化活动太少、寂寞无聊（21.7%）及为后代的事情操心（21.7%）。而农村老人更担心自己/老伴身体不好、外出不方便和医疗康体不方便外出不方便等项目（见表7-9）。全市老人最为困扰或担心的项目依次为：社区养老设施及服务不完善（33.1%）、自己/老伴身体不好（32.8%）、日常生活无人照料（26.5%）、医疗康体不方便（28.8%）等。

表7-9　城乡老人困扰或担心的项目

项目	农村老人		城镇老人		全市老人	
	占比（%）	排序	占比（%）	排序	占比（%）	排序
经济困难	13.2	8	15.2	8	14.9	9
日常生活无人照料	19.8	4	30.4	2	28.8	3
和子女关系不好	3	13	6.5	12	6.0	12
住房困难	3.2	12	8.7	11	7.9	11
自己/老伴身体不好	51.2	1	29.6	3	32.8	2
外出不方便	32.4	2	15.2	8	17.7	8
家务事情繁重	8.1	9	13	10	12.3	10
娱乐文化活动太少，寂寞	18.5	5	21.7	4	21.2	4
医疗康体不方便	32.2	3	17.4	7	19.6	6
电脑手机使用困难	8	10	19.6	6	17.9	7
社区养老设施及服务不完善	17.7	7	35.7	1	33.1	1
为后代的事情操心	18.5	5	21.7	4	21.2	4
其他和配偶关系不好等	6.8	11	4.3	13	4.7	13

城镇老人希望政府帮助的项目按得票数依次为："社区养老设施及服务不完善"（185）、"日常生活无人照料"（96）、"娱乐文化活动太少，常感寂寞无聊"（89）、"自己/老伴身体不好，多有疾病"（77）、"医疗康体活动不方便"（69）、"为后代的事情操心"（54）、"电脑手机智能设备使用困难"（29）。多数老人选择填没有或不填。

（六）老人平时生活中急需要哪些养老服务项目

调查显示，城镇老人急需的养老服务项目首先是医疗保健服务（41.6%），其次是生活照料（41.3%），再次是老年人学习培训（34.8%），其余依次是兴趣爱好活动、体育锻炼、休闲旅游、提供就餐服务、参与社区活动、起居照料服务、心理慰藉服务、电话热线服务和日托服务（见表7－10）。城镇老人对生活照料、提供就餐服务、兴趣爱好活动和体育锻炼等服务项目的急需比重比农村的大，表明比农村老人更急需，而农村老人在医疗保健服务、老年人学习培训等服务项目上比城镇老人更急需。全市老人急需的养老服务项目依次为医疗保健服务（43.1%）、生活照料（40%）、老年人学习培训（35.8%）等。

表7－10　老人生活急需养老服务项目调查

服务项目	农村老人		城镇老人		全市老人	
	占比（%）	排序	占比（%）	排序	占比（%）	排序
生活照料	32.8	4	41.3	2	40.0	2
日托服务	12.6	8	4.3	12	5.5	12
提供就餐服务	12.5	9	21.7	7	20.3	7
起居照料服务	11.9	10	10.9	9	11.0	9
医疗保健服务	52.1	1	41.6	1	43.1	1
休闲旅游	34.7	3	23.9	6	25.5	5
电话热线服务	11.8	11	8.7	11	9.2	11
参与社区活动	18.7	5	19.6	8	19.5	8
心理慰藉服务	10.8	12	10.9	9	10.9	10
老年人学习培训	41.5	2	34.8	3	35.8	3
体育锻炼	17.1	7	26.1	5	24.8	6
兴趣爱好活动	17.6	6	32.6	4	30.4	4

城镇老人希望政府提供的养老服务项目依次为：医疗保健服务（85）、生活照料（77）、休闲旅游（59）、提供就餐（或助餐）服务（48）、老年人学习培训（智能产品使用等）（36）、兴趣爱好活动（17）、心理慰藉服务（16）、参与社区活动（13）。

（七）老人更乐意把钱花在什么方面

城镇老人更乐意把钱花在养生养老（56.5%）、医疗保健（50.2%）、旅游（49.7%）、兴趣爱好（43.5%）、吃喝玩乐（37.5%）、留给子女（37%）和娱乐活动（28.3%）等项目上，而农村老人更愿意把钱留给子女（49.5%）和养生养老（41.2%）。全市老人乐意花钱的项目按比重从大到小依次为养生养老、医疗保健、旅游、兴趣爱好和留给子女等。如表7-11所示。

表7-11　城乡老人乐意花钱项目调查

项目	农村老人		城镇老人		全市老人	
	占比（%）	排序	占比（%）	排序	占比（%）	排序
医疗保健	36.7	3	50.2	2	48.2	2
心理慰藉	12.8	9	8.7	10	9.3	10
兴趣爱好	29.9	4	43.5	4	41.5	4
娱乐活动	25.7	6	28.3	7	27.9	7
旅游	27.8	5	49.7	3	46.5	3
吃喝玩乐	10.5	10	37.5	5	33.5	6
投资理财	15.4	7	19.6	8	19.0	8
留给子女	49.5	1	37	6	38.8	5
养生养老	41.2	2	56.5	1	54.2	1
学习培训	13.4	8	15.2	9	14.9	9

（八）从户籍、年龄、文化程度和收入状况看全市老人的养老服务需求

1. 老人自己希望的养老模式

第一，非厦门户籍的常住老人相对比厦门户籍老人更希望独立居住，更不想与子女同住，对机构养老、福利院、抱团互助和智慧养老等养老模式的选择意愿也较弱，他们更偏好田园养生养老、以房养老等养老服务模式（见表7-12）。第二，59岁以下活力老人比其他老人群体更不喜欢与子女同住、社区居家养老等模式，也不是很重视医养融合模式，他们更喜欢独立居住、机构养老、福利院、抱团养老、田园养生养老、旅居养老等服务模式；随着年龄增长，老人对独

立居住、抱团互助、旅居养老、以房养老等服务模式愈加不喜欢，更青睐社区居家养老、医养融合等养老模式。第三，文化程度越高的老人越喜欢独立居住、机构养老、抱团互助养老、田园养生养老、旅居养老等服务模式，越不希望与子女同住、入住福利院等养老模式。第四，收入越高的老人越不希望与子女同住的模式，越青睐独立居住、机构养老、抱团互助养老、田园养生养老、旅居养老和以房养老等服务模式，收入水平较低老人选择子女同住居家养老的比重明显高于收入水平较高老人。

表 7 – 12　全市老人自己希望的养老模式调查　　　　　单位:%

	项目	子女同住	独立居住	社区居家	机构养老	福利院	医养融合	抱团互助	田园养生	旅居养老	以房养老	智慧养老
户籍	厦门	30.3	19.3	21.3	19.1	13.2	22.1	10.3	14.9	5.3	6.3	12.6
	非厦门	28.2	24.6	20.5	12.5	12.0	19.7	6.5	20.6	4.5	10.1	8.7
年龄	40～59 岁	24.2	32.8	19.2	28.0	19.3	9.8	12.2	23.6	11.8	16.9	11.9
	60～79 岁	42.5	15.2	21.7	12.0	12.9	23.0	9.6	6.6	3.0	5.2	13.4
	80 岁及以上	32.4	7.6	34.6	24.8	7.0	32.6	0.1	8.8	0.2	0.1	11.0
文化	小学及以下	42.6	14.2	21.4	17.2	15.9	21.4	4.7	9.5	2.1	5.5	11.7
	初中至大专	28.0	21.8	19.9	20.7	12.5	22.2	9.1	15.5	3.6	7.1	11.2
	本科及以上	11.0	29.5	22.0	27.0	8.5	22.5	19.2	23.6	16.9	4.9	15.3
收入	2000 元以下	37.6	18.0	19.9	17.7	14.6	23.8	5.5	12.7	2.6	4.5	12.8
	2000～6000 元	26.0	28.4	23.6	20.4	12.4	19.9	9.7	23.0	9.4	8.5	10.1
	6000 元以上	18.9	39.0	22.6	27.3	12.9	19.7	27.2	19.6	16.9	17.2	19.8

2. 老人急需的养老服务项目

第一，非厦门户籍的常住老人比厦门户籍老人对医疗保健服务、参与社区活动和兴趣爱好活动等服务项目需求更急迫，而对生活照料、日托服务、提供就餐、电话热线服务、心理慰藉、学习培训和体育锻炼等养老服务项目需求相对厦门户籍老人少（见表 7 – 13）。第二，老人对多样性的生活照料服务具有普遍需求，59 岁以下活力老人对兴趣爱好娱乐活动，尤其是提供就餐服务、休闲旅游和体育锻炼等养老服务项目需求较高，对医疗保健需求相对较少；随着年龄增长，老人更侧重生活照料、日托服务、医疗保健等需求，对休闲旅游和体育锻炼等服务项目的需求并不迫切。第三，文化程度越高的老人对生活照料服务、电话热线服务和体育锻炼等服务项目的需求越迫切，对参与社区活动、心理慰藉和学习培训等服务项目需求相对较少。第四，无论收入高低，老人对医疗保健服务具有普遍需求，收入越高需求越大。对生活照料服务、提供就餐服务、休闲旅游、电话热线服务、参与社区活动和心理慰藉等养老服务项目的需求也是如此，老人收入越高需求越大，而收入低的老人则更侧重于日托服务和学习培训等服务项目的需求。

表7-13　全市老人急需的养老服务项目调查　　　　　单位:%

项目		生活照料	日托服务	提供就餐	医疗保健	休闲旅游	电话热线	社区活动	心理慰藉	学习培训	体育锻炼	兴趣爱好
户籍	厦门	40	5.5	20.3	43.1	25.5	9.2	19.5	10.9	35.8	24.8	30.4
	非厦门	22.3	3.4	8.0	59.3	28.0	3.8	24.8	4.0	33.3	18.6	40.5
年龄	40~59岁	31.6	4.3	23.4	32.8	35.4	7.5	18.2	6.4	23.6	30.2	35.9
	60~79岁	42.2	5.7	20.5	43.8	21.4	9.0	25.8	15.6	42.0	24.5	28.5
	80岁及以上	69.0	7.1	11.6	54.2	13.5	12.7	2.4	11.2	27.4	13.4	32.1
文化	小学及以下	36.2	5.5	19.7	43.2	25.0	7.4	19.4	10.8	35.3	18.0	26.6
	初中至大专	41.3	5.4	23.1	42.2	24.3	9.5	26.2	11.1	37.3	24.6	33.2
	本科及以上	46.3	5.7	19.3	44.4	26.1	14.2	9.8	9.7	16.2	30.8	32.1
收入	2000元以下	17.5	6.5	17.3	42.2	23.4	7.3	16.0	9.8	35.6	23.1	30.1
	2000~6000元	35.5	2.3	23.2	47.2	28.6	8.7	22.1	12.3	37.0	30.3	38.8
	6000元以上	50.7	3.4	27.7	62.5	33.7	15.7	25.3	16.7	27.3	27.0	34.9

（九）全市老人的主要意见和建议

一是完善社区居家养老服务及其设施；二是养老服务更多样化、提供高中低端多层次养老服务；三是加快推进智慧养老和医养融合；四是增加社区老人活动场所或活动中心，方便老人活动。

三、社区居家养老服务照料中心（站）养老服务供需调查

为老年人提供日间照料是当前国际社会普遍倡导的社区养老服务方式。厦门

全市各区、街道、社区相继建成了一批日间照料室、餐桌、理发室、活动中心等服务项目，这些正成为目前政府为老年人提供养老服务的主要公共服务设施。比如，思明区建设 1 个区级、5 个街道级和多个社区级居家养老服务照料中心（站）（实际称谓还有社区居家养老服务中心、社区居家养老服务站、社区老年人日间照料中心、社区幸福院、便民服务中心、老人服务中心等，以下都简称照料中心）。和农村幸福院相比，日间照料中心规模更大、更规范，服务的老人也更多，内容也更丰富。根据民政部相关标准，社区老年人日间照料中心的主要服务对象是：生活不能完全自理、日常生活需要一定照料的半失能老年人为主的日托老年人，为其提供膳食供应、保健康复、个人照顾、娱乐和交通接送等日间服务。日间照料中心相当于"托老所"，子女白天把老人送去，晚上再把老人接回来。厦门目前运行中的一些老人日间照料中心，服务对象并不局限于半失能老年人。

（一）社区照料中心养老服务供需方面存在的问题

1. 社区照料中心各有特色，但是冷热不均，差异大

调研发现，一些照料中心很有特色，很热闹，总体使用情况良好，不仅可以提供娱乐、医养等功能，还提供日托、短托、餐饮、洗浴、理发等（上门）服务。比如，莲前街道便民服务中心除了提供日托等服务，还设有文体活动中心、幸福加油站等服务设施。文体活动中心现已拥有舞蹈、声乐、美术、器乐、腰鼓等 20 多个辖区老人兴趣小组，老人还可以读书看报、打牌休闲、跳舞、打乒乓球等。幸福加油站依托街道市民学校、老人学校开展活动，已有 5 个专业 6 个班近 200 名老人学员。莲前街道还鼓励辖区的商户及居民做"爱心使者"，利用闲暇时间为中心老人提供理发、修剪指甲、缝补衣服等一系列服务。而厦港街道老人服务中心则针对孤老、"三无"老人、低保户等老人免费提供午餐，提供休息场所和日间照料；在生活服务方面，为老人理发、缝补衣服、修理手表等；在保健康复方面，街道向专门医院买定点服务，为老人提供义诊、按摩、泡脚足浴、身体机能评估等服务；在休闲娱乐方面，为老人提供看电视、看报纸、看新闻和聊天等；在心理辅导方面，向专门的心理咨询机构进行购买服务，为老人舒缓心理压力。再比如，思明前埔南社区和同安东山社区都有爱心餐桌服务，照料中心也比较热闹。访谈中发现，虽然老人对爱心餐桌服务需求较多，但是由于爱心餐桌是根据老人收入状况，政府补贴额度有所不同，有的老人自己掏多了就不愿

意，很多老人认为社区居家养老是政府对所有老人所提供的"福利"，得知自己属于有收入、需要对相应服务多付费的群体时，就打退堂鼓。这显示了一些有偿养老服务当前还是缺乏市场需求。虽然很多老人确实很需要养老服务，但是由于老人缺乏市场意识，对有偿养老服务这种新形式并不热情，不愿意购买低偿或有偿服务，仍然主要依靠亲人照料或自食其力。这背后的原因一方面是因为受传统文化影响，许多老人暂时还无法接受由社会提供的需要付费的养老服务，另一方面老人家庭经济不充裕，崇尚节俭和为子女着想等观念抑制了老人的服务需求。

另外，许多照料中心的服务对象仅为相对健康的自理老人，不接收半失能、失能及失智老人，不提供午餐和接送服务，老人需要自行前往和离开，与以往老年人活动中心无异。并且，很多照料中心是利用社区公建配置，有的与社区居委会合建，有的与社区活动室合建，没有考虑无障碍设计，功能空间一般仅为1间房间，使用质量不佳甚至根本无法使用，丧失了其日间托老的功能。有的照料中心仅提供棋牌、健身器材、图书阅览及午间休息服务，每天基本处于无人状态；而有的日间照料中心则成为个别老人常住的"养老院"。

2. 服务对象有限

目前，厦门许多社区运营的养老服务站，由于受到功能空间不足、缺乏资金支持、缺乏无障碍设计等限制，一般把老人区分为两个群体：一是有活力的社会老人，每月在社区内举办两场活动，引导活力老人参与；二是针对出行不便的老人（空巢老人、生活不能自理的老人、三无等老人），每月组织定期的入户关怀或爱心/公益服务进家门，让特殊老人享受到居家养老的公益服务。这不但未达到民政部要求的服务以生活不能完全自理、半失能等老人群体为主的既定目标，也难以为身体相对健康的自理老人提供基本的养老服务。

3. 照料中心（站）场地、设施等难以适应老人多样化的需求

各社区居家养老服务站的养老设施配置不统一，多数社区养老公建配套不完善，住宅底层架空空间常常被设置一些座椅和健身器材给予老人和居民活动，却没有老人专用的服务场所和空间，老年群体被边缘化。许多社区养老服务站利用社区居委会或社区公共活动用房，服务功能与一般的社区活动室基本没有差异，远未达到合格的养老服务站，不利于老年人生活服务与保健康复服务的开展，这对老人缺乏吸引力，尤其是半失能老人；有的服务站仅有一间或几间房间，房间内仅布置两张床位，目的在于应付完成政府下达的指标，不是真正从老人需求角

度考虑其功能和设计要求,无法适应老年人多样化的日间照料需求;许多服务站设施建设缺乏统筹规划,设施类型不完善,分布不均,且不适宜老年人使用:一些服务设施设在二楼、三楼及以上,且没有电梯,大大降低了老年人前往的意愿;有的社区的日间照料室使用面积过小,妨碍了多样性服务的开展,直接导致房间闲置,造成资源浪费;许多日间照料室没有适老化设计和无障碍设计,难以为不同健康状况的老人提供日间照料服务环境支持;爱好文艺的老人反映照料中心没有娱乐设备和器材,有健身需求的老人反映中心的保健器材不足,也不适宜他们使用。

4. 服务专业化程度不高

照料中心的服务人员主要由三类人群组成:一是专职社区助老员。他们是通过专门组织的招聘流程考试招录,并在上岗前接受专业培训,主要为老人提供照护服务,由12349平台派遣政府相关部门购买服务的助老员。但是,每个区配置助老员标准不一样,有的社区配两名助老员,很多社区只配置一名助老员,一些社区拒绝12349平台派遣的助老员进驻。专职助老员严重不足,很多工作不便开展,无法入户采集照片及上门服务等,风险大。二是志愿者。志愿者主要是在读学生和社区居民,但是他们缺乏照护老人及养老服务相关知识,也没有接受过相关培训。三是兼职服务人员。主要由社区管理、服务人员组成,但这种服务队伍人员不是很稳定且大多缺乏专业养老服务知识,也没有接受过老人照护知识及心理慰藉训练,对老人的生活习惯也不太了解。因此,人员稳定性差、服务队伍专业化程度低等因素导致绝大多数照料中心的养老服务供给,往往以最基础的照顾服务为主,无法针对老人的心理辅导、精神慰藉、权益保护、临终事务处理等特殊需求进行专业照护,严重影响到社区居家养老服务供给的质量。

(二) 社区老人需求方面存在的主要问题

1. 社区居家养老服务照料中心 (站) 定位不清晰

照料中心 (站) 定位不明确,不知道中心究竟应该为老人提供怎样的服务及为哪些类型老人服务,被服务老人也不清楚照料中心所有的服务内容。尽管失能或半失能老人是民政局对于日间照料中心服务对象的定义,但实践中多数照料中心的设施建设却以生活可以自理的老人为中心运营与操作。中心缺乏护理人员、护理设备及设施,无法满足失能或半失能老人的需求,大都以满足老人的基本生活需求为主。此外，政府职能不清，监管不严阻碍照料中心的发展，也直接影响老人对照料中心的信心和接受程度。虽然政府对发展照料中心做出了系统规划和明确要求，但却对其实际落实情况缺乏有力的管理和监督，导致"形式主义"泛滥。

2. 忽视老人精神文化需求

调查结果表明，10.9%的老人急需精神慰藉方面的需求（见表7－10）。访谈发现，老人的精神文化生活需求主要包括两方面：一是情感交流。许多老人因为离异、丧偶或者子女不在身边等原因，常年生活孤独，容易产生失落感和自卑感，非常渴望有人倾诉、交流。因为寂寞会让人产生绝望，并在孤独中透露出死亡气息！二是心理辅导。对外面花花世界的无奈、对现实生活的不满及对死亡的恐惧，容易诱发老人抑郁和暴躁情绪，急需相应的心理辅导排解疏导暴躁的情绪。随着年龄增长，老人对聊天解闷、服务热线、心理疏导等需求愈加强烈。但是，社区照料中心，由于资金的缺乏，对于老人的精神文化需求仅停留在打牌、下棋、看电视、看报纸等一些简单的娱乐方式提供上，鲜有提供老人精神慰藉服务的。

3. 老人需求越来越多元化，服务供给难以满足需求

表7－10显示，全市45.4%的老人急需医疗保健服务，38.2%的老人急需生活照料，37.3%的老人需要学习培训，27.9%的老人需要休闲旅游，27.1%的老人需要兴趣爱好活动等。显然，随着厦门老龄化进程的加剧，老年人对养老服务需求明显增加并呈多元化趋势：从医疗保健和生活照顾需求类型上看，活力老人比较重视定期体检和健康讲座之类的常规医疗服务，认为这有利于防治疾病和养生保健，而高龄或自理能力较弱的老人则对上门治疗、陪同看病、上门护理和康复保健等以及上门生活照料服务均有较多需求，生活自理能力越差的老人，这方面服务需求也越高；从学习、文化娱乐等需求类型看，由于老人闲暇时间多，很多老人已经不再满足于看电视、下棋、打牌等活动，希望通过参加广场舞、合唱团、快走等活动获得娱乐和健身，通过开展学习培训、休闲娱乐、组团旅游等活动丰富他们的晚年精神文化生活。此外，调查还发现，部分老人（2%左右）对法律咨询、普法讲座和法律援助服务有需求。但是，受资金和硬件条件等限制，当前很多社区照料中心并没有完全脱离以往"老年人活动中心"的发展套路，致使其在定位服务对象、服务内容及工作人员等方面存在诸多问题，很多照料中

心服务项目简单，只局限于简单生活照料，满足老人低层次的生理需求，难以满足老人多样化需求。同时，照料中心还缺乏与老人沟通，不能够及时了解老人需求，进一步使照料中心难以为老人提供有针对性的养老服务。社区居家养老服务理应提供给老人所需的健康管理、医疗康复、精神娱乐等服务项目，但当前的社区照料中心因为人员不足等各种软硬条件限制，不能提供相应的服务供给项目，无法满足老人的多元化需求。这种供需不平衡导致老人更加缺乏获得感、安全感和幸福感。

四、小结和建议

通过对岛内两个区和岛外四个区的城镇老人以及社区居家养老服务照料中心（站）养老服务供需情况进行问卷调查和随机采访相结合的调研，发现 63.8% 城镇老人养老收入主要靠退休金，54.8% 城镇老人的收入在 2000～6000 元，23.7% 城镇老人喜欢家庭养老、21.1% 要独立居住、19.6% 喜欢社区居家养老，城镇老人希望政府提供的预防保健、医疗康复、生活照料、家政服务等养老服务项目，希望政府帮助搞好社区养老设施及服务，建议政府：养老服务更多样化、提供高中低端多层次养老服务等。社区照料中心（站）存在定位不清、差异大、服务对象有限、场地设施难以适应多样化需求、服务专业化程度不高等问题。因此，为城市社区居家养老服务可持续发展提出如下建议：

1. 找准照料中心（站）功能定位

政府和社区照料中心（站）要对中心的功能定位有清晰认识，明确服务对象和服务内容，科学运营管理照料中心，才能有效提高服务质量。首先，明确服务对象除了失能半失能老人，还应该包括那些身体健康状况比较一般，日常生活基本能够自理，但行动有些不便，或者是在机能/智能方面存在残障而需要适当照顾的老人。有条件的社区服务对象应为所有 60 岁以上老人，并通过专门的送迎车辆接送老人至照料中心。其次，确定中心服务内容。除了提供"六助"（助餐、助洁、助急、助浴、助行、助医）为主要内容的社区居家养老服务以外，还要提供一定的医疗保健、康复训练、心理慰藉和各种娱乐活动服务，满足老人多样化的服务需求。利用信息技术对照料中心一天的活动安排进行系统管理，为来到中心的老人配专属卡片，老人刷卡系统会展示当天的活动安排让老人自主选择一天的康复训练及娱乐活动等项目，工作人员及时掌握老人最新动态信息。最后，明确中心的主要服务功能是"养"。一般家庭缺乏专业的护理技巧，或家庭成员无法久留家中，很难为老人提供专业的医疗护理服务；而医院床位紧缺、费用高，无法实时满足老人的长期护理需求。照料中心聘请专业护理人员为老人提供康复护理，借助外界力量弥补了老人急需，还能利用家庭医生签约制度，为老人进行一对一的健康管理和护理服务，让老人不再有后顾之忧。在明确界定照料中心定位、服务内容和服务功能后，要准确地评估中心的工作范围、内容、方法和作用，加大社区居家养老的财政支持，让每个照料中心都能有比较足够的资金来维持运营和开展各项活动。要根据老人多样化的服务需求，进一步对中心的基础设施建设进行改造和提升，购置相应的康复和护理设施，配置适合的护理人员，建立失能半失能老人等服务对象的长效护理服务机制。要加强中心安全设施的定期检查，严防不安全因素产生。

2. 以老人需求为宗旨，完善社区居家养老服务项目，提供多元化专业服务

根据老人的需求，中心要提供午餐（有条件的还应提供晚餐），提供聊天、看电视、打麻将、打牌、下棋等老人最常见的日间娱乐活动，积极开展季度生日会、郊游春游、家庭同乐日等老年人喜爱的活动，开展流行性感冒讲座、医疗卫生保健讲座、免费身体检查、听觉测试等健康服务，开展理发、剪指甲、洗衣等义工活动，开展乐器、瑜伽、穴位按摩、书法绘画、康复器材示范等各种老年课堂学习培训活动。要注重老人个体差异和个性需求，提供更加全面，更加个性化的居家养老服务。要提高对孤独老人群体的关注度。重点加强与社区联系，调查走访发现社区的独居老人和"隐蔽长者"（宅居在家，不活跃甚至被忽视的老人），深入了解他们的需求，尤其是精神需求，解决其日常生活困难。将社区居家养老和医疗保险结合起来，制定具体保险的养老服务项目，更好地为老人提供居家养老服务。要创新服务供给模式。依托虚拟养老院平台，创新居家养老服务提供方式，提高老人选择居家养老服务的自由度，引入市场竞争机制，促进社区居家养老服务质量的提高。制定规章制度，严格按章收费，收取老人最低费用，让老人们享受到最优质的养老服务和精神慰藉。

3. 完善服务设施，提高服务人员专业技能

通过新建、改造和扩建的办法对现有照料中心（站）的服务设施进行提升，

引进和建设适宜老年人活动的健身、文体和娱乐器材，建设完善老年人活动场所，配备专业服务人员，有效提供应急服务。加强与养老机构、医院等机构的沟通联系，完善全社会养老设施网络。提高照料中心管理和服务人员的专业化水平。建设科学系统的人力资源管理体系，切实做好人员招聘、技能和专业培训、工资福利、激励、职业生涯规划等各项管理工作，不断提高从业人员素质。积极邀请医护人员到中心开讲座做培训，示范和传授照顾老年人的医护保健方法和注意事项，加强养老服务中心之间的联系和交流学习，取长补短。中心招聘新员工时应优先选择社工毕业的、有社工证的或有社工工作经验的人员。

4. 充分挖掘和利用社区资源优势，完善社区居家养老服务网络

利用社区公用场地组织社区老人开展各种娱乐活动，利用社区居委会广泛宣传养老服务和活动项目，积极开展节假日探访老人活动等项目。积极开展互助活动，努力培养老人的自助能力，促进老人积极关注并参与社区活动。组建各种兴趣小组和学习培训班激发老人积极性，给予老人更多展示自己才能的机会，提高他们的自信心。同时，中心可招募社区居民尤其是中青年作为养老服务志愿者，鼓励有能力有爱心的志愿者尽己所能去帮助别人，并带动更多人积极参与到志愿活动中。照料中心应该与医疗机构、社区医院或医学院合作，定期邀请医疗专家进到社区中开展医疗保健和健康养生等讲座，并为老人举办免费义诊体检、接种疫苗等活动。中心与附近医院或诊所签订优惠协议，凡是中心的老人会员到该医院或诊所看病都可享受某种优惠、照顾等。

5. 加大宣传力度，提高社会认知度

目前厦门市社区居家养老服务还处于起步阶段，只有42.7%的老人了解这种模式，全市只有23.8%的老人希望社区居家养老（见表7-12）。显然，传统的家庭养老在人们的观念中根深蒂固，大多数老人对社区居家养老认知程度不高，对其认同度也不高，要提高居家养老服务的需求最有效的措施就是改变老人的消费观念。因此，要加快发展和完善社区居家养老服务体系，建设完善社区日间照料中心。一要加大社区居家养老模式和照料中心的宣传力度，中心要与街道、社区及政府相关部门协调开展宣传，在社区公告栏、政府网站等媒介上宣传中心工作的性质、作用和重要性，介绍中心工作模式、服务照料流程，让社区居民充分了解中心是如何服务老人，让社区老人真实感受到照料中心相对于家庭养老的优势，消除老人防备心理，提高老人对中心的认知度。中心每月定期出版活动通讯，预告介绍该月的所有活动信息，将这些通讯发放给社区老人，吸引他们积极参加活动。中心每年出版年报，公布中心服务数量、服务人数、项目活动类型、资金流水、年度总结等运营状况，让居民更加了解社区养老服务中心情况。二要创新服务方式吸引老人积极参与活动。例如，尝试推行老人"打卡上班"，设立"打卡积分兑换礼物"制度，制定积分规则，到中心签到可积分，参与活动积分，积满一定的分值可换领实用礼物等，通过积分制度吸引和鼓励老人到中心参与各种活动，提高中心人气，带动社区更多老人走出家门走进中心。三是政府要提高思想认识水平，积极跟上现代社会发展步伐，构建现代养老服务理念，系统推进"日间照料中心"建设，科学运营和管理，切实提高养老服务水平，促进日间照料中心建设价值的充分实现，让老人切实感受到社区居家养老的优越性，提升老人安全感和获得感。同时，用法律形式明确子女、政府及居委会在养老方面的责任。

6. 明确职责，加强监管

完善各部门分工，明确各部门职责范围，规范协调各部门行为（尤其是与12349平台的协调），奖罚分明。鼓励民间资本积极参与照料中心建设，加大监督管理力度，定期对服务人员的工作质量进行评估。加强对照料中心硬件设备欠缺和闲置等问题的管理，在购买设备前要做需求评估，优先购买电子体重计、自动量血压机、智能按摩椅等老人切实需要的检测设备。已购买或赠送的设备，要根据其功能评估适宜老人群体并及时安排使用，提高设备利用率。对于确实不适用或不实用的设备，可转送或转卖给有需求的社区或中心，充分发挥其作用，减少资源浪费。

第八章　厦门养老机构养老服务供给和需求调查报告

一、厦门养老机构基本情况介绍

截至 2018 年 6 月底，全市养老服务机构 35 家，共有各类养老床位数 11463 张（包括养老机构床位 9304 张、农村幸福院床位 1054 张、社区日间照料中心床位 450 张、居家养老服务站床位 655 张），每千名老人养老床位数约 35 张。其中公办养老服务机构（含公建民营）6 家，28 家民办非营利性养老服务机构和 1 家民办营利性养老服务机构。医养结合养老机构 32 家，占养老机构的 91.42%。25 家养老服务机构内设医疗机构可以为入住的老年人提供不同形式的医疗服务，占养老服务机构的 71.4%；护理型床位 8132 张，占养老服务机构总床位的 87.4%。但是，厦门市养老服务机构规模偏小的多，规模在 300 张床位数以上的只有厦门莲花恩慧养老院（580）、厦门市源泉山庄老年公寓（500）、厦门市爱欣老年公寓（集美区社会福利中心）（428）、福建省厦门市思明区松鹤疗养院（400）、福建省厦门市思明区明珠养老院（400）共 5 家机构。

全市养老机构收费（标价）从 500～10000 元各种高低档次都有，基本可以满足各个层次老年人需求。目前，随着政府不断加大对养老机构支持力度，老人入住养老机构可以获得三重补助：第一重，厦门医保床位补贴。对于本市户籍拥有本市医保卡符合补助条件的对象，入住养老服务机构可享受补贴每月 900～1500 元的床位费，具体补贴金额按照市医保中心规定的比例额度，由医保中心拨款补贴。第二重，对于符合重残托养服务条件的对象，低保对象每人每月护理补助 400～500 元，非低保对象每人每月护理补助 300～400 元。第三重，各区政府民政补助。比如，符合集美区民政补助对象条件的补助标准为每人每月 500～1000 元。此外，老人的医保卡不仅可以在医养结合的养老机构看病使用，还可以支付养老机构的床位费。

实际上，厦门市的民办养老机构收费是有点偏高。调研发现，多数老人在民办机构养老一般费用是 4000 多元/月。入住民办养老机构的老人，入住时还需要交纳医疗备用金 3000 元（有的机构备用金更高）和一次性购置费 700 元。可以享受政府三重补助的自理型老人每月最低也要交 2700 元（含床位费、管理或护理费、伙食费等），半自理的老人最低要交 3400 元/月，完全不能自理的老人最低要交 4700 元/月，多数老人是没有办法享受政府全部的三重补贴，尤其是农村老人。2017 年，厦门岛外农村居民人均可支配收入才 1700 多元/月。因此，养老机构如此高的收费，基本上把农村老人和家庭经济不富裕的城市老人排除在外了。厦门老年人目前普遍的现象是未富先老，很多老人对养老服务需求的多少主要受经济能力的制约，经济能力好些的老人其相应的养老需求也会增加；而经济条件好的老人医保情况一般都比较好，其社会地位也相应提高，附带一些福利也会增加，这在医疗保障方面体现得最真实；在养老机构里很多原来医保情况较为理想的老人相对其他老人更自信、更自豪，因为在同样的机构养老他们只要两三千元就可以享受其他老人要交四五千元的待遇水平。

二、厦门养老机构调查

1. 公办民营养老机构

入住率基本保持在 100%，有的养老机构由于委托医疗机构经营，医生、护士及医疗设备等设施齐全，基本上是一床难求，需要长时间排队等候。如厦门市爱鹭老年养护中心、厦门市爱心护理院、市第二福利院（金山养老院）等。

2. 民办民营养老机构

这几年依靠政府大力推动和扶持，岛内民办养老机构入住率保持在 70%～80%，已经有一定盈利了，但是因为利润有限，养老院基本是处于一个维持状态，要进一步提高入住率，或是改善养老院的硬件基础设施，有点力不从心，加上基本上都是租房做养老院（场所问题也是让老板最没有安全感的，租金还可能经常上涨），更不敢轻易增加基础设施。而岛外民办养老机构入住率一般在40%多（有的只有30%多），经营还是很困难的。尤其是没有医养结合的民办养老机构，老人没有办法使用医保卡，也难以获得政府扶持，所以生存艰难。

3. 经营风险高

养老机构由于医疗条件有限，一旦入住老人在养老机构发生意外或突然死亡，老人家属会认为是机构看护不力、治疗不及时导致的，对养老机构产生情绪上的不满，甚至与其发生纠纷并要求赔偿。

4. 养老机构康复训练设备严重匮乏

大部分养老机构没有或仅有价值1万~10万元的康复设备，老年人常见的心脑血管疾病、骨关节疾病等许多疾病后遗症的系统康复治疗和功能训练设施的配置尚不完善或基本没有，难以开展有效的康复训练。

5. 养老机构康复治疗师严重不足

大部分养老机构没有或仅有1~2名由医师和护士兼任的康复治疗专业人员，难以提供高质量的康复服务。尤其是民办养老机构，入住民办养老机构的老人多数只能得到生活照料，不能得到康复治疗师有效的康复训练和指导，这也是许多老年人不愿到养老机构养老、康复的重要原因。

6. 很多养老机构设施旧，护理员专业水平不高

一些机构的养老设施都是多年前配置的，设施陈旧简陋，这给护理员增加了许多不便。很多高素质护理员不愿意到民办养老机构，为了节约成本，民办养老机构常常聘请一些低素质员工，许多来厦打工者经简单培训后就成为护理员了。这些护理员无法保证专业的护理质量，造成了入住率下降，甚至出现经营困难。

7. 养老服务意识不强，内容单一

许多养老机构养老服务项目基本上只有吃、住和医疗等最基础的生活方面，老人的更高需求层次无法提供，多数民办养老机构只有一个活动大厅，有一些简单的健身器材，但是使用率很低。一般来说，床位规模越大的机构提供的棋牌、

影视、书刊阅览等文化娱乐种类越丰富,场所也越大。许多机构缺少户外活动场所,内部空间都相对较小,多数老人只能在房间或楼道走廊活动锻炼身体。

另外,调研还发现,多数民办养老机构建筑设计不合理,住房内部空气流通性差、光线暗,这对长期卧病在床的老人身体康复很不利。

三、入住养老机构老人调查

1. 入住老年人生活自理能力调查

公办民营养老机构收住的部分不能自理和完全不能自理的老人所占比例在55%左右,而民办养老机构收住的部分不能自理和完全不能自理的老人则只占48.5%左右,小型民办养老机构基本只收自理的老人。多数老人反映养老机构伙食基本还是可口的,就是花样少,尤其是鱼比较少。如表8-1所示。

表8-1　不同养老机构收住老人基本情况

老人年龄	公办民营	民办民营
小于60岁	8%(16)	10.5%(21)
60~69岁	22%(44)	31.5%(63)
70~79岁	39%(78)	35.5%(71)
80岁及以上	31%(62)	22.5%(45)
完全自理	45%(90)	51.5%(103)
部分不能自理	30.5%(61)	30%(60)
完全不能自理	24.5%(49)	18.5%(37)

注:样本200。

2. 选择养老机构时,您关注的主要因素有哪些

调查对象对这一问题的回答依次为:选择"家人探视方便"的有87人,占43.5%%;选择"收费合理的"的有67人,占33.5%;选择"医养结合好"的有58人,占29%;选择"护理服务质量好"的有52人,占26%;选择"食住条件好"的有43人,占22.5%;选择"娱乐活动多"的有12人,占6%;选择

"同住老人友善"的有 7 人，占 3.5%；选择"养老配套设施好"的有 3 人，占 1.5%；选择"绿化环境好"的有 2 人，占 1%；选择"其他"的有 10 人，占 5%。可见，方便家人探视、合理收费、医养结合、护理质量好和食住条件好五项因素，是多数老年人在选择养老机构时的主要考虑因素。

3. 老人机构养老缺乏"居家感"

调研显示，公办民营养老机构老人居家认同感占比为 32%，民办养老机构的老人占比只有 11%，居住双人间房的老人更容易有居家认同感，尤其是夫妻共同居住。机构养老的老年人具有强烈的"居家感"需求，这与中国人的"家本位"情节是分不开的。老年人更偏好双人间房，这是老人的一种重要情感需求。机构养老是一种集体生活方式，居住于集体宿舍式房型的老人，完全暴露于其他人视野中，这些老人的生活时时刻刻都受别人监视、规范和制约，没有精神上休息放松的场所，这对心理脆弱的老人来说，心理压力是巨大的。此外，养老机构都有固定的门禁时间，常常不算太晚的时间，养老机构就禁止老人外出活动，而如果居家养老，老人这个时间正是外出散步、跳广场舞的黄金时间。因此，机构养老在时间、空间对老人的限制，事实上也是对老年人原有社会关系的割裂，让老人深感缺乏居家养老的自由性，严重削弱了老人的"居家感"。

4. 老人的休闲方式缺乏多样性，精神文化生活单调

养老机构基本上都会专门为老人安排一些活动，但是这些活动许多老人的参与热情并不高，很多老人更偏爱外出活动，但常因各种原因无法如愿，更多的则是坐在椅子上发呆或者看电视看报纸。老人常常被动休闲，活动也主要为"被动传授型"活动，而"主动创造型"的活动如养花养草、书法、绘画等则很少见。养老机构的许多健身器械基本处于闲置状态：一方面由于老人自身身体状况问题，另一方面也是因为许多健身器械实在过于"年轻态"，根本不适宜老人使用，同时老人也不会使用，老人们反映没有人教如何使用。很多健身器械来自各种公司机构的捐赠，为的是塑造企业的社会形象，或是用来应付政府的相关政策。工作人员日常基本不与老人交流，老人的日常交流基本局限于老人中间，天长日久，老人们逐渐被迫与社会"脱离"，陷入了"文化孤岛"状态。众所周知，老人的社会参与与其心理健康呈正相关关系。社会角色的逐渐缺失，使得老人无法通过正常的角色活动肯定自身的价值，从而产生失落感和孤独感。尽管养老机构与社会团体或学校联系较多，学生志愿者群体是老人社会参与层面的一个

重要部分，但事实上，受访的老人和工作人员都表示这种学生志愿者的探望事实上并没有实质性作用。一方面，由于学生志愿者的探望往往是短期的，只有周末不上课时才能去（此段时间刚好是老人家属探望高峰期，正是老人们最不需要志愿者陪伴的时间），一周才去一两次，一次3小时，很难与老人建立熟悉和信任的关系纽带；另一方面，很多学生到养老机构探望老人仅出于功利的目的，旨在获得机构的盖章证明。

5. 老人身心不健康时，缺乏对老人的专业心理疏导

机构养老较之于居住在高楼大厦独门独户的居家养老，老人群体尽管与外界有相对脱离之态，但在养老机构老人群体内部的交流往往十分紧密，更容易找到同龄群体，更容易沟通，也会有相同的兴趣爱好伙伴，这降低了老人的孤独感，有益于老人的身心健康，这也正是机构养老较之居家养老一个较大的优势所在。但是，机构养老是一种具有种种限制的标准化集体生活方式，与居家生活有着巨大的差异，这种集体生活方式让习惯了居家自由的老人难以适应，尤其是让刚刚住进养老机构的老人更为不适应。多家养老机构的工作人员也反映老人在入院初期会有非常强烈的不适应反应。调查发现，养老机构应对老人入院适应期方式十分不专业，基本上依靠老人的自我调节和自我习惯。养老机构提供的服务大多集中在满足老人的物质需求，忽视了老人较强的个性化心理需要，几乎没有给予老人个性化的心理辅导与帮助。养老机构的心理咨询室往往是为符合政策规定而存在，而医护人员为老人所提供的心理疏导与沟通更多是程式化的，远不能达到真正的心理疏导程度。养老机构中很少有专业的心理咨询师，基本上是医护人员身兼多职。在缺乏精神慰藉的情况下，老人难以适应养老机构的生活，长此以往容易产生心理沟通不良，从而影响老人身心健康和生活质量，也不利于养老机构的长远发展。

6. 老人精神文化需求差异大，但多数需求被忽视

高中及以上学历老人仍然有坚持读书读报、绘画书法、下棋等习惯，多数老人沟通时思维能力还很敏捷，并没有因为年龄增加导致思维太大下降，基本上还是保持着沉稳睿智老人的形象，他们多数人心理状态也比较积极、充实和稳定，心理健康状况显然好于多数低学历老人。初中及以下学历的老人多数偏好看电视或观看别人或独自静坐，基本上不善于交流，沟通常常比较困难。教育程度高的老人经济条件一般也相对较好，他们往往更注重自己的精神文化需求，具体表现

为选择养老机构、选择房型等。反之，对于经济条件不允许的老人，为了"图便宜"，常常选择价位较低的民办养老机构，其自我定位就是"吃饱喝足就行"，其他的情感需求则被主动或被迫放弃。这些受教育程度较低或经济水平较低的老人虽然倾向于隐藏难以察觉的心理问题，但还是让调查人员始终感觉他们存在精神空洞的状态：他们没有兴趣爱好，没有社会参与意愿，也没什么指望。我们知道，一个人的负面情绪如果没有及时疏解，累积到一定程度爆发，很可能酿成难以挽回的后果。但显然，绝大多数养老机构没有建立专业的老人心理干预机制，也没有能力探测到这些问题的存在。

四、养老护理员调查

1. 无论是公办还是民办养老机构，最焦虑的事是护理员护工队伍的稳定问题

养老机构护理人员普遍学历低，年龄偏大，大多数都是从外地招过来的，工资水平在4000~5000元，一些民办养老机构护理员才3000多元。中专及以下学历的护理员占比60%（样本90），其中民办养老机构中专及以下学历的护理员占比为73.3%；40岁及以上的护理员占比为68.8%，其中民办养老机构占比达75.5%。受传统观念影响，社会普遍认为养老护理员只是一种不需要什么技术含量的"伺候人"的保姆式工作，总体上社会认可度低，高校护理专业毕业生都更愿意去做护士，几乎没有年轻人选择养老机构护理员。有经验的医生护士更不愿来养老机构，养老机构甚至连普通的护工都难招，其护理人员基本是下岗人员或农村剩余劳动力，他们的文化水平普遍不高，且流动性较大。

2. 工作压力大

调查显示，导致养老护理员工作压力大的主要原因有：①84.4%的护理员选择"工资收入低"；②78.2%的选择"工作强度大"；③选择"无法兼顾家人"占61%。显然，收入低、工作强度大和无法兼顾家人都是导致护理员压力大的主要因素。同时，护理员每天服务的对象普遍是半自理或完全不能自理的老人，如果护理员未能及时地进行自我压力的疏导和缓解，将极易导致其因不堪压力而离职。养老护理员是我国新兴的职业，起步基础差，发展缓慢，随着老龄化社会

的到来，厦门市护理员，尤其是有资格证书的护理员将呈现严重供不应求的供需失衡趋向。

3. 工作强度大

调查显示，护理员工作强度大的主要原因有：①78%护理员选择"睡眠受影响"；②69%的选择"累、疲劳"；③选择"感到头痛"的占60%；④选择"高强度劳动"的也占60%。调查还发现，护理员与实际护理的老年人比例并不是1:6或1:7（官方要求），实际上很多养老机构一个护理员常常面对更多的，甚至是十几个老人。比如，有一个养老机构145个老人总共才1个医生2个护士（真正的护理员）和15个护工，而且这里的老人半数以上都是半自理或完全不能自理的。为了节约成本，护理员或医生，甚至一般护工经常需要身兼多职。许多护理员平均每日工作时间不止8小时（最低8小时，最多12小时），基本上没有双休日。加上护理对象的特殊性，护理员每天需要面对衰老、疾病甚至死亡。长时间高强度劳动使护理员容易出现疲劳、头痛和睡不好觉，甚至产生抑郁、焦虑等心理健康问题，严重的还会出现体力不支、身体出故障等问题。养老护理员、护士和保姆工作性质差不多，但是护士和保姆的工资收入比养老护理员高，可是护理员工作更为繁重、收入与付出明显不对等，导致养老护理员流失率高，不利于养老行业的可持续发展。

五、小结和建议

通过对养老机构、入住老人和养老护理员的实地调查，发现以下问题：养老服务机构普遍规模偏小、康复训练设备、康复治疗师严重匮乏、很多养老机构设施旧、护理员专业水平不高、服务意识不强、内容单一、老人机构养老普遍缺乏"居家感"、精神文化生活单调等。为完善机构养老服务，建议：

1. 加大对民营养老机构的支持力度

一是加大宣传。家庭养老目前仍然是社会的主流，老百姓对民营养老机构的认知不足，存在着不了解民营机构养老的情况，甚至有的既不了解也不信任民营养老机构，即使民营养老机构通过打广告但仍不为广大市民所相信和认可，民营养老机构通常只能依靠入住老人和员工，通过亲朋好友或同事等口耳相传介绍情况，来不断增加住客，不断发展和完善。政府应通过官方微信、微博等网络媒体或网站，以及电视、报纸和社区宣传栏等重要宣传媒体，加大对民营养老机构的正面宣传力度，扩大知名度，让民营养老机构获得老百姓的信任，促进老百姓转变观念，吸引更多的关注，引导百姓选择合适的养老机构。

二是民营养老机构不能"等"和"靠"，要积极作为，不断创新思路，拓展获得支持的新渠道。积极建立与民政等政府部门的联系，寻求政府的政策引导和支持；加强与社会各方的交流与合作，尤其是加强与高校合作，使机构成为高校养老、护理等相关专业的定点实习单位，吸引养老服务专业人才加入，提升民营养老机构自身的服务水平和专业档次，吸引更多社会组织、高校或民间团体为养老机构提供志愿服务或资金支持。

三是建立民营养老机构科学规范的管理制度，鼓励民营养老机构吸纳更多老人。一方面，出台支持民营养老机构建设的政策，通过税收减免、财政转移支付、租金抵扣等方式加强对民营养老机构的支持力度，促使绝大多数民营养老机构收费与我市经济发展水平相适应；另一方面，通过加大养老资金补贴、养老保险优惠等力度和范围，以及在用水、用电、用地和税费等方面给予优惠和支持，降低民营机构养老成本，在一定程度上降低入住老人费用水平，减轻家庭养老负担，使更多老人有更多的养老方式选择。

2. 着力提升养老机构的服务水平和质量

一要大力开展康复服务。政府要加大对养老机构添置各种康复训练设备的支持力度，养老机构加大对康复建设的投入，通过开展康复服务，改善老人身体健康状况，提高老人生活质量。达到一定规模的养老机构应配备专职康复专业人员，使康复服务工作规范化、科学化，真正成为促进老人身体康复和提升老人生活质量的重要保障。

二要提高养老机构老人的社会参与。为避免养老机构与纷繁热闹的社会"脱离"，陷入"文化孤岛"，养老机构要主动作为，积极与当地高校、社会组织等建立联系与合作，改短期性学生或社区志愿者志愿服务为长期项目，安排学生或志愿者为老人提供"文化反哺"服务，根据老人的需求，按照老人的选择和能力，因人制宜，为老人提供适当的学习机会，鼓励老人学习新知识，积极参与社会生活。养老机构还可与高校、老年大学建立合作，为老人提供兴趣班、再教育等活动，提高老人整体文化素质水平和生活品质。

三要强化老人专业心理咨询服务。建立养老机构出入院心理评估体系，对一定床位规模的养老机构要求按比例配专业心理咨询师，强化专业心理咨询师心理关爱的实践能力，提升咨询师心理辅导或矫正的针对性和有效性。加强对护理员心理基础知识的培训，着力提升护理员对老人心理的感知能力。专注发展专业的社区工作者团队，充分利用团队的专业优势，切实解决老人的心理问题。鼓励养老机构引入第三方社工机制，通过政府出资购买服务的方式，由专业咨询师对老人进行出入院心理评估，发现潜在或已经发生心理疾病的老人，由专业心理咨询师和社区工作者及时跟进服务。

3. 加快养老护理员队伍的建设

一要完善养老护理员的薪酬体系。建立养老护理员最低工资保障制度，保障养老护理员的基础社会福利，合理提高他们的薪资水平。建立养老护理员奖惩制度，优化薪酬制度，为护理员购买人身伤害保险，将养老护理员岗位纳入公益性岗位给予补贴，增加节假日慰问补贴。开办养老护理员信誉卡：护理员通过延长工龄和照顾老人取得工作绩效，兑换成信誉积分，信誉积分可以换取护理员医疗补助、养老金等福利补贴，形成"服务—信誉—补贴"良性循环方式，以利于激发护理员工作积极性，减少员工流动，吸引更多人才加入养老护理员队伍，增强养老服务队伍的稳定性。

二要加强对养老护理员的培训。有规划地定期对养老护理员进行专业培训和职业道德培训，提升养老服务技能。支持鼓励社区医院和养老机构共享医疗资源，鼓励社区护士对机构养老护理员进行工作指导和分流，达到降低护理员工作压力的目的。

三要出台鼓励养老机构积极探索高科技养老护理政策，如利用机器人协助给老人洗澡、按摩，辅助老人上下床、检测老人基础生命体征以及打扫卫生等基础工作，实现智能化养老服务，有效弥补养老护理员和护工的不足，缓解护理员照护压力，降低护理工作量，提高整体养老服务质量，提升养老服务效率。

四要健全养老服务人才培养体系。鼓励高校大力培养养老护理人才，增加护理专业学生人际沟通技巧、老年心理慰藉、人文关怀和共情能力等相关课程，培养人才的职业素养。鼓励本科院校开设养老护理本科专业和养老方向研究生，形成并逐步完善从中职、高职、本科到研究生的养老人才培养梯队体系。拓宽养老人才定向委培到本科生，加大补贴力度，完善补贴制度。

4. 加强行业监管

加强对机构养老服务监督管理，实现行业从宽准入，向严监管转变。一要制定完善养老行业运行服务标准，提高监管标准的可操作性，规范养老机构服务供给，提高政策执行效果。二要加强对政策落实情况的检查监督，及时纠正落实不到位的情况。三要通过第三方评估机构定期对机构养老服务供给情况进行等级评定，对不符合运行标准的机构要责令限期整改，无法达标的机构则坚决取缔；严格按《厦门市养老服务机构年度考评办法》执行，对老人普遍反映养老服务质量不满意的机构要向社会公示，给予适当处罚，并采取相应的监督管理措施，促使其提高养老服务水平；对没有从事养老服务的养老机构，要取消其享受政府补贴和优惠政策资格；对骗取政府补贴的养老机构，要坚决依法追究其刑事责任。同时，政府各部门在政策执行、监督管理过程中要协调统一，防止个别部门为维护部门利益导致监管执行不到位的情况发生。

第九章　国内养老模式发展调查研究

一、国内基本养老模式

家庭养老、社区居家养老和机构养老是我国目前存在的三种基本养老模式，家庭养老是传统的养老模式，社区居家养老是一种新兴的，家庭养老与社会养老有机结合的社会化养老模式，机构养老是社会化的养老模式，三种养老模式的优劣不同，随着经济社会的快速发展和人口老年化加剧，三种基本养老模式的优劣变化和发展趋势也不同。

（一）家庭养老模式

家庭养老，是指人进入老年阶段后，居住在家并由子女或其他亲属负责照料生活，实质上是将养老问题全部由家庭自我解决，是一种建立在血缘关系基础上的通过家庭成员之间的互助与自助行为获得老年生活保障的养老方式。家庭养老包括经济上的赡养、生活上的照顾和情感上的交流三个方面。

1. 优势

（1）传统。家庭养老在我国有着悠久的历史传统，赡养老人已成为国人责无旁贷的责任。在养老、尊老、敬老的传统观念影响下，老年人由家庭成员提供养老的理念已经根深蒂固，这保证了我国养老模式的稳定性和连续性，也使家庭血缘关系基础更加牢固，亲情关系更加强烈。

（2）方便。与其他养老模式相比，家庭养老最具方便性：生活设施、用品都是现成的，每一角落、每一件物品都是熟悉的。家庭的设施和物品都是根据个人的生活需要来配备的，这对生活来说是最为吻合的。

（3）安定。老人更需要精神安定和慰藉。家庭是老人毕生精力和努力的结晶，保留了老人整个生命历程的印记，使老人感到安全，给予他们精神归属感。

（4）经济。家庭养老充分利用家庭资源，降低养老成本，尤其对一些低收入家庭以及广大农村家庭，养老模式从经济来考量首选家庭养老。同时，家庭养老能缓解政府财政压力，弥补公共服务的不足和局限，使家庭与政府、社会形成养老"合力"，一旦社会保障不能兑现，社会养老服务缺位，可以多一种保障，实现老有所依、老有所养。

2. 劣势

（1）保障功能弱化。由于我国计划生育政策的影响，家庭规模普遍变小，人口寿命延长、老年人口不断增加。一方面，家庭供养资源减少，即家庭劳动力明显减少，从而老人的赡养者减少；另一方面，在"421 家庭结构"下，老人的赡养负担加剧：一旦老人生病，庞大的医药、护理和营养费用负担极重；再则，子女要应对不断增加的工作压力、自身的生活压力，照顾老人的时间和精力十分有限，导致空巢老人增多。

（2）专业养护缺失。养老是有阶段性的，在前期养老阶段，家庭养老的优势比较明显，但到了中期、后期阶段，随着老人年龄的增加，失能、失智情况的出现，家庭养老就力不从心，在家庭中老人一般很难得到专业细致的照料护理、医疗保健及精神文化等服务，这也正是家庭养老的致命弱点。

（3）社会规范空白。虽然我国法律明文规定子女有赡养老人的义务，但老人生活质量的好坏很大程度上取决于子女的自身素质。如果年青一代缺乏敬老爱老意识，淡化家庭养老的主体责任，而社会规范在这方面又有许多空白，就会使得家庭养老不能完全为老人晚年生活质量提供保障。

3. 厦门发展家庭养老模式建议

（1）完善家庭养老政策支持体系。在住房、医疗、休假、补贴、税收等方面出台可操作、针对性强的家庭养老支持政策。例如，出台鼓励子女与父母就近或者共同居住的政策，对于与老人同住或近住的成年独生子女，可以适当减免个人所得税或优先购买保障性住房、优先入住廉租房等；对于随独生子女落户本地的老年父母，建立养老金异地支取、医疗保障异地转移的运行机制；提高独生子女父母高龄生活补贴或津贴，建立独生子女父母失能生活补贴和困难丧偶老人生活补贴；建立失能老人长期照顾保障制度，设立"独生子女照料假"；对于独生子女或父母在外地的职工，应将四年一次的探亲假改为一年一次；对于主要承担养老责任的子女，应在现有假日的基础上增加假日，用于陪伴父母或带父母出游等；与父母同住的子女，在购房时应享有减税的优惠；为承担主要养老责任的子女提供老年服务津贴，并享有减免继承遗产税的优惠；子女为老年父母提供的养老金，在以父母名称存入银行时应免税；等等。

（2）推动老年宜居环境建设。积极推进老年人聚集居住区的适老性环境改造。区、街道应把老旧楼房的适老性改造列入行动规划中，试点加装老旧无电梯楼房楼道扶手，设置楼梯踏步蓄光标识，支持社区居家养老服务站提供轮椅、推送爬楼机等助行工具的租赁服务。继续支持有条件的老旧楼房加快推进坡道、加装电梯、二层及以上楼道设休息座椅等项目建设，试点安装座椅电梯，方便老年人上下楼。加强新建小区缘石坡道、轮椅坡道、人行通道以及建筑公共出入口、公共走道、地面、楼梯、扶手、电梯候梯厅及轿厢等与老年人日常生活密切相关的公共设施的规划和建设。有计划地对本地有需求的经济困难、失能、失独等特殊困难老年人家庭的通道、居室、卫生间等生活场所进行适老化改造，增强老年人居家生活的安全性。给空巢、独居、孤寡和高龄、困难老人佩戴手表式的报警装置，或发放"智慧养老"呼叫终端，让老人遇到需求时向监控中心紧急呼救。

（3）加强孝文化宣传教育。家庭养老的可持续发展，有赖于全社会孝观念的传承与创新。家庭养老的文化精神是孝道养老，孝文化是我国传统家庭养老方式的思想与文化依托，是维系家庭养老的基础，离开了孝，家庭养老就难以持续。各级组织和社会部门应该积极宣传这种优良的传统，使"孝亲敬老"家喻户晓，深入人心，使每个人都自觉善待老人，尊老爱老。开展孝心进社区、进学校活动，加强孝道文化教育。通过"敬老文明号"创建等形式，大力宣传尊老、敬老、养老、助老先进典型，并给予必要的物质或精神奖励，传承孝亲敬老的优良文化传统。机关、企事业单位要鼓励、支持和督促独生子女经常回家探望，并纳入年度考核范围实行"一票否决制"。联合主流媒体开设专栏专刊，充分利用公交车车载移动电视、市政人行天桥 LED 视频宣传栏、交通红绿灯柱、路名牌等，在公共场所宣传孝亲敬老口号，营造浓厚的敬老氛围，增强全社会接纳、尊重、帮助老年人的意识。

（4）提高自我养老能力。鼓励老人增强自我养老的观念，引导他们年轻时就为晚年养老生活积极做出准备，通过养老保险、养老理财计划、弹性退休、再就业或者以地养老、以房养老等方式，提高"自抚能力"，为自己的养老问题承担首要和主要的责任。引导老年人日常生活中注重身体的保养、保健，学习一些医药知识，留心自己的身体健康状况，定期体检，同时要注重自我疏导与排遣，保持乐观、积极向上的精神风貌。鼓励老人积极参与体育锻炼，保持良好的身心状况，在发现身体不适后应当咨询专业人士，及时就诊，及时治疗。逐步推行"养老劳务储蓄银行"的做法，引导相对年轻的老年人在身体健康状况较好时，为需要帮助的老年人提供帮助，但不领取现金报酬，而是将所付出的时间储存起来，当自己年老有困难需得到帮助时，可提取所存时间换取所需的服务。积极推进退休人员的社会化管理服务，引导低龄健康老年人踊跃参加经济文化建设和社会活动，使老年人以"为"促"养"。

（5）建立和完善家庭养老的社会服务网络。家庭养老的可持续发展离不开社会养老服务的支持，应强调养老机构、社区养老与家庭养老相结合，构建出具有特色的社区"枢纽式"为老服务综合体。充分利用区域内的养老服务机构和老年人日间照料中心、助餐点、农村幸福院、养老服务站、社区卫生服务中心、老年大学、老年活动中心等服务设施，切实发挥这些设施和机构的辐射带动作用，形成理想的15分钟为老服务圈，尽可能多地满足整个社区内居家老人在生活照料、医疗护理、精神慰藉、紧急援助等多方面需求。鼓励专业养老机构向社区辐射各种养老服务功能，如逐步推出针对家庭护理人员的喘息式服务，缓解家属的护理压力；加强老年活动室功能辐射，培育住宅楼内的睦邻点建设；建立以老年大学为核心、各居（村）为节点的老年学习教室等。大力发展护理与家政相结合的市场化养老服务产业，实现全方位、多层次、精细化，以老人为本，满足老年人的各种需求，减少子女照顾老人的后顾之忧。

（二）社区居家养老模式

社区居家养老是指以家庭为基础，以城乡社区为依托，由政府提供基本公共服务，企业和社会组织提供专业化服务，基层群众性自治组织和志愿者提供公益和互助服务，为居住在家的老年人提供的养老服务。社区居家养老服务主要包括下列内容：

（1）日间托养、助餐、助浴、助洁、助行、代缴代购等生活照料服务。

（2）家庭护理、健康体检、保健指导、医疗康复、紧急援助、临终关怀等健康护理服务。

（3）关怀访视、心理咨询、法律咨询、情绪疏导等精神慰藉服务。

（4）文化娱乐、体育健身、知识讲座等有益于老年人身心健康的服务。

社区居家养老与家庭养老的区别在于，社区居家养老服务的提供主体是依托社区而建立的社会化养老服务体系，而家庭养老服务的提供主体是家庭成员。与机构养老相比，社区居家养老的优势在于不必使老人脱离原有的居住环境和社会关系，也方便子女在闲暇时照顾老人，老人的情感需求能够得到充分满足。因此，社区居家养老是家庭养老与机构养老的有机结合，它兼有两者的长处又避免了两者的短处，是一种扬长避短的理想养老方式。

1. 运作模式

社区居家养老的基本做法是：在城乡各社区建立老年人日间照料中心或农村幸福院等居家养老服务机构，由经过专业培训的养老护理员上门为社区居家养老的老年人提供生活照料、家政服务、医疗保健、心理咨询、精神慰藉等服务，或者提供日托、短期照料护理等集中服务。社区居家养老主要有以下四种运作模式：

（1）政府主办，层级联动。各级政府和街居社区运用行政强制力进行推动，各级财政资金扶持和各级行政组织自筹资金，在城区、街道、社区居委会等几个不同层面分级建立起规模有别、服务范围和服务内容有别、服务对象有别的居家养老服务机构和站点，并建立区、街、居三级管理机构，为本辖区内的居家老人提供多种养老服务。

该模式的特点是：政府主管，政府承办，行政推动，行政运作。

该模式的优点是：一是适用于民间力量经济实力不足，人们思想观念比较陈旧的地区，基本上要靠行政推动来推行居家养老服务工作；二是基于传统做法，由各级行政推动和主办主管，可以从上到下一贯到底，畅通无阻；三是与社区建设紧密结合，能够从上到下得到各级党政主管领导重视和支持；四是容易最快得到广大居民的理解和信任，从而较多地获得社会资源和社会力量的支持。

该模式弊端有：一是从办到管政府全包揽运作，可能产生高耗低效、等级森严、人浮于事的弊病；二是政事不分、政企不分，不符合政治体制改革的发展方向和要求；三是与市场经济发展要求不合拍，不利于调动更多的社会资源和民间力量来参与居家养老服务；四是服务项目单调、内容欠缺、千篇一律、千人一面，且服务专业化程度不高，很难体现社区特点和多样化的要求，因此满足老人的多种需求也会大打折扣。

（2）政府主导，中介组织运作。主要采取两种方式运作：一是公办（建）

民营：政府主导，投入建设社区居家养老服务设施，建成后交给民间组织使用和管理，用来实施居家养老服务；二是政府加大资助力度，资助民间组织建设并管理运营社区居家养老服务设施和站点。政府在这两种方式中都不直接承担服务功能，而是承担规划、投资、制定项目建设和服务运营法规标准、检查监督和绩效评估等职责。民间组织接受政府的资助和委托，承担起了区内大多数街居的社区居家养老服务职能，政府则超脱于具体事务之外，在制定规划和政策、标准，财政资助，检查监督和评估等方面行使宏观管理职能。

该模式的优点有：一是符合行政管理体制改革的要求和发展方向，从根本上改变和克服了以政代事、代企的现象与弊端，切实做到了政事、政企分离，政府的宏观管理和调控职能能够更好地发挥和体现；二是降低了行政运作成本，节约了财政资源，使政府有限的资源能够发挥出更大的效益；三是培育和发展了非营利性的民间服务组织和服务机构，让它们在居家养老服务中充分发挥作用，有利于提升服务的专业化品质和加强服务队伍的专业化建设；四是引入市场机制，连锁经营，统一管理，统一物流配送，可以大大降低服务的管理运营成本，提高效益；五是可以更好地了解不同社区老年人各种需求的变化情况，及时调整并提供适合对路的服务产品，做到供求的最紧密衔接。

该模式的不足之处有：一是目前在很多地方，民间组织发展得较差，难以担当政府委托的社区居家养老服务职能；二是中介组织开始运作时，不容易取得社区居民的信任，不像群众对政府开始就有信任感，这些中介组织要靠自己的努力甚至是艰苦努力去打开局面，往往有些时候有些地方中介组织的运作还没有上路就夭折了；三是政府职责要明确，行政管理和监督要跟上、要适度，否则容易使政府或是撒手不管，推脱责任，放任自流，使中介组织在没有资源支持的情况下产生追逐利润的倾向，或是行政干预太多，指手画脚，扼杀了中介组织的积极性和创造性。

（3）政府资助，机构主办，连锁经营。这种模式在一些养老机构发展得比较好、专业化服务水平比较高的地方已有运用。它主要采用政府出资和社区筹资，委托或资助专业养老机构在社区承办居家养老服务设施和站点，并在建成后管理和运作，为社区老人提供居家养老服务的一种专业化连锁运营模式。

该模式的长处有：一是政府从具体的服务事物中解脱出来，委托专业养老机构承办和运作，符合社区居家养老服务专业化、规范化的发展方向；二是专业养老机构连锁管理和运营，不仅能够迅速提高社区为老服务的专业水平，使居家老人得到满意周到的服务，而且为机构自身的发展开辟了新的途径；三是节约管理、运营成本，特别是节约人力成本，有利于为老服务队伍的专业化建设；四是为其他社区居家养老服务机构和站点树立了示范和样板，带动整个居家养老服务水平的提升。

该模式的不足之处有：一是政府委托后容易推脱责任，撒手不管，专业机构处于缺少政府资助难以支撑、难以为继的状态；二是容易出现专业化服务要求的设备设施不足、服务人员面对社区居家工作环境产生思想波动、机构与社区管理者之间出现一些摩擦或矛盾等问题。

（4）政府购买服务，公司承办，市场运营。这种模式在市场经济比较发达、市场观念比较成熟的地方被较多地采用。它主要是政府不再办或建社区居家养老服务机构和设施，而是采取市场运作、购买服务的办法，由政府全部出资或部分资助，为五保老人、"三无"对象、军烈属老人、特困老人和支付能力不足需要照顾的老人到市场上购买他们所必需的基本养老服务，服务企业则根据市场需求建设社区居家养老服务设施，雇用和培训养老服务人员，为居家老人提供各种养老服务。

该模式的优点很明显：一是政府不再操心和出资建设服务设施，而是由企业根据市场需求建设；二是完全改变了政府的投入和资助方式，政府只针对实际服务的对象，区分不同情况给予相应的服务补贴，这加快了养老服务市场的发育和成熟；三是通过市场竞争和市场调节使社区居家养老服务效率大为提高，诚信和品牌成为服务企业的立身之本，由此能够使老人享受到更好的专业化养老服务。

但该模式的缺陷也较明显：一是由于服务设施的基本建设没有政府的任何投入和资助，完全靠企业自己的资源进行建设，所以相对而言，政府对服务企业的约束力和影响力要差一些；二是目前很多地方政府对服务对象的资助并不充足，在这种情况下，老年人的支付能力和养老需求之间的矛盾比较突出；三是企业是追逐利润的，因此有些低偿服务或不赚钱服务往往被舍弃或忽视，而那些有偿的和高收费的服务又往往不被中低收入的老人所接受，这使社区居家养老服务难以发展。

可见，社区居家养老的四种运作模式各有利弊、各自适用于不同地区、不同服务内容。在发展居家养老服务的过程中，要实事求是，因地制宜、因时制宜，创造性地吸收借鉴和组织实施。

2. 优势

社区居家养老是一种介于家庭养老和机构养老之间的新型养老模式，它既保留了传统在家养老的形式，又能够充分整合利用社区和社会的力量和资源，向老年人提供就近而又便利的专业服务，满足老年人养老的心理和物质需求，让老年人拥有稳定、良好的生活状态，因此，是一种符合我国社会发展现状的养老模式。其优势主要有：

（1）契合文化传统。社区居家养老服务更契合传统文化与习俗，家庭是老人最好的归宿。俗话说，"金窝银窝不如自己的草窝"，再豪华的养老院都比不上温馨的家庭。不管从全国还是厦门的情况来看，96%以上的老年人会选择居家养老。但由于离异、丧偶或子女长期在外，很多老人心里空虚、寂寞。在填补老人们的空虚、寂寞，丰富老人精神生活上，社区居家养老服务无疑具有先天优势：以社区为平台，整合社区内各种服务资源，为老人提供助餐、助洁、助浴、助医等服务，老人不但可以不用改变原来的生活方式、生活习惯，而且还能老有所养、老有所依、老有所学、老有所教、老有所为、老有所乐。这样的养老方式，让老人有了更多的归属感，少了离家的乡愁之忧，更符合我们的文化传统和风俗习惯。

（2）经济高效。对家庭而言，社区居家养老费用较低：依托社区居家养老服务机构，组织医护人员和志愿者将养老服务延伸到社区和家庭，为居家老人提供生活照料、医疗护理、精神慰藉等各项服务。这不仅能切实改善老人的生活品质，而且还大大节省了养老成本，减轻了老人家庭负担，还使家庭其他成员可以把更多的时间和精力投入到工作中去。对社会而言，社区居家养老投入小、社会经济效益高：一方面，原有家庭资源得到充分利用，老人居家养老，饮食起居的一切物品都可继续发挥作用，通过社区养老服务一定程度上使老人家居住房变成了"家庭养老院"；另一方面，依托现有的社区老年活动中心、医疗机构和托老所等设立居家养老服务机构，可大大节省基建和各种配套费用。

（3）灵活多样。社区居家养老兼有家庭养老，且方便灵活：老人身体状况较好或子女空余时间多时，可以突出家庭养老，以老人自理和子女照顾为主；老人身体出状况或子女照顾不方便，可以依托社区养老服务。由于社区养老集聚了各种社会资源，涵盖了各种物质和精神需求，老人根据自己需求作出选择，这种自由选择的权利使老人在接受服务时没有心理压力，也没有任何强迫消费的感觉，既增加了老人生活的自主性，又符合经济合理原则。另外，老人灵活的选择权促使服务机构充分整合配置各种资源，想方设法增加服务内容，提高服务质量。

（4）社会性。社区居家养老是政府主导，出钱购买养老服务，引入市场化竞争机制，社区老人在家得实惠。这不仅解决了老人养老和子女经济能力有限等家庭矛盾，还有效整合了社区内的各种资源，节省了大笔资金，加上有政府的社会化管理和监督，老人从心理上完全能够接受，更具安全感，人性尊严也得到了保障，所以是一种极具发展潜力，正被社会逐步认可和推广的新型养老模式。

3. 劣势

（1）支撑性问题。一是资金支撑。为社区居家养老提供服务的机构，通常按市场化经营，但养老服务价格都明显低于市场价格，缺口部分需要财政资金贴补，再加上服务系统的维护升级、运营管理、员工培训和工资等都需要资金保障。二是政策支撑。社区居家养老服务是一种带有社会福利性质的工作，需要政府的参与和政策支持，需要有推进社区居家养老服务的专项资金，需要政府出台吸引社会服务机构或民间资本积极参与的扶持政策，出台鼓励志愿者参与的激励机制。

（2）服务队伍问题。社区居家养老对服务机构（平台）和服务人员（包括专职服务人员和志愿者队伍）要求较高。由于社区居家养老服务繁琐且具有一定的职业风险，工资福利标准多处于当地的最低工资水平，职业地位社会认同较低，居家养老护理岗位缺乏就业吸引力。现有的专职服务人员主要面向下岗、失业、外来务工人员和40多岁人员招聘，这些人员绝大多数没有经过专业培训，缺乏养老服务的专业知识和技能，往往只能应付一些简单家政服务，而专业的医疗护理、健康保健和心理慰藉等服务无法提供，不能满足老年人多元化的服务需求。由于养老专业服务人员缺口大，需要大量养老服务志愿者（义工），但目前尚无常态化的义工组织，导致社区居家养老服务供需不能对接，整体服务水平偏低。

（3）广泛性问题。一是思想认识不足。社会对社区居家养老服务工作尚未形成共识，对社区养老服务工作重要性和必要性认识不够，导致重视和投入不足。同时老年人"花钱买服务"的生活理念和消费习惯尚未形成，向政府"等靠要"的思想还根深蒂固，也一定程度上制约了社区养老服务向市场化、体系化发展。二是覆盖面问题。社区居家养老往往是以某一社区区域范围为限，区域与区域之间的合作，以及地域本身的区位性、封闭性和排他性等都对社区养老的覆盖面提出了挑战。此外，由于人力、物力、财力等诸多限制因素，目前社区居家养老服务的对象只针对特定人群（生活困难的失能、半失能老人和孤寡老人），实际受惠面较窄。

4. 厦门发展社区居家养老服务对策建议

社区居家养老服务工作要纳入厦门市国民经济和社会发展规划，建立与老年人口增长和经济社会发展水平相适应的财政投入增长机制。社区居家养老服务要遵循家庭尽责、政府主导、社会参与、保障基本、适度普惠的原则，要完善社区居家养老服务的社会保障制度，构建岛内外城乡一体化的居家养老服务体系。

（1）完善城乡社区居家养老服务设施。第一，积极营造老年宜居社区。认真落实《厦门市老龄事业发展"十三五"规划》有关要求，加快推动老年人宜居环境建设。民政部门要会同规划部门，组织编制社区居家养老服务设施布局专项规划，按照医养结合、就近便利、相对集中原则，合理布局城乡社区居家养老服务站、幸福院、日间照料中心等服务设施。新建住宅小区要规划配建居家养老服务用房，已建成住宅小区的居家养老服务用房未达到标准的，以社区为单位，通过购置、置换、租赁等方式，统筹配置居家养老服务用房。老年人比较集中的社区要适当提高配建标准。农村居家养老服务用房的配置要满足农村居家老年人的基本养老服务需求。整合利用社区综合服务设施和社会公共服务设施，为本社区老年人提供居家养老服务，避免重复建设和浪费。鼓励单位或个人将闲置的场所、设施用于开展社区居家养老服务；鼓励机关、团体、企事业单位开放所属场所，为附近老年人提供就餐、文化、健身、娱乐等服务。加快推进已建成住宅小区，尤其是老旧小区的坡道、公厕、楼梯扶手等公共设施的适老化改造。鼓励和支持符合条件的多层住宅加装电梯。鼓励老年人家庭对日常生活设施进行无障碍改造，对最低生活保障家庭及最低生活保障边缘家庭的无障碍改造予以补贴。在区域性居家养老服务中心配置方便老年人出行、上下楼梯的辅助器具，供社区内失能、半失能、高龄居家老年人借用。

第二，加强统一管理。配套建设的社区居家养老服务用房，与政府资助建成的社区养老服务中心（站）、幸福院、日间照料中心等，由民政部门统一登记管理。在不变更产权关系的前提下，通过招标、委托等方式，根据实际无偿或低偿提供给社区居家养老专业服务机构（或组织）使用，未经民政部门同意不得改变用途。城乡规划、民政、财政等部门应当及时对居家养老服务用房等的配置及利用状况、政府提供居家养老服务项目的绩效状况、社会满意度等进行全面评估，评估结果应当向本级人民政府报告并向社会公示。

（2）着力发展社区居家养老服务机构（或组织）。第一，培育壮大社区居家养老专业服务机构。引导、鼓励企业和社会组织积极参与社区居家养老服务，根据政府职能转变及与企事业、社会团体分离原则，对社区居家养老服务中能够与政府剥离的服务职能，通过一定程序，交给市场。支持鼓励社会养老服务、餐饮服务、家政服务、物业管理、文化教育等机构通过签订协议的形式参与承办专业化的社区居家养老服务项目。以老年人需求为核心，积极培育发展龙头居家养老专业服务机构，统一管理服务模式，发展连锁经营、规模化承接、跨地区发展，培育和打造一批知名龙头品牌养老专业服务机构。

第二，积极开展互助养老。支持单位、团体、家庭、个人利用自有房产和其他资源设立养老互助点，开展多种形式的互助养老。支持企业、团体组织、个人等以公益慈善项目等形式，为特定老年群体购买专业化居家养老服务。积极拓展养老服务志愿者队伍。依托社区居家养老专业服务机构，积极扶持和培育养老服务志愿者队伍，动员、组织和引导企事业单位、社会团体、慈善组织、在校学生和广大市民，弘扬志愿服务精神，为有需求的社区居家老年人提供养老服务。完善志愿服务记录制度，建立为老年人志愿服务积分、服务时间银行储蓄和反馈激励机制，提高志愿者服务的社会认可度。倡导邻里互助养老，鼓励低龄健康老年人帮扶高龄、失能、残疾老年人，鼓励基层老年协会、老年志愿服务组织开展各种形式的自助、互助服务。

（3）加快社区居家养老服务建设。第一，加大对社区居家养老服务资金的投入。统筹安排各类养老服务补助资金，提高财政资金的使用效益。鼓励通过多种方式吸引民间资本建设社区居家养老服务设施，参与居家养老服务。鼓励各类组织和个人以投资、捐赠、捐助等方式支持、参与居家养老服务。优化行政审批服务，实行激励奖励办法。对连锁经营达到一定规模、上门服务社区居家老年人数量多、群众满意度高的养老专业服务机构，择优给予奖励扶持。积极拓展老年人健康餐桌服务，以社区助餐配餐服务网络为支撑，把老年餐桌打造为拓展社区居家养老服务和健康服务的新型平台。

第二，积极探索岛外农村社区居家养老服务路径。稳步提高农村老年人城乡居民基本养老保险的待遇水平和新型农村合作医疗的报销比例；鼓励农村敬老院、卫生院开展延伸服务，利用闲置床位，重点向农村高龄、失能失智等老年群体提供托养、照护等养老服务；依托农村幸福院，为农村老年人提供文化、教育、体育、娱乐等服务；鼓励农村留守妇女、低龄健康老年人等群体照护农村低收入和计划生育特殊家庭群体老年人；大力培育农村互助服务队伍，组织并依托民政专干和村医等力量，对农村高龄、空巢、留守等老年人进行定期探视走访。

（4）创新养老服务模式，提升社区居家养老服务质量。第一，加快虚拟养老院建设。推进城乡社区居家虚拟养老服务，创新养老服务新模式，推动"互联网＋社区居家养老服务"深度融合，建立全方位、信息化、普惠型的社区居家虚拟养老院服务体系。制定虚拟养老院长效发展政策，调动、吸引更多社区服务企业加盟，为虚拟养老院的所有注册老人提供所需养老服务。完善社区居家养老服务管理平台，建立统一呼叫中心，不断升级虚拟养老信息系统。以信息化智能化手段整合老年人需求信息和各类社会服务资源，培育更多的线下服务实体（包括机构、组织和个人），不断完善实体服务的内容和方式，促进形成线上线下协同发展的社区居家养老服务体系。积极推广智慧健康老年用品，为虚拟养老院注册老人分发智能化老年手机，完善手机终端性能，增加手机定位服务和微信等功能，保障失能失智老年人需求。支持鼓励城镇社区有条件的老年人家庭安装使用"一键通"服务终端。为老年人分发智能手环，监测健康，预防疾病，改善虚拟养老服务。

第二，加快推进医养深入融合。加大"医养结合"政策扶持力度，出台养老机构内设医疗机构的政策优惠措施，推进医养结合机构建设，提升各类医疗机构养老服务能力。鼓励和引导医疗机构合理利用闲置医疗资源，举办老年护理院、老年康复医院。加强对社区居家老年人的健康管理。鼓励医疗机构开展老年人家庭病床、家庭医生签约服务。社区日间照料中心、老年人活动中心、托老所等社区养老机构与周边医疗机构实现"嵌入式"发展或签约全覆盖，家庭医生签约服务覆盖所有常住老年人群。支持鼓励医疗机构与养老机构相结合，形成联合养老模式。支持鼓励养老机构内设医疗机构服务，为入住老年人提供医疗护理服务。积极开展合作养老模式，社区基层医疗机构与二级以上综合医院签订医疗联合体建设协议，为医养结合、健康养老提供技术支持。所有医疗机构为老年人提供就医绿色通道，二级以上综合医院设置老年病科的比例达50%以上。鼓励职业医师到社区医疗机构和社区居家养老服务设施中多点执业。推进在社区建设护理站试点，为达到条件的护理站发放医疗机构许可证。探索实施长期照护保险制度。适时出台长期照护保险实施方案，使接受照护护理的社区居家老年人能依照规定获得保险基金支付。鼓励商业保险公司开发长期护理保险产品，满足老年人护理保障需求。

第三，推进"智慧健康养老"新模式。整合和升级养老服务信息管理系统，推进民政、公安、卫生、人社保障等部门数据对接，实现信息数据共享，打造信息互通、资源共享、服务高效、覆盖城乡的居家养老服务信息管理平台。选取社区卫生服务中心，建设社区居家养老健康小屋，实行老年人开展自我简单检测、自觉接受健康教育、参与自我健康管理。开发面向居家养老服务的网站和手机App 应用程序，构建老年用户在紧急救助、安全监护、健康管理、生活照料、休闲娱乐、亲情关爱等方面的医养结合服务网络，随时掌握老人运动轨迹及健康状态。

第四，促进社区居家老年人精神关爱服务发展。一是积极开展老年教育。扩大老年教育资源供给，鼓励各级各类学校开放教育资源，支持老年人大学办学，加强社区学习点老年教育的开展，支持鼓励各类社会力量举办或参与老年教育。二是繁荣老年文化。推动公共文化服务设施向老年人免费开放，为老年人开展文化活动提供便利。加强老年文化队伍建设，鼓励老年人自发建立各种文体兴趣组织。健全老年文化活动财政保障机制，积极开展老年人喜闻乐见的群众性文化活动，培育老年文化活动品牌，营造老年文化活动氛围。三是加强精神关爱。以社区居家养老服务中心（站）、幸福院等为依托，整合相关资源，提供面向城乡老年人的精神关爱、心理疏导、危机干预等服务，培训并督促家庭成员加强对老年人的情感关怀和心理沟通。积极开展老年心理健康服务试点，为老年人提供心理健康评估、心理关怀和精神关爱。

第五，强化人才队伍的培育，提高社区居家养老服务水平。一是不断充实社区居家养老队伍。鼓励和吸引专业社会工作者和各级院校社工专业的毕业生从事养老服务工作，鼓励学校通过订单培养、共建实训基地、助学、奖学等方式，吸引各类毕业生从事养老服务工作，支持社区居家养老服务机构吸纳下岗失业人员就业。加大鼓励老年服务与管理类专业毕业生入职养老服务机构的奖励补助力度，完善补贴制度。二是强化对社区居家养老人员的专业培训。一方面，鼓励、吸引经过专业培训的人才从事养老服务工作，提高养老服务队伍专业化水平；另一方面，与高校、职业教育机构合作开展专业培训，有计划地加强对社区居家养老服务从业人员的专业培训，形成一支专业水平高、服务意识强的社区居家养老服务队伍。强化居家养老作用，探索开展老年人子女护理技能免费培训。三是将养老服务从业人员技能培训纳入就业培训体系。建立养老服务培训基地，为社区居家养老服务从业人员开展专业化养老服务培训，实施从业人员职业资格等级考核和聘用机制，促进社区居家养老管理和服务规范化发展。

第六，加快社区居家养老服务标准化建设。制定和完善社区居家养老服务标准规范，建立设施、服务、管理全流程标准体系。居家养老服务机构要根据社区居家养老服务规范制定具体的服务细则、服务项目、服务内容及收费标准等，并在该机构的显著位置给予公示，接受社会公众的监督。养老专业服务机构要诚信、规范运营，加强服务合同管理，公开服务项目和收费标准，与从业人员、消费者签订服务劳务合同，明确服务清单和服务要求。推广使用社区居家养老服务合同示范文本，规范三方权利义务关系，并建立服务档案。居家养老服务机构及其从业人员必须维护老年人尊严和隐私，不得侵害老年人的合法权益。民政部门要建立居家养老服务机构和服务人员的诚信档案，记录其检查、查处、评估结果等情况，建立居家养老服务信息平台，接受社会查询。对有不良信用记录的居家养老服务机构，要增加监督检查频次，指导责令其整改。依法负有赡养、扶养义务的人，拒绝履行赡养、扶养义务的，按照公共信用信息管理有关规定，记入个人信用档案。引导居家养老服务组织建立行业协会，加强行业自律和诚信建设。

（5）推动养老服务产业发展。第一，加大政策宣传，提高老年人对社区居家养老的接受程度，提升社区居家养老服务需求。一方面，加大社区居家养老服务宣传力度。利用政府相关网站、社区报刊栏和各种新闻媒体，对社区居家养老服务工作进行宣传报道，使社会各界对社区居家养老服务有充分的认识，营造良好的氛围。另一方面，教育宣传居家老人。通过社区工作人员、志愿者等口头诠释、讲座等形式，向老年人宣传居家养老服务工作，逐步改变老年人传统观念，增进老年人对社区居家养老的认同感和信任感，消除顾虑和偏见，促进更多的老年人主动接受社区居家养老服务，推动社区居家养老服务发展。

第二，培育壮大养老产业，打造养老产业集团。鼓励市场经营主体开发老年人日常辅助、康复辅具、保健器材、服装饰品和保健食品等老年产品用品，打造老年产品用品研发生产、配送、展销等产业链条。开发和推广养老智能穿戴产品，依托互联网为老年人提供远程购物、远程医疗、健康检测、居家护理等服务。积极支持养老产业集团发展，发挥集团的引领作用，盘活政府、企事业单位及医疗机构等闲置资产，整合现有优质养老资源，采取吸纳、参与、共建等多种形式，发展壮大养老产业。突出养老集团的投融资功能和产业引导功能，不断增强养老产业对社会资本的吸引力，构建符合市场要求的多元化养老产业体系，提高全市养老产业投资管理水平，推动养老产业及配套服务发展，满足老年人口日益增长的多层次、多样化养老服务需求。

（6）完善养老服务质量评估和管理监督机制，形成规范有序的社区居家养老服务环境。一是建立居家老年人养老需求评估机制。通过对社区居家老年人全面评估，确定其养老实际需求和项目，社区居家养老服务可以主动为其提供相适应的养老服务。二是加强对社区居家养老服务的管理。加强对社区居家养老服务机构的日常管理，引导监督社区居家养老服务机构规范服务；加强对志愿者队伍的组织和管理，促进社区居家养老志愿者服务规范化；加强对社区居家养老服务专项资金的监督管理，提高资金使用效率。三是完善社区居家养老服务质量评估和监督机制。加强对政府购买社区居家养老服务项目的监督管理，规范服务内容和服务标准，开展第三方绩效评估，建立准入和退出机制。对使用政府提供服务用房、落地后3个月内不开展服务、转让转包服务或经评估服务质量不达标、内部管理不规范、服务对象不满意的养老专业服务机构，及时予以调整清退。采取虚报、隐瞒、伪造等手段，骗取补助资金或居家养老服务补贴的，由民政部门责令退回非法获取的补助资金或居家养老服务补贴，并可给予一定处罚。四是建立社区居家养老服务投诉机制，切实维护社区居家养老服务参与人员的权益，使社区居家养老服务纠纷处理有章可循、有法可依，进一步提升社区居家养老服务质量。政府各部门要明确社区居家养老服务工作职责，加强协调、监督、检查和考核。

（三）机构养老模式

机构养老是指以社会机构为养老地，依靠国家资助、亲人资助或老年人自备的形式获得经济来源，由专门的养老机构，如福利院、养老院、托老所等，统一为老年人提供有偿或无偿的生活照料与精神慰藉，以保障老年人安度晚年的养老方式。作为弥补其他养老方式的不足、解决养老问题的终极方案，机构养老在社会养老服务体系中发挥着不可替代的作用。以机构养老为主的社会养老服务成为未来城市老年人群失能后首选的照料资源。

1. 运作模式

根据养老机构投资主体与运营主体的不同，可以将养老机构划分为以下四种基本类型：

（1）公办公营。这是一种由政府出资建设、管理并营运的模式。公办公营养老机构的专职工作人员由政府部门指派或聘任，兼职工作人员中有大量的志愿者；其日常运营经费主要来自财政拨款，社会捐赠也是其重要的经费来源。这种养老机构具有很强的福利性，一般免费向入住者提供基本养老服务，或者仅收取少量费用；但是申请入住者必须接受严格的资格审查，内容主要包括年龄、身体健康状况、精神健康状况等。公办公营养老机构重点为"三无"（无劳动能力，无生活来源，无赡养人和扶养人，或者其赡养人和扶养人确无赡养和扶养能力）老人、低收入老人、经济困难的失能半失能老人提供无偿或低收费的供养、护理服务，具有"托底"作用。

第一，公办公营养老机构的优势如下：一是有政府雄厚的财力作为后盾，有稳定的人员配备和规范的管理制度，这有利于其自身的可持续发展；二是能够最大限度地维护公平，保证贫困老人在满足资格条件的情况下获得入住养老机构的机会；三是在老龄产业发展的初期，特别是在市场机制不健全的老龄产业发展初期，公办公营型养老机构能够在日常管理、服务提供等方面起到示范作用；四是公办公营养老机构是福利性养老机构，能够广泛获得社会各界的帮助。

第二，公办公营养老机构的劣势如下：一是公办公营养老机构强调福利性，这不可避免地会增加国家的财政负担；二是长期工作在公办公营养老机构的工作人员常常会形成一种官僚思想，把入住者当成管理对象而不是服务对象，这不利于提高服务质量；三是该类养老机构没有竞争压力，工作人员待遇与经营状况关系不大，因此容易产生管理松懈、人浮于事等低效率现象，与此同时，由于没有竞争发展意识，所以经营方面的灵活性比较差；四是容易滋生腐败，比如在福利性养老服务供给短缺的情况下，有权势但并非真正需要养老服务的人群常常通过非正规途径入住公办公营养老机构。

（2）公建民营。这是一种由政府出资兴建、私人部门经营的养老机构模式。在公建民营养老机构中，政府部门称产权方，私人部门称合作方，前者在保证公有资产安全的前提下，通过租赁、承包、委托、联合经营等方式将养老机构的营运权转让给私人部门，私人部门负责养老机构的具体经营事务。产权方和合作方通过正式合同规范双方的权利和义务，如果其中一方违反合同，另外一方有权责令其改正。这种模式与公办公营模式的区别在于将养老机构的所有权与营运权分离，国家和集体不再包揽一切，而是交由社会中介或服务组织具体管理，这样有利于在保留公有机构公益性和福利性的同时提升养老机构的营运效率。

第一，公建民营养老机构的优势主要表现为：能够广泛动员私人部门参与到老龄产业中来。现实中，很多私人部门希望能够进入养老服务领域，但是却没有足够的资金，这种资金短缺主要体现在基础设施建设等硬件投资资金缺乏上；该种类型养老机构的硬件投资由产权方承担，合作方只需要在软件方面进行投资，这就为很多私人部门提供了便利。此外，公建民营养老机构要协助政府部门为低收入老人提供一定的福利性养老服务，但是这种服务仅限于在合同规定的范围内，其提供的福利性床位在总床位中所占的比重一般不会太大，空余床位则可按市场化定价为中等收入老人提供服务，这部分老人对养老服务具有一定的消费能力，同时对养老服务质量的要求也相对较高。

第二，公建民营养老机构的劣势主要有：一是硬件设施并非由合作方投资，所以很容易出现合作方在经营过程中过度使用硬件设施的行为；二是在市场机制不完善的情况下，出于对日后产权界定困难的忌惮，合作方追加硬件投资的意愿也不是很强，这显然不利于公建民营养老机构的可持续发展。

（3）民办公助。这是一种由私人部门投资、私人部门经营、政府部门适时提供帮助的养老机构模式。民办公助养老机构的投资经营者一般是社会团体、民办非企业单位等非营利的私人部门，其之所以能够从公共部门获得帮助，很大程度上正是因为该类养老机构的非营利性。民办公助养老机构能够获得的帮助主要包括三类：一是政策优惠，比如减免企业所得税、营业税的征收；二是资金、实物帮助和人员支持；三是向其购买床位，提高养老机构的入住率，属于间接为其提供帮助。民办公助养老机构常会协助政府部门提供一部分福利性床位，而且比重比较大，因此低收入老人是其重要的服务对象；在不考虑福利性床位的情况下，该类养老机构主要面向中等收入老人提供养老服务。

第一，民办公助养老机构的优势：一是民办公助养老机构通常是非营利的，追求一种低价养老服务的提供，因此容易从政府部门及社会各界获得广泛的帮助；二是该类养老机构的投资经营者大都具有很高的服务热情和无私的奉献精神，特别注重人性化服务，善于与入住老人进行心与心的交流，善于为入住老人提供温馨的生活环境。

第二，民办公助养老机构的劣势：一是民办公助养老机构不仅接受政府部门的帮助，而且接受基金会、慈善机构的捐助，而在此过程中，出于对资金来源连续性的考虑，该类养老机构常常以政府部门或者捐助机构的标准要求自己，但是这种标准却未必符合入住老人的利益最大化原则；二是机构非营利性的特点虽然有利于为更多的老人提供低价养老服务，但却不可避免地存在效率低下、市场竞争意识不强等问题，在日常管理、人员安排、服务提供上都存在一定的效率损失。

（4）民办民营。这是一种由私人部门投资、私人部门经营、完全依靠市场机制调节的养老机构。该类养老机构在工商部门注册登记为"民办企业单位"，是营利性的，政府部门及基金会、慈善机构等一般不向其提供帮助，其运行主要靠收费来维持；但是由于其服务对象仍然是老人这一特殊群体，所以又天然具有一定程度的福利性，因此在老龄产业发展的初期，民办民营型养老机构也能够从政府部门得到一定程度的支持。

第一，民办民营养老机构的优势在于：一是该类养老机构通常具有极强的市场竞争意识，这不仅会促使其不断提高运营效率以节省成本、提高收益，还会促使其不断提高服务质量以在市场竞争中获得有利位置；二是在利润的驱动下，该类养老机构总是不断寻求养老服务的盲点以获取高额回报，这有利于促使其提供多层次的养老服务，补充福利性和非营利性养老机构的不足，比如，福利性和非营利性养老机构通常不将富裕老人列为服务对象，且他们提供的服务也难以让富裕老人满意，而民办民营养老机构则完全可以专门为富裕老人提供形式多样的优质养老服务，同时获取高额回报；三是该类养老机构管理方法灵活、管理手段多样、用人上不拘一格、服务上敢于创新，是养老机构体系中最具活力的部分。

第二，民办民营养老机构的劣势在于：一是在激烈的市场竞争下，出于对成本的控制，该类养老机构常常存在一些"偷工减料"的行为，如在工作人员的选择上、基础设施建设上，常常追求便宜的价格而忽视了质量要求；二是出于对利润的追求，该类养老机构常常夸大自身设施的完备与精良、服务的完善与人性化、收费的低廉与灵活，这不仅会对潜在入住者形成误导甚至欺骗，而且会干扰养老服务市场的正常秩序；三是该类养老机构强调市场调节和效率优先，却不可避免地忽视公平，特别是在该类养老机构占据养老机构体系主体地位的情况下，很容易形成昂贵的养老服务价格，在这种情况下，如果不存在第三方付费，那么中低收入老人的利益必然受损。

由于民办民营养老机构的适用对象是福利性和非营利型养老机构覆盖之外的老人，特别是高收入老人，所以民办民营养老机构适用于老龄产业的各个发展阶段，但是其良性运行需要以健全的市场机制为前提，在市场机制不健全的国家，如果要发展该类养老机构，政府必须进行严格的监管和规范，同时在信贷、人才等方面为其提供一定的便利。

总之，上述四种类型的养老机构各有优劣势，分别适用于不同老年群体的养老服务，而且在经济发展水平和老龄事业发展情况不同的地区、不同类型养老机构的适用性也有很多不同。

2. 优势

（1）专业性。与其他服务不同，养老服务是一种全人、全员、全程服务。养老机构不仅要满足老人的衣、食、住、行等基本生活照料需求，还要满足老人医疗保健、疾病预防、护理与康复以及精神文化、心理与社会等需求；而这些服务都需要相关的专业知识，否则就不可能满足入住老人的上述需求。养老机构无论在招聘人员的条件方面，还是在后继人员的培训方面，都把专业性放在重要位置。因此，不论何种类型的养老机构，都有一支专业的服务队伍，专业性也是衡量一家养老机构档次、质量的重要标志。

（2）医疗性。绝大多数养老机构不仅有一支专业的服务队伍，还有一支专门的医疗队伍。住进养老机构的老人大多是体弱多病的，有的生活不能自理，甚至还有失能失智的。对他们来说，除了生活上需要照顾护理以外，还要千方百计减轻他们的病苦。随着老人们身体状况的日益衰老，有些疾病只能保守治疗，这就决定养老机构的医疗服务需要更多的医养结合、医护结合。治愈也许不是根本目的，而是更多地体现一种人文关怀。医疗人员除了要有一定的医疗技术外，还要具备心理的、文化的、社会的一些技能。医疗服务除了要在延长生命方面发挥作用，还要在提高生命质量方面有所作为。

（3）规范性。养老机构是一个特殊的服务机构，其特殊性还体现在规范性方面。如在市场定位方面，有的以孤寡老人为对象，代表政府、集体尽赡养义务，服务内容为照顾生活起居；有的以年轻老人为对象，以提供文化娱乐为主；有的以高龄老人为对象，提供医疗护理、临终关怀为其特色。在运行模式方面，积极面对市场的竞争，研究制定科学合理的营销策略，不仅重视提高市场占有率，而且更加注重提升美誉度和知名度，还根据不同服务对象、不同发展阶段、不同地理位置和设备配套来制定发展规划。在经营管理方面，通过合理配置人力资源，有效地控制采购成本、加强采购的管理和监督，有针对性地搞好宣传等形式，有效地减少支出、降低消耗、节约成本、控制风险。

（4）安全性。机构养老最显著的优势还在于安全性较有保障。大部分养老机构配有专门的看护人员，提供一级至三级不等的护理服务，有些还针对特殊需要的老人开设特别护理服务。老人如有需要，可以随叫随到。而一些条件更好的机构还配有 24 小时专职医生，老人平日的一些小毛病在院内就能得到医治，即便需要上医院，也能在护理人员的陪同下前往。与居家老人的安全性相比，养老院显然高出不少。

3. 劣势

（1）传统观念的影响。我国传统文化对人们的思想有着根深蒂固的影响，尤其是"养儿防老"这一传统思想对当今的老年人影响较大。从老年人方面分析，我国大部分的老年人更趋向于传统的居家儿女养老，不愿意到养老机构进行养老。认为到养老机构养老很没有面子，容易让人误解自己的儿女不孝顺。此外，部分老年人认为现今的养老机构大多追求经济利益，服务设施不配套，担心自己得不到贴心、优质的服务，无法安度晚年。从子女方面分析，大部分子女也并不愿意将老人送入养老机构进行养老。一方面，感觉老人在养老机构中容易产生孤独寂寞之感，得不到家庭温暖；另一方面，担心社会舆论的压力，让亲朋好友产生自己遗弃老人的错觉。观念问题是当今阻碍养老机构进一步发展的一个重要原因，消除这一原因可能不是一朝一夕的，还需要待以时日。

（2）供需矛盾突出。目前我国养老机构发展现状无法满足需求。一方面，床位总量少。一般而言，在发达国家中养老机构的床位数应为老年人口总数的5%～7%。而在厦门，这一比例仅为3.1%，供需矛盾依然十分突出。另一方面，结构不合理。目前社会上豪华型养老机构和设施简陋的养老机构床位空置较多，真正符合大多数老年人的中档养老机构所占份额较低；面向贫困老年群体的公办福利院和乡镇敬老院更是一床难求，导致大量老年人遇到了豪华型的住不起、简陋型的不想住、公办福利型的进不去的"三难"境地。

（3）个性的问题。机构养老具有比较好的规范性和统一性，但由于每一个老人的个体需求不同，养老机构常常很难兼顾各个方面，因此，在针对性、人性化方面往往存在不足。此外，入住养老机构的老人来自不同家庭，他们过去的职业、地位、身份各不相同，现在被统一安排在一个基本相同的模式中进行生活，冲突在所难免。所以，养老机构老人们的和谐相处一直是让人头痛的问题。一些机构又不太注重去协调这方面的关系，从而使住在养老机构的老人要么相互不相往来，气氛非常沉闷；要么相互之间矛盾冲突不断，气氛相当紧张。机构养老还有一点类似于集体生活，有些人能够适应，有些却一直很难融入，特别是如何最大限度地保护老人的隐私等问题，机构养老都有其自身很难避免的短处。

4. 厦门发展机构养老建议

厦门有独特的自然条件、社会历史和人文发展环境，环境优美，城市文明，文化底蕴深厚，吸引了很多外来养老之人。同时随着厦门经济发展水平的逐渐提高，居民可支配财富不断增多，社会保障力度不断加大，老龄用品的要求和品质也不断提高，养老服务需求的种类和精细化程度也随之提高，厦门养老产业发展潜力十分巨大，市场广阔。因此，加快推进养老机构建设，既是保障和改善民生的有力支撑，也是拉动内需、扩大就业、适应和引领经济新常态的必然要求。

（1）大力推进公办养老机构改革。根据需要，适当保留部分针对特殊困难群体提供兜底服务的公办养老机构，并对这类老人实行入住评估制度，推行阳光操作，杜绝腐败现象和权力"寻租"，优先保障五保户、低保户等特困群体的供养需求。公办养老机构应做到实用适用，并逐步转型为以护理功能为主。加大对公办养老机构的服务监管，通过第三方评估机构对养老机构进行等级评定，提升养老机构的管理水平和管理效率。各级公办养老机构实行分级保障，在承担好托底保障任务的基础上，富余床位可推向市场，其定价机制与市场接轨，实行优质优价。鼓励社会力量通过独资、合资、合作、联营、参股、租赁等方式参与公办养老机构改革，将养老产业市场化，增强其生机和活力。政府投资建设和购置的养老设施、新建住宅小区按规定配建并移交给民政部门的养老设施、党政机关和国有企事业单位培训疗养机构等改建的养老设施，均可实施公建民营。

（2）创新养老机构运营模式。第一，创新医养结合。创新养老机构＋医院＝护理院的新型养老模式，为养老机构里的老人提供看病、抓药、住院、护理等医疗服务，为附近社区居民提供就医、住院服务。根据各社区或农村社区实际情况，因地制宜，探索推进四种医养结合创新模式：一是医院入驻养老机构，医生直接为养老机构的老人看病；二是养老机构与医疗机构合作，开通"绿色通道"，医生到养老机构上门为老人看病；三是利用社区医院，白天给普通居民看病，晚上为老人提供养护和住宿；四是医院为老人提供养老病床，一边对外看病，同时还留出一部分区域给老人提供养护和住宿。第二，建立养老机构与社区居家相结合的养老新模式。行动能力较弱、身体状况较差的老人鼓励到养老机构全托式养老，而行动力、社会参与能力较强的老人，主要是低龄老人群体，则鼓励社区居家养老，延伸机构养老服务的供给范围，通过提供日托、送餐或上门服务等居家式半机构式养老模式，使老人脱离在养老机构的制度化、封闭式管理，保留老人熟悉、私密的家庭居住环境和社会关系网络，在满足老人心理和精神需求的基础上，既保障老人的社会参与，又节约政府财政资金支出，优化了养老资源的配置，提高了养老效率。第三，鼓励养老机构拓展异地旅居养老模式，提高经营效益。支持鼓励有条件的养老机构积极与旅行社、全国养老机构合作，依托厦门得天独厚的旅游环境，充分利用空置床位，开展全国连锁旅居养老服务，增加创收渠道。

（3）鼓励社会力量兴办养老机构。一是降低养老服务准入门槛，按照"先照后证"的简化程序执行。全面清理、取消申办养老机构的不合理前置审批事项，优化审批程序，简化审批流程。支持鼓励社会组织和个人兴办养老服务设施，社会力量举办的公益性养老机构和政府举办的养老机构享受相同的土地使用政策，可以依法使用国有划拨土地或农村集体所有的土地。营利性养老机构建设用地，按照国家对经营性用地依法办理有偿用地手续的规定，优先保障供应。二是完善价格形成机制。加快建立以市场形成价格为主的养老机构服务收费管理机制。民办营利性养老机构的服务收费项目和标准由经营者自主确定，民办非营利性养老机构的服务收费项目和标准由经营者合理确定。政府运营的养老机构，按照非营利原则，实行政府定价或政府指导价。以公建民营等方式运营的养老机构，采用招投标、委托运营等竞争性方式确定运营方，具体服务收费标准由运营方依据委托协议等合理确定。三是鼓励社会力量举办提供医养结合服务的机构，满足老年人多层次、多样化的健康养老服务需求，将符合条件的养老机构内设的医疗机构纳入基本医疗保险定点范围。四是鼓励境外投资者以独资、合资、合作、并购等方式兴办、运营养老机构。支持各区政府在对外招商中，把发展养老服务业作为本地区服务领域利用外资的重要项目来推介。推动厦台养老服务合作与交流，放宽对台养老服务业市场准入，对台资在厦兴办非营利性养老机构实施优惠政策。

二、国内新型养老模式

在养老模式的选择上，我国倡导的是"居家养老（即家庭养老）为基础，社区养老（即社区居家养老）为依托，机构养老为补充"。随着我国社会经济的不断快速发展，老年人的需求越来越多元化，各类新型养老模式应运而生，主要有医养结合、养生养老、旅居养老、智慧养老、抱团互助养老、以房养老、虚拟养老院和农村集中养老等新模式，这些新模式有的是通过与基本养老模式的结合进一步提升养老服务质量，有的可以独立运营，它们构成了多层次养老服务体系，是应对老龄化程度日益加剧的有效举措，大大提高了老年人的养老质量，可以让老年人老有所乐、安享晚年、幸福生活。

（一）医养结合模式

医养结合养老模式是传统养老模式的延伸和升级，它既包括传统的生活照料服务，还包括医疗康复保健服务，是集医疗（基本医疗保障，如老人药物管理、慢病管理、日常协助就医和紧急医疗援助）、健康咨询（健康管理与维护，如健康档案、康复护理、心理慰藉、营养支持）、健康检查、疾病诊疗和护理、大病康复以及临终关怀为一体的养老服务模式。医养结合也不是简单的医疗与养老职责的相加，需要满足资源利用合理化基本原则，包括：精准合理的服务定位、政策配套与顶层设计、医疗和养老服务模式有机整合、按供需平衡需要合理配置资源、资源共享避免重置与浪费。

1. 根据医养结合的服务对象，主要分为两种类型

（1）"医＋养"类型：主要针对疾病或残障导致的独立生活能力受损者，需要以医疗为主，同时还需要配合中、长生活照料，如慢性病、出院后有延续服务需要和重复入院等病人。这种类型主要以医疗机构为主体，重点解决出院后服务或急性病恢复期患者，重点解决医疗服务的效率提高后，延续性服务的需要，其对象不仅为老人，还包括其他中、长期照料者。

（2）"养＋医"类型：主要针对高龄导致的身心功能的障碍或不足者，需要社会化养老服务，不仅包括日常起居、文化娱乐、精神心理等服务，更重要的是包括医疗保健、康复护理、健康检查、疾病诊治、临终关怀等专业医疗保健服务，如重度认知功能障碍等病人。该类型是针对养老服务中医疗问题的解决或模式的整合，也是养老服务中医养结合关注的重点。

2. 优势

（1）该模式打破医疗机构和养老机构各自为政的局面，整合了养老和医疗两大资源，"一站式"满足老人的"医养需求"，实现了"医和养"的协作共赢。

（2）有利于优化医疗资源，减少老年病人的长期住院人数，促进医院床位周转，提高床位使用率，一定程度上缓解了"看病难，看病贵"，减轻了医疗保险资金的负担。

（3）有助于解决人口老龄化所带来的各种社会问题，减轻子女负担，促进社会和谐发展。

3. 劣势

（1）"医养融合"的养老机构认定标准问题：标准过高，养老机构数量满足不了需求，过低则服务水平达不到要求。

（2）入住"医养融合"养老机构的老人认定标准难。

（3）老人获得的医疗护理服务质量缺乏评价监督机制。

（4）整体的医疗资源均衡问题。医疗资源布局不合理，优质医疗资源主要集中在几大医院，基层医疗卫生机构服务能力不强，大医院人满为患，基层医疗

卫生机构门可罗雀，导致医养结合资源利用效率低下，压缩了民营医疗机构生存发展空间，导致其能提供的医疗服务能力不强。

（5）养老护理人才匮乏，影响养老和医疗功能的发挥。

（6）单一的服务内容无法满足老年人个性需求。

4. 医养结合养老模式目前存在的主要问题

（1）政出多门，分工、协调、配合难。医疗机构归属卫生部门管理，养老机构归民政部门管理，医保机构则由人社部门管理，实行医养结合，需要三个部门明确职责和分工，并协同配合。

（2）医养结合制度保障体系建设难。一是如何建立医养结合住院费报销制度，二是如何理顺医养结合管理体制，三是医院设置医养结合的机构缺少相关政策保障，四是如何建立医养结合的社会多元化救济渠道。

（3）医养融合型养老服务资源严重不足。

（4）现有养老服务机构转型为医养融合型养老机构难。公办的养老服务机构面积不足，难以增设医疗机构；现有民办养老服务机构规模不大、定位不高、收费较低，没有动力也没有能力再添置医疗机构。

（5）完善养老服务体系推进缓慢。养老机构扶助、建设资金主要依赖财政资金，难以满足养老事业发展的需要。现行对社会办养老机构的建设、运营补贴标准偏低，政策对社会投入的激励作用不明显。

（6）医疗机构和养老机构大多相互独立。养老机构不方便就医，医院又不能养老，老人患病后不得不在养老机构、医院和家庭之间奔波。多数养老机构注重集中供养照料老人，不能为慢性病、失能半失能老人提供专业化医疗服务，无法满足老人医养一体化服务需求。

（7）医养结合的养老模式技术台阶高，要求入局企业有跨行业的整合能力。

5. 厦门发展医养结合养老模式建议

厦门应该全力推进医养结合，建立健全虚拟养老院、养老机构和医疗卫生机构合作机制，构建政府、社区、机构、家庭和社会各方共同参与的医养护融合的服务体系。

一是对专业医养结合养老机构和虚拟养老院实施"卫生准入、民政扶持、医保定点"政策，细化政策，凡是由市民政、卫生、残联等相关部门批准许可的医疗机构，以及具有合格医护资质的老年护理机构，或同医疗机构达成合作的养老机构、残疾人托养机构，都可申请成为"医养结合"定点服务机构。到2020年，所有养老机构能够以不同形式为入住老年人提供医疗卫生服务，所有医疗卫生机构开设为高龄老年人提供挂号、就医等便利服务的绿色通道。

二是鼓励和引导基层医疗机构向老年护理院、老年养护院、老年康复医院转型，在满足老年人医疗保健需求的过程中实现自身发展。鼓励有条件的公立医疗资源和民营医疗机构，增设养老、康复床位，条件成熟可直接转型为医养结合服务机构。支持、鼓励各级医疗机构设立老年病科。以基本医疗保险为平台，以"医养结合"的养老机构、社区医疗机构为主体，开展居家医疗照顾和在院医疗护理，建立"养老为主、医疗为辅、医养结合"的老年养护中心，满足老年人的养老医疗护理需求。

三是整合社区养老照料中心（站）和卫生服务资源，积极探索在农村幸福院和社区照料中心（站）设立医疗机构，支持卫生服务机构为符合条件的居家老人建立家庭病床。推行城乡社区医疗卫生服务机构全科医生签约服务，为虚拟养老院老人就近提供或上门提供治疗、康复、理疗、体检和护理等服务，形成"10分钟养老服务圈"。

四是鼓励社会资本进入医养服务领域，举办老年护理院等，为需要长期护理服务的老人提供医疗护理、康复促进、临终关怀等服务。积极发展中医药健康养老文化。

五是加强医养结合模式监督和管理，加强人才队伍建设，出台实施养老机构意外伤害和责任保险，将养老护理工作人员纳入政府公益性岗位，实施养老护理员"三金"补贴制度，对医养结合养老模式实行医保定点报销等政策。

六是实行养老用地、税费优惠政策，加大金融支持，推进医养结合模式加快发展。

（二）养生型养老模式

主要有养生养老基地（度假区）、养生养老小镇和田园养生养老小镇等多种模式。

养生养老基地（度假区）是指集现代医疗、保健护理、养老养生休闲、国际旅游医疗为一体的大型健康养生养老机构，为老年人提供饮食起居、清洁卫生、生活护理、健康管理和文体娱乐活动等综合性服务基地。它可以是独立的法人机构，也可以是附属于医疗机构、企事业单位、社会团体或组织、综合性社会福利机构的一个部门或者分支机构。一般是严格按照高标准的国际化医疗保健管理标准与体系，为国内和国际老年人群提供国际一流水平的医疗保健和高品质的养生养老居住环境。

养生养老小镇应具备居家和社区基本养老服务功能、完善的基础设施、齐全的公共服务能力、较强的社会综合治理能力，同时具有独特的休闲养生和健康养老特色、良好的自然生态环境，要在硬件、服务、细节上做足功课，追寻科学养生、养老、智慧医疗和科技服务，形成规模化、理念化、系统化、细节化、科学化和可持续化的养生式养老模式，让老年人快乐养生，健康养老。还要对老人身体有一个客观、科学、全面、准确的评估测评，真正达到"未病先防、已病早知、既病防变、病后防复"，让每一位追求健康的老人都能科学地保养身心，实现"快乐、健康、长寿"，最终拥有高品质的生命和有尊严的生活。

1. 养生养老小镇配套重点

（1）社区配套：养生旅游产业设施齐备，健全智能监控系统、紧急呼叫求助系统，全方位保障老人的人身和财产安全。

（2）医疗配套：急救医疗、医生问诊检查、健康常识和养生教学等。

（3）生活服务配套：养生食堂、健身道路和广场、健身操等守护老人健康，能够为老人提供助餐、助浴、助洁、助急、助医等一条龙养老服务，具有基本居家和社区养老服务功能与独特的休闲养生健康养老特色，完善居住和生活配套服务，全方位满足老年人各种实际需求；"生活管家、健康管家、快乐管家"专业服务团队，为老年人办理各种生活事务、提供健康保障、组织各类文化娱乐活动，打造老年人安逸无忧的健康生活。

（4）娱乐配套：乒乓球室、棋牌室、阅读室、私家宴会厅及其他老人文化娱乐运动休闲设施。

（5）周边配套：美食购物街、综合农贸市场等市政配套和生活配套齐全，具备齐全的公共服务能力和较强的社会综合治理能力。

环境配套：优良的自然生态环境，污水、垃圾无害化处理，完善的基础设施。

2. 优势

该模式为老年人提供全方位全龄段的健康养生养老服务，满足了老年人多样的生活，使养老更接地气。这种专为养生养老定制的度假社区，符合现代人日益增长的养老品质追求，一般由大型养老机构全国连锁运营，专业化、标准化、规范化、科学化管理，十分适合老年人养老度假，养生养老社区的建设还会拉动地方相关产业链发展。同时，老年人在体验优美舒适的田园生活时，会把科技文化、消费和投资等先进的理念，以及更多的优秀人才源源不断地引进农村，更快、更好地推动农村经济社会全面发展。农民不仅可以通过出租住房和土地、出售农副产品等获得一定的收益，还可以为老年人提供服务解决就业问题。

3. 劣势

投入大，需要郊区青山绿水地段用地。养生养老社区坐落位置相对偏僻，周边环境相对落后。需要引进大型养老机构，连锁经营，服务较单一。需要大量受过系统培训、具备专业资质的医护人员、管理服务人员，缺乏专业从事老年人医疗护理管理的人才。要求入住老年人需要有相当财力支撑，故受众群体较少。

4. 厦门发展养生型养老模式建议

目前，虽然厦门进入 2018 年中国康养城市排行榜 50 强（排第 38），但是厦门养生养老产业发展仍然滞后，为契合党的十九大健康中国战略，填补市场空白，可以以同安的莲花镇、五显镇为主，通过土地、金融、税收等优惠政策支持，采用轻资产开发（如联合开发、众筹）、消费（如分时度假、候鸟养老）、运营（如产权托管、租赁、非核心业务外包）和扩张（如股权收购）等灵活高效的建设运营机制，打造休闲旅游养生养老小镇，创建国家级养生养老小镇品牌。引进或培育大型养老机构，与拥有先进医疗资源的知名医院、拥有优质客户群体的银行、保险公司等合作，整合各种优势资源，将健康、养生、养老、旅游、休闲等多元化功能融为一体，打造具有厦门特色、全方位、全龄段的健康养生养老小镇。丰富养老养生内涵，将慢病预防、治疗与养生养老结合起来，根据不同成长阶段的家庭，提供不同类型的健康居住产品，使父母和子女的距离最适宜，形成一个自融自洽的生态模式，满足不同家庭老人不断升级的物质需求和精神需求，打造全龄段养生养老活力社区。完善服务体系，健全管理机制，通过调查市场养生养老需求、建立培训保障体系、引进国内外先进的服务理念等，建立针对老年人需求特征的服务体系。注重养生养老社区平台的特色化、产业化、品牌化发展，实现城乡和谐互动，推动农业、新农村与养生养老社区建设可持续发展，促进厦门养老产业向高端高品质转型升级。

（三）旅居养老模式

旅居养老模式主要有候鸟式养生、异地互动、休闲、度假、旅游等养老模式。

旅居养老主要为养生、旅游的目的，追求旅游行为、旅游效果的健康、环保和舒适。典型案例有不老山庄养老院：全国连锁经营已有九个单位，如海南琼海、山东莱芜、辽宁沈阳、威海乳山滨海新区、湖南郴州等。

候鸟式养老是老年人随着季节变化，像候鸟一样每年中有一段时间选择前往更适宜自己生活和养老的旅游目的地，进行旅游休闲、文化娱乐、保健康体的一种养老方式。典型案例有天津北辰区与全国有 50 家高端养老机构合作，形成"候鸟联盟"。

异地互动养老则是一种能够为老年人提供各种特色养生、医疗保健、休闲旅游等服务的全新养老模式，让养老从传统养老，提升为一种带有活力的生活方式。

1. 厦门发展旅居养老存在的主要问题

（1）医疗保险和养老保险异地报销和认证问题。旅居老人最大的问题是看病难、医保卡异地使用受限等，虽然医疗保险已经实现全国联网，但老人只有到指定的医院住院可以直接结算，其他医院或门诊就医只能现金垫付，再回原居住地报销。而异地使用医保卡的变更申请往往需要几个月乃至半年时间，这给旅居老人带来很大不方便。因此，旅居老人为了规避垫付现金及购买药品（不在报销范围内）的问题，在没必要住院治疗的情况下也要求住院治疗以便直接用医保卡结算，这既浪费了宝贵的医院资源，又抢占了真正需要住院的患者床位。此外，旅居老人领取养老金需要每年回原居住地进行资格认证，虽然目前很多省份已开通了异地养老保险待遇网上协助认证系统，只需要根据网站公布的办理流程，按要求申办即可，但实践中多数老人不知道或不会操作。

（2）融入当地社会存在一定障碍。候鸟式旅居养老是一种比较规律性的季节流动，达到一定规模会对迁入和迁出地的人口结构、交通、社区环境、消费特征等造成影响。候鸟老人一般是经济条件好、健康状况良好的老年人口为主，这些老人的消费能力都较强，当全国各地的老年人汇集旅居厦门时意味着这部分季节性消费必然会给厦门的消费结构带来很大影响。然而，调查显示，即便在厦门生活多年，多数的候鸟老人与厦门当地人交流基本仅限于买生活用品、相同小区老年人间交流、与物业人员沟通对话等。外地迁入的老人都喜欢与同样外地迁居来的新老朋友打交道，生活社交圈基本固定在小区内，并没有在社会、文化、制度层面上真正融入生活了多年的当地社会。

（3）旅居养老使养老公共资源紧张、负担加剧。厦门的医疗机构数量、医疗水平和医疗服务都在全省前列，能为老年人的晚年生活提供很好的医疗保障。每年冬天北方天气转冷，异地旅居养老人口会涌入厦门，使厦门的公共交通、社区服务、医疗服务等出现季节性压力，而这种季节性的变化给厦门的基础设施建设、交通管理、医疗配套和社会管理等提出了很大挑战：一方面，由于养老社会保障具有经济福利性，养老公共资源有限，很多养老政策只针对厦门本地居民，且异地旅居老人融入厦门程度不够、对区域内现有公共养老服务供给了解不足，减少了旅居老人对养老公共服务的获取，这会增加旅居老人的不满。另一方面，大量老人季节性集中迁徙，导致养老公共资源供需失衡，迁出地公共资源空置，迁入地养老公共资源紧张、负担加剧，甚至还会造成对环境的破坏。比如，由于旅居老人以低龄、健康的老人为主体，短期内将使乘坐公交车的人剧增，尤其是上班高峰乘车人的大量增加，这不但增加了交通系统的压力，还给社会增加了经济负担。

2. 厦门发展旅居养老的优势

（1）宜居环境。厦门素有"海上花园""海上明珠"的美称，获得联合国人居奖。厦门夏无酷暑，冬无严寒，昼夜温差小，年平均气温20.5℃，全年只有7月和8月平均最高气温超过30℃，平均最低气温只有1月，仍然在10℃以上，这不仅极大地减少了老年人感冒风寒概率，也有利于其出外锻炼身体，对老人养生很有益处。同时，厦门城市绿化率达到40%以上。2016年，在全国第一批实施空气质量新标准的74个城市空气质量排行榜上，厦门排第四。良好的生态环境，有助于降低老年人风湿病等常见疾病的发作，有助于其保持积极健康的心态，促进其延年益寿。

（2）便捷的交通。厦门是"一带一路"交通枢纽，厦门机场是我国第五大国际航空港，厦门是东南沿海的铁路枢纽，已建成连接全省各地市和周边省份的高速公路网。厦门国际邮轮母港是东南沿海的始发港，建成后将是"邮轮母港规模世界第一、奢侈品店规模世界第一"。便捷的交通，使各类经济条件的老年人都很容易到达厦门。同时，厦门市内各种公共交通十分发达，对于旅游养老的老年人出行十分方便。

（3）文明城市。厦门连续三届在全国文明城市评比中荣获第一名。厦门市民风淳朴，有尊老敬老的传统，这使来厦旅居老人有安全感、亲切感和被尊重感。厦门经济社会高速发展的同时，还拥有一种天然的城市休闲文化，这种恬适与休闲，对于忙碌了大半辈子的老人来说，正是其渴望的生活方式。

（4）医疗水平高。厦门有专业医疗卫生技术人员2万多人，有各类医疗卫生机构1000多个，从社区卫生服务站到高水平大型医院一应俱全，医疗卫生水平在福建省乃至全国都处于一流水平，这为厦门作为旅居养老基地奠定了良好基础。

（5）高知名度和美誉度。厦门先后获得国家卫生城市、国家环境保护模范城市、国家园林城市、全国绿化模范城市、中国人居环境奖、国际花园城市、联合国人居奖等荣誉称号，曾多次位居全国十佳宜居城市排行榜榜首。这些荣誉使厦门成为一个最适合旅居养老的城市。

3. 厦门发展旅居养老建议

（1）确定旅居养老是厦门养老服务有益补充的战略定位。目前，厦门在发展旅居养老模式的问题上存在两大不足，一是整个社会对旅居养老模式的了解、认识不足，对养老服务产业的发展现状、前景、未来收益和国际经验的认识都处于初级阶段；二是目前厦门还不具备与旅居养老模式相配套的服务设施，更未能建立起一整套服务体系。因此，第一，要确定发展旅居养老服务作为厦门养老服务有益补充的战略定位。提升发展旅居养老的意识和观念，清晰发展思路和定位，尽快研究出台养老地产相关优惠政策，鼓励房企、大型专业养老机构共同参与开发建设养老地产，合理规划不同类型养老地产产品，建立闽台养老产业合作建设示范基地。第二，确定服务主体，完善旅居养老目的地建设。旅居老人绝大多数是"体制内精英"，他们对养老服务项目的需求明显与其他老人不同，支付能力也不同，很多旅居老人在旅居目的地买房，有利于把"候鸟"变成"留鸟"，同时，他们丰富的人生阅历，可以给当地发挥余热，还可以在厦门重新找到自己的人生价值。因此，在建设之初，要明确旅居养老服务的市场定位，突出建设重点，为旅居者提供精准及时的养老服务，避免造成资源浪费。第三，旅居养老服务要实现市场化、专业化和标准化。旅居养老服务是融合了医疗、旅游、养老、房地产等各行业的综合性服务，需要大家共同努力，才能将旅居养老服务这块蛋糕做大。根据市场化原则发展旅居养老服务，建设一支专业养老服务队伍，为旅居老人提供标准化的服务。

（2）鼓励养老机构全国连锁经营。目前，厦门养老行业缺少统一标准，养老机构服务质量参差不齐，民营养老机构规模小、水平低、不便监管等，适度鼓励有条件的养老机构或大型企业集团通过并购或战略联盟等资本运营方式对养老资源进行整合，组成养老产业集团或战略联盟，与全国各地的养老机构建立合作，形成"候鸟联盟"连锁经营，推进实现自由、便捷的互动旅居养老。制定全国连锁经营品牌，实施一系列养老服务规范和标准，包括：养老机构建设标准、室内养老设施标准、养老服务规范、伙食标准和服务收费标准等，统一管理，规模化经营，专业化养老服务，确保养老服务质量，提升整个行业养老服务标准和水平，培育健康发展的厦门旅游养老服务产业。

（3）加快培育形成全国著名旅居养老目的地城市。完善养老产业制度和管理体系，通过引进或培育大型连锁养老机构，打造集医疗、护理、保健、康复、教育、培训、国际合作于一体的高端旅居养老社区，创建设施先进、理念创新、管理现代、服务专业的舒适养老环境。完善旅居养老模式的保障制度，提升医疗保障与康复护理服务水平，建立健全医疗费用异地报销网络，满足旅居养老者异地报销费用需求。构建旅居老人支持网络。面向全国，从旅居落地接待、旅居安全保障、旅居品质保障、旅居花费集约、专业旅居方案、终身价值归属等七个层面为老年人养老享老集中结伴居住需求搭建旅居和服务平台。实施"互联网＋养老"行动，建设全市统一的养老服务云平台，促进互联网技术在机构养老、医养结合、旅居养老等方面得到广泛应用，实现厦门养老服务供应商和客户端线上线下无缝对接，扩大外部需求和消费，满足民营养老机构有效供给，提升厦门养老服务业市场化水平。推动养老相关产业融合发展。加快老年生活用品、老年食品、老年文化教育、医疗保健和旅游休闲等这些与养老服务关联的产业融合发展，进一步促进厦门养老服务产业发展。完善旅居养老者"吃、住、行、游、购、娱"专用市场，拓展"商、养、学、闲、情、奇"旅游新要素，培育休闲农业、康体养生、观光旅游养老等特色体验项目，满足旅居养老者养生、休闲、旅游、社交等文化娱乐服务需求，激发提升养老者的生活状态，让养老者获得价值感与存在感，爱上厦门。支持企业积极开发适应老人的产品、用品和食品，鼓励社区、老人大学等积极开展丰富老人的精神文化活动和健康保健等课程讲座，提高老人晚年的生活质量。加快培育养老产业集群，开发养老金融产品，培育全国著名旅居养老目的地城市品牌，跟上时代发展的步伐。创建国家健康医疗旅游养老示范基地，构建面向中高端人群的健康医疗旅游养老产业体系，打造集医疗护理、健康养生、临终关怀和旅游休闲等多种功能于一体的养老服务产业化链条，实现健康服务业和旅游业有机融合，努力把厦门建设成为中国健康医疗旅游养老先行区、示范区。

（四）智慧养老模式

智慧养老模式面向广大的老年人群体，以互联网、物联网、智能终端为服务平台，为老年人、家属、医疗机构及其他服务机构提供整体智慧养老解决方案。智慧养老为老人提供细心便捷的智能监护，为家属提供安心快捷的智能查看服务，为医疗看护机构提供及时有效的全方位生态信息，为第三方服务机构提供运营服务平台。

1. 模式运作重点

打造智慧养老"物联网＋大数据"服务平台。利用物联网、云计算、大数据建立技术解决方案，为所有老人提供一体化服务，实现智慧养老的系统目标。为老人提供：身份鉴别、定位、体征监控/预警、紧急呼救、音视频通信、服务点播等智慧服务。为家属提供：老人位置查询、老人体征订阅/报警、服务设置与选择、服务状态查询等智慧服务。为医护机构提供：用户管理、业务管理、设备管理、安全管理、网络管理、系统管理等。为第三方服务机构提供服务运营的平台，还为老人、家属提供以下增值服务：安全防护、燃气安全、电器安全、报警服务等安全类服务；基本医疗保健护理、专业医疗救护等健康类服务；日用品购买、餐饮服务、家庭保洁与维护、证照办理等生活类服务；休闲互动、文化教育、心理情感慰藉等快乐类服务。

2. 优势

（1）智慧养老的"物联网＋大数据"平台，利用物联网、云计算、大数据等新一代信息技术和智能产品，把智慧养老物联数据融合平台和智慧养老业务数据服务平台融合成一个整体，一方面汇聚老人相关信息数据，另一方面聚合各种养老服务资源，并为两者之间提供信息挖掘分析、数据整合服务的整体解决方案，实现老人、家庭、社区、机构与养老资源有效对接和优化配置，为老人提供快速、准确、及时、高效、智能化的综合服务，为养老服务机构提供高效管理的智能应用系统，为政府部门提供决策依据，极大地提高了养老服务的品质和效率，为老龄事业的发展提供具体的技术手段和创新服务模式。

（2）智慧养老新型模式将互联网与养老社区精准结合，巧妙地整合了各类资源，极大地满足了老年人的生活需求和精神需求，不仅能使价格透明、服务高效，还会使老年消费群体得到更好的消费和服务体验。

3. 劣势

（1）硬件投资大，管理维护较困难。

（2）服务人员专业水平要求高，线上线下结合、产品产业链和推广方式等方面完善困难。

（3）智慧养老产品还不够智慧，产品设计操作繁琐，导致很多老年人无法使用，加上一些老年人的旧消费观念，抗拒排斥互联网服务，最终很多老年人放弃使用智慧终端产品。

（4）智慧养老模式仍然没有被大众理解和接受，很多人对这个智慧养老新型模式的发展持有怀疑态度，社会舆论的导向和媒体的宣传报道尤为重要。

（5）智慧养老模式发展仍然处于初级阶段，没有形成产业链，没有形成集约化的商业模式，服务成本较高。

（6）智慧养老产业缺乏统一标准。已出台的相关文件制度多为指导性意见，缺乏统一的养老服务操作标准和规范，难以继续有效地进行行业监管。

（7）智慧养老服务忽视老年人精神层面需求，老年人之间缺乏互动式交流与互助分享，精神层面无法得到真正的慰藉。

4. 厦门实施智慧养老模式建议

2017年2月6日，三部委联合发布了《智慧健康养老产业发展行动计划（2017－2020年）》，提倡运用互联网等新一代信息技术产品和思维，整体解决智慧养老问题，实现个人、家庭、社区、机构与健康养老资源的实时对接和最优化配置，推动养老服务智慧化升级，促进养老服务质量和品质高水平提升，这为厦门社会解决人口老龄化问题提供了创新思路和实现路径。

加快实施厦门虚拟养老院，推进智慧养老行动计划，把智慧养老融入虚拟养老、社区居家养老、机构养老和医养结合等养老模式中，构建服务对象基本信息库、养老服务信息数据库、老年人健康档案、社会养老服务资源四大数据库，运用互联网、大数据和云计算等技术，打造供需双方即时互动平台，实现精准识别服务需求、精准确定服务对象、精准实现供需对接和精准实施服务监管，以此提升养老服务治理能力，实现对服务主体的精准化管理，从而解决社区居家养老不精准问题，培育健康养老新产业，促进厦门经济社会可持续和谐发展。

（五）抱团互助养老模式

主要有结对帮扶、据点互助、时间银行、社区等抱团互助养老模式。结对帮扶模式是老人本着自愿参与养老原则，通过邻里守望相助。典型案例有上海"老伙伴"计划，天津老年互助组，合肥互助养老"小家庭"和新疆克拉玛依"关爱圈"等。据点互助主要由老人申请互助点作为互助养老的活动点，政府给予互助点适当补贴，典型案例有青岛四方区。时间银行互助模式是借鉴国外互助养老成功经验，服务提供的主体既有老年人也有年轻人，通过为他人提供志愿服务积累劳务时间或缴纳会费，在服务者本身需要服务时可以获得一定时间的护理服务或护理费服务。典型案例有上海化口区、广州越秀区，合肥市蜀山区奥林花园。社区抱团互助养老模式是由政府或社区搭建互助平台，整合调动社区老年人、家人、志愿者、学生、社会组织等社会力量自愿提供养老服务，实现自助、互助，帮助老年人提升养老品质的养老服务模式。老年群体通过主动地参与互助养老发挥了自身的余热，营造了"助人自助"的养老氛围，能够真正实现老有所养、老有所乐。

1. 模式运作重点

政府主导构建结对帮扶、据点互助、时间银行、社区互助等多层次抱团互助养老体系，满足多样化的养老需求。重点建立社区抱团互助居家养老服务模式，构建生活服务、心理慰藉、医疗护理等多样化社区互助养老服务。完善社区互助信息服务平台，为困难、高龄、空巢老人建立个人基本信息数据库和个人服务需求档案，科学评估老人需求，为老人提供针对性的养老服务。从老人需求出发不断地完善服务，提升服务质量。整合资源，开发可持续性自愿抱团养老服务项目。推动政府、民间力量、社会组织等多渠道参与投资社区抱团互助养老服务，建立抱团互助养老可持续性发展机制。整合社会资源，引导鼓励社区居民积极参与抱团互助养老服务，完善老人、家庭、企业、社会组织、志愿者等多主体参与的社区抱团互助养老服务模式，打造"助人自助、互助、救助"三位一体服务。构建社区抱团互助养老管理机制，保障养老服务健康有序进行。通过培训、引进专业人才等手段，促进社区抱团互助养老服务专业化，提升养老品质。建立参与社区居家互助养老风险保障机制，保障养老服务人员人身财产安全。

2. 优势

（1）抱团互助养老模式主要功能是打消老年人的孤独感，已经引起社会广泛关注，正在从自发养老模式向政府主导、社会机构帮扶的方向发展，义工组织、社会资金等资源越来越注重与抱团互助养老模式结合，为抱团互助老人提供必要的免费服务。

（2）有利于老年人物质精神双丰收。随着互助养老模式快速发展，互助养老群体不断增多，互助养老经验也不断完善，互助老人不仅得到各种相关物质资助，满足了老人生活的实际需求，与许多志同道合同龄人一起，还得到更多的精神慰藉，满足了精神需求。

（3）有利于资源的优化配置。通过抱团互助养老，挖掘离退休等老年人的潜能，让老年人通过自己的优势来帮助服务别人，让自己有了社会参与的机会，满足了老年人的社会参与和精神慰藉需要，使老年人体会到自身价值，同时也受到了被服务者及其家人的尊重。

（4）有利于构建和谐社区。充分调动社区养老资源，发挥居民和志愿者养老服务的积极性，为社区抱团互助养老搭建支持网络，让居民对本社区的事务更加有责任感和认同感，有助于构建和谐的邻里关系。这种由低龄老人帮助高龄老人、身强体壮的帮助年老病弱的抱团互助养老模式，为社区老人养老营造了和谐的氛围。老人在助人活动中发挥了余热、为社区养老做出了贡献，传播了互帮互助、助人自助的正能量，势必影响社区中其他老人积极地加入进来，形成社区可持续互助养老发展模式。

3. 劣势

（1）养老标准偏低。抱团互助养老多为自发的，它是以人际关系为基本纽带，主要依靠老年人的退休金和政府的补助金来维持日常开销。因此，养老标准通常相对较低，其养老居住环境，服务项目和服务质量均得不到全面保证。同时，抱团互助养老模式目前还没能得到国家认可，没能享受国家相关扶持政策，政府也无法对其进行全面的监管，导致抱团互助养老模式与社会福利养老存在差距，一定程度上影响了互助养老质量。

（2）管理还不规范。抱团互助养老难以建立良好的监理系统，监管体系不健全，社会力量无法对自发性质的养老进行全面监管，资金使用和监管不完善，还存在着很大的安全隐患，医疗护理、饮食健康和行动安全都难以得到及时有效的供给，争议矛盾解决也很难，进一步导致冲突和矛盾加剧，这可能酿成严重的社会问题，使老年人遭受损失。

（3）系统沟通性较低。抱团互助养老往往是出于对养老机构不信任，以及追求个性自由独立，这影响了抱团互助养老模式的普及发展。首先，互助养老难以与社会公益组织、志愿者服务机构以及政府职能部门建立起必要的沟通和联系，无法获得有针对性的帮扶。其次，互助养老往往只提供基础的服务项目或内容，养老服务技术含量低，老年人的生活质量相对较低，无法提供老年人专业的照顾、护理和丰富多彩的娱乐生活，降低了老年人的幸福感。

（4）社区居民、老人的养老观念守旧，导致居民对参与社区抱团互助养老服务积极性不高。社区对抱团互助养老服务模式缺乏主动精神，同时，互助养老服务也缺少资金、缺乏风险保障机制，很多养老服务人员存在安全风险的担忧。这些问题严重制约了社区抱团互助养老服务模式的可持续发展。

4. 厦门发展抱团养老模式建议

抱团互助养老有利于解决厦门老龄化社会难题，也符合老年人生活的实际需求，只要政府加强引导和监管，提供必要的相关政策和社会帮扶，抱团养老将会成为社会主流养老方式的有益补充，实现老年人老有所依、老有所养的实际需求：

一是完善抱团养老监管体系。给予抱团养老必要的政策扶持，依靠有效的政策强化对抱团养老的监管。建立抱团养老的管理机构，依照管理社团模式对抱团养老进行管理，完善登记制度，引导完善抱团养老运行机制，建立健全规范化的评估机制，促进抱团群体走向正规化。

二是加强社会引领和宣传。树立抱团养老群体典范，对抱团模式、抱团章程、服务项目都进行研究和推广，形成抱团养老的良好氛围，使老年人的抱团行为得到社会的鼓励与必要的帮扶。同时，合理分配社会福利资源对抱团群体进行扶持，让更多的老年人加入到适合自己的群体。依托互联网，扩大抱团养老范围，使兴趣、爱好、工作等相同的老年人自组团队，发挥抱团养老模式更大作用。

三是倡导不同年龄层段的老年人进入抱团养老群体，充分借助子女、配偶、朋友、同学、校友、同村、同宗族和社会机构等资源来不断提升养老团体的活力，实现"老中青"的自助、互助，使自助与他助完美结合，建立抱团养老群体的可持续发展体系，全面减少社会养老压力，解决好老年人对年轻人的依赖，同时解决厦门市养老资源供需不平衡的现实问题。

四是研究抱团养老模式的不足，寻找其发展过程中可能遇到的各种问题，依托政府和社会资源引导、扶持和倾斜（比如，由政府出资为抱团养老模式提供养老住房等必要的条件：在老年公寓、公租房、廉租保障房等开辟出用于抱团养老的专用部分），完善抱团养老模式，有效抵御抱团养老出现的问题，促进抱团养老与社会养老广泛衔接，最终把抱团养老纳入厦门市养老社会事业体系。

五是加强引导，使老年人在抱团养老中不断提高法律意识，促进老年人通过有效手段，切实保证自己的合法权益，促进抱团养老模式规范健康发展。

（六）以房养老模式

1. 以房养老的主要模式

（1）以房自助养老。老年人将自己的产权房与公积金管理中心进行房屋买卖交易。交易完成后，老人可一次性按照市场价收到足额房款，房屋再由公积金管理中心返租给老人，租期由双方约定，一般设定为老人预期存活余命，房屋租金与市场价基本等同。该模式的重点任务是房屋买卖的价格需要老人和公积金管理中心都认可的市场价，这是比较困难的。

（2）租金换养老法。老年人将自己的房子出租，用租金收入加退休金收入支付自己入住养老院的用费，在自己百年后可将房产留给子女。如此做法使老人在物质生活水平上得以大大改善，精神生活也丰富多彩，充满活力。

（3）换房差价法养老。将自己原来地段较好或较大的房子卖掉，然后购买两套较小的或地处偏远地点的房子。一套自往，另外一套出租，用于补充养老金。这种模式有一定的局限性：换房往往导致搬到远郊地区，而远郊的养老配套设施一般较弱，且很多老人对原先的居所和故人已习惯，并有感情，较难适应在新环境中生活。

（4）反向抵押贷款养老模式。指房屋产权的拥有者，把自有产权的住宅抵押给金融机构，机构在综合评估借款人年龄、生命期望值、房产价值等因素后，在一定年限内，每月给房主一笔固定的贷款，为补充房主晚年养老生活使用。协议到期后，再将房产出售所得来偿还贷款本息，升值部分归金融机构所有或由贷款双方协议共同分享。反向抵押贷款的最高还款额，一般只以房屋本身的价值为限，归还贷款累计本息后，如有剩余仍可归其子女继续继承。反向抵押贷款利用老年人自己房屋净值来维持或补助退休生活，且其不必搬离原住宅（也可住进养老院），还没有还款的压力，是一种筹措退休金的很好选项。

（5）持续照料退休社区养老模式：养老机构借鉴国外持续照料退休社区（CCRC）的综合养老模式，开展综合性养老社区项目，为老年人提供医疗护理、生活服务等为运营内容的产业。满足条件的老年人可购买低于当地房产均价的养老社区的房屋"居住权"，享受该社区提供的专为老年人设置的各类服务，且该

"居住权"在一定条件下可由其子女继承。这种模式与购买房子十分接近，也可父母与子女、亲戚同住一个屋檐下，但这需要有一定资金实力的老人才能实现。

养老保障是一种社会公益事业，随着人口老龄化日益严重，养老问题日益突出，以房养老尤其是住房反向抵押贷款养老模式必将为老年人提供一项养老保障的新途径，是适应于人口老龄化社会的一种养老新模式。住房反向抵押贷款是在不改变原居住房屋产权的情况下，对其拥有的房屋进行抵押，故具有较大的可行性，能保障老年人的经济安全，在厦门有很大的发展空间。

2. 发展以房养老模式存在的劣势

（1）政策不到位，法律制度不健全，风险大。以房养老不确定因素多：到期房价与当初评估价相差较大，或老人寿命与预期寿命相差很大，双方利益如何协调；房屋70年产权到期后如何处置，房屋产权到期，老人还健在，房子怎么处理等，这些当前都没有相关的法律法规来规定和约束。此外，以房养老是老人将自己的房子抵押作为担保的一种模式，本质上是一种让与担保，如果肯定了让与担保的合法性，则又创设了一种新物权类型，这违反了物权法定的基本原则；反向抵押贷款需要建立金融机构、保险公司的联合机制，才能抵御因为长期抵押的房子流动性差可能导致金融机构资金链断裂的风险，但是法律规定我国金融机构不能混业经营，银行也没有处置房产的权力。政策不到位，缺乏健康可信任的法律环境和金融环境，加大了以房养老的法律风险，阻碍了反向抵押贷款产品的开发。

（2）传统观念的束缚，导致市场需求不足。"以房养老"需满足三个条件，即高房价的城市，高价值的房屋，高素质的老人，这样的老年人群体太少。同时，老年人将自己居住多年的房产抵押给养老院，不给子女，许多老人和年轻人难以接受。社会传统观念认定奉养父母是子女的责任，以房养老易给群众产生"被家人遗弃"的感觉，导致以房养老意愿偏低。

（3）缺乏专业权威的房地产评估机构。房价的高度波动性影响以房养老交易双方的博弈，老人认为房产评估价未能体现其市场值，很多老人不愿意将房子的潜在增值收益拱手出让；如果老人过世时房价高于当初申请时的价格，在扣除各种手续费用及贷款额后，剩下的部分归于申请人的继承人，银行等金融机构不能将其占有；但是如果房价下跌，贷款额大于房价，金融机构的风险就很大了。而目前厦门缺少这样一个让金融机构和老人都信赖的专业房地产评估机构，对房子的现价及未来的价值做到公正、专业的评估，这就难免会存在很多纠纷。

（4）养老体系不完善，缺乏市场竞争。目前厦门养老服务产业还处于初级阶段，以房养老有效需求不足，潜在市场规模小、产品单一、产品附加值不高，贷款机构无法大规模运作，不能有效地分摊成本、降低风险，因而难以获得合理利润。金融机构因担心市场风险而撤资，民营公司又缺乏长期稳定的资金来源难以参与竞争。

3. 发展以房养老的优势

（1）弥补社会保障的不足，提高老年人养老生活品质。一般地，老年人随着年龄增长身体机能下降，容易患些疾病，花费很大，但是老年人收入较少，仅凭一笔养老金常常是不足以应付老人晚年开支的。通过以房养老，把房屋反向抵押贷款，激活家庭财产中所占比重较大的不动产资源，将"死钱"变"活钱"，增加了老人的现金收入，既解决了老人养老资金短缺问题，又改善了老人的晚年生活，对老人晚年生活是一个很大的保障。

（2）以商业规则创新了现代养老模式，培育积极健康的生活新方式。以房养老新模式运用市场机制，社会养老机构成为提供养老服务的主体，政府角色从养老服务的直接供应方，转变为服务购买方和监管方。在养老问题日益严重、养老资金短缺的当下，以房养老必将对社会、家庭和个人必将带来难以衡量的巨大效用。

（3）有助于减少储蓄、扩大消费。以房养老模式的推出，会改变人们的理财观念，培育一种积极健康的生活消费方式。很多人前半生努力挣钱还房贷，还完房贷又为年老后的生活努力攒钱，一辈子忙忙碌碌，节衣缩食。房屋的价值只停留在居住阶段，没有完全释放出来。而推出以房养老模式，可以很好地提高生活质量，人们可以前半生拼命还房贷，后半生让房子来养自己，不但可以不必太过节省，按自己的需求消费，而且老年生活还有保证。

4. 厦门发展以房养老模式的对策建议

以房养老是厦门养老模式的一种有益补充，是一种自愿选择，这必须要有清晰的定位。

（1）制定并实施以房养老相关的法律法规。2014年6月23日，中国保监会发布了《中国保监会关于开展老年人住房反向抵押养老保险试点的指导意见》，自2014年7月1日起至2016年6月30日，在北京、上海、广州、武汉试点实施老年人住房反向抵押养老保险。作为国内首批试点"以房养老"政策的幸福人寿保险公司，截至 2017 年 11 月底，已推出老年人住房反向典质养老保险承保 117 单（涉及 83 户），典质房产总值 3 亿元。现在已将业务范围进一步扩展到南京、苏州、大连等城市。实践中，住房反向抵押贷款养老模式一般由商业银行和保险公司提供，但目前相关金融机构盈利难，市场规模小。同时，以房养老模式牵涉到房地产业、金融业、社会保障、保险以及相关政府部门，如何保证这些行业、部门公平、公正地经营、管理和执法，这需要透明、公正的法治环境，在当前法治不健全的条件下是个极大的挑战。因此，住房反向抵押贷款养老模式要在厦门推行离不开政府的介入，政府需要从多方面进行推动，出台相关优惠政策和着手消除一些阻碍其发展的因素。比如，制定出台《住房反向抵押贷款条例》，明确其操作程序和借贷双方权利与义务等内容，明确住房土地使用权年限，贷款提供机构的企业所得税优惠，破除混业经营限制，强化风险控制和风险分担机制，加强信用制度建设，为住房反向抵押贷款养老模式营造诚信外部环境；对于申请开办以房养老的金融机构，要对其资质、资金、风险防范、违约等做详细的规定。

（2）形成银行、保险等金融机构联盟机制。反向抵押贷款是一种新型的养老产品，涉及面广、内容复杂，在当前社会大环境还不够完备的情况下，单纯依靠市场机制运作显然有较大困难，需要政府、金融机构等多方合作，由政府倡导和扶持，银行、保险联合开展反向抵押贷款证券化等金融创新，发挥各自优势，盘活住房资产，提高住房资产的运作效率，根据各自职责承担风险和分割利润。同时，住房反向抵押养老保险可与长期护理保险相结合，变成"住房反向抵押长期护理保险"，从而将"养老"和"护理"结合起来，将住房反向抵押的潜在市场需求显性化，吸引更多的人投保，探索养老保险与政府社保相衔接，充分动用社会资本、民间力量，减轻政府养老负担。支持鼓励更多金融机构参与到以房养老模式中，丰富住房反向抵押贷款种类，实现产品多样化，通过相互竞争降低住房反向抵押贷款的费用，开发更多更适合老年人的产品，推动以房养老模式加快发展，使以房养老真正成为厦门养老体系的必要补充。

（3）加大宣传力度。调研发现，了解以房养老模式的厦门城镇老人比重为 24.2%，农村老人比重不足 2%。显然，以房养老是一种养老新模式，目前还未形成体系，法律法规也不完善。许多老人认为房子是应该留给子女的，而子女也认为父母的房子留给自己是天经地义的。对于这些传统观念，不能简单地指责，需要通过宣传，培养老年人新型的理财和养老观念，让他们先消除顾虑，转变思想，自愿接受以房养老。政府除了从制度上加以完善外，要通过各种途径，积极宣传现代新型养老观念，还要在条件适合的地方多进行试点，让老人们看到切切实实的成绩，他们才会放心和接受。

（4）加大对以房养老的投入。以房养老是一个准公共产品，一些城市试点之所以失败，与相关法律法规不完善、政府支持力度不足、相关金融机构自身局限等有关。由于这种新型产品涉及社会保障，因此政府不仅要制定出台一系列的政策法规还要加大对以房养老的投入，为以房养老营造一个健康无障碍环境，并呼吁百姓更加关注老年群体，为以房养老实施扫清道路。

（5）把以房养老和养老地产相结合。老人将房子抵押给金融机构，以抵押后的收入入住养老地产公寓，享受一系列养老服务、结交新朋友、锻炼健身、休闲旅游等，不仅获得物质上的照顾，更收获精神上的慰藉和关怀。养老地产公寓与全国各城市养老公寓建立会员联盟，形成候鸟式旅游养老模式，满足老人的旅游愿望，既为老人节省费用，也免去了老人很多麻烦。政府、金融机构等各方要通力合作，制定一系列政策法规规范操作过程中的行为，统筹利用各种社会资源，加强引导，促进以房养老与医疗、保险、旅游等相关领域互动发展，满足养老服务多样化、多层次需求。

（七）虚拟养老院模式

1. 虚拟养老院简介

虚拟养老院（互联网＋社区居家养老）也称为"没有围墙的养老院"，它是由政府主导，采取财政补贴加盟企业的方式，通过一部服务专线电话、一个信息调度指挥平台和一批各类加盟企业，在市场运作、社会广泛参与下，老人无须入住养老院，便可在家享受专业化和标准化的养老服务。虚拟养老院是一种把家庭养老与社会养老有机结合的新型养老模式，是当前解决养老问题的"破题之举"，未来一定会成为我国养老模式的主流。2007 年诞生的苏州姑苏区虚拟养老院的标准化模式，现已在上海、北京、兰州、扬州、浙江等地推广。

2. 虚拟养老院服务方式、内容和建设工程

（1）服务方式。虚拟养老院健全老人健康档案，全面录入老人信息，通过"互联网＋智能化养老服务管理"平台，根据老人的服务需求向加盟企业发出指令，企业接到指令后派出服务人员（在 30 分钟内）上门为老人提供专业化和亲情化的服务，老人只需拨打服务热线即可在家享受便捷的标准化养老服务。从服

务确认、服务跟踪、服务满意度评价、质量回访、企业派单统计到费用结算，所有工作流程都是由虚拟养老院的信息调度指挥平台来记录和完成，政府进行社会化管理和监督。

（2）服务内容。虚拟养老院主要为自愿注册入院的 60 岁以上户籍老年人提供餐饮服务、生活照料、卫生医疗、保健康复、日常陪护、家政便民、心理慰藉、法律咨询、娱乐学习、临终关怀 10 大类 250 余项服务。服务完毕，按约定向老人收取服务费用，形成一份收费清单。

（3）建设工程。虚拟养老院着重建设以下服务工程：虚拟养老餐厅工程、家政便民服务工程、医养融合工程、服务标准化工程、质量管理工程、教育培训工程、文化服务工程和志愿服务工程，依托科技、突出特色，实现养老服务和管理高起点。

第一，虚拟养老餐厅工程：在各个社区（村）根据老人需求让加盟企业开设一批虚拟养老餐厅。政府把加入虚拟养老院用餐的老人划分为三类，部分优惠由政府部门补贴给提供服务的企业：对辖区"三无"老人实行全额补贴，对重度残疾老人实行免费送餐上门、兜底解决；对其他老人根据年龄段进行就餐分类补贴，划分为 60～74 岁、75 岁及以上两个档次，分别给予餐厅每餐 9 元、10 元补贴（注册入院的老年人每日午餐均可在就近的虚拟养老餐厅享受 15 元标准的服务，其中，60～74 岁的老年人自付 6 元，政府补贴 9 元，75 岁及以上的老人只需要自付 5 元即可）。

积极吸纳社区弱势群体、就业困难人员入股或加盟社区虚拟养老院养老餐厅等工程的投资管理和服务。

第二，家政便民工程：将老人划分为 A、B、C、D 四类，对于 A 类（"三无"老人）和 D 类老人（重度残疾老人）政府兜底解决，对于 B 类老人（重点优抚对象等老人），财政月补贴 50 元服务费（在其享受的服务项目中扣减），对于 C 类老人（普通老人），自己购买家政服务，但服务价格比市场价低 20%。这样既突出了对困难老人的重点保障，又实现了全区老人居家养老服务的全覆盖。

推进"多卡合一"。对社保、交通、医疗、文教、体育健身、旅游、生活消费、虚拟养老院等领域的服务功能进行整合，实现市民卡一卡通，方便老人乘公交车、虚拟养老餐厅用餐、虚拟养老院服务、医院挂号就诊及社区商场、超市、便利店等消费支付。

第三，医养融合工程：创新社区医养融合养老服务。联合辖区内的专业性医疗机构、综合性医疗机构、社区卫生服务中心，通过站点设置和优惠收费政策成立虚拟养老社区医疗站，推进医养融合服务社区化。社区医疗卫生服务机构全科医生签约落实到入住虚拟养老院的老人，推行家庭医生签约服务，提供上门诊视、健康检查和保健咨询等服务，方便老人就近就医，率先解决老年人看病难、看病贵的问题。制定出台在虚拟养老医疗站门诊就医的老年人具体的门诊医疗优惠项目，如从挂号到治疗的诸多医疗项目，可享受全免或者半价等优惠，服务优惠按次计算。其中，挂号费、诊查费享受全免；清创缝合、换药、注射、物理降温、氧气吸入等实行半价优惠。虚拟养老院的注册老人，只要持医保卡到定点医疗机构就医，就能享受相应的优惠诊疗服务。这些优惠项目的收费明细将以工单形式，通过网络系统传达至虚拟养老院的服务平台，进行费用结算。

第四，服务标准化工程：建立完善的工作程序和统一的服务标准体系，内容包括养老行业服务标准、环境标准、安全与应急标准、职业健康管理、财务管理、设施设备及用品、人力资源、合同管理规范、加盟企业标准等各方面的服务规范标准，通过规范化、标准化、专业化的闭环管理模式，实现"虚拟养老"服务管理的主动性和服务质量的可控性，提升养老行业服务水平。成立为老服务培训基地，对从业人员开展养老服务专业技能培训及国家职业资格鉴定工作。

第五，质量管理工程：建立加盟企业准入退出、绩效考核、监督管理等日常管理机制，实行周抽查、月考核、季排名、年评选，要求加盟企业在服务场所设置安全员和急救员，并聘请专业人士对安全员和急救员进行培训，实现对加盟企业的精细化管理。建立对加盟企业的一体化监管机制，联合工商、食药、商务、物价等多家监管单位，不定期对加盟企业进行检查，并为加盟企业安装监控系统，对企业的服务进行实时监控。以加盟餐厅为例，对所有加盟餐厅的进行规范管理，通过到店督查、电话回访等形式，对服务质量进行跟踪和管理。联合食品药品监督局对申请加盟的餐饮服务企业进行实地考察，主要从餐厅面积、就餐环境、食品卫生、消防设施、员工管理、食品安全等方面进行审查，通过审查符合要求的企业，才可加盟虚拟养老餐厅，为老年人提供餐饮服务。不定期对加盟餐厅的卫生环境、索证索票制度、食品添加剂、各类高风险食品加工等方面工作进行检查，确保老年餐厅的食品卫生安全。对加盟餐厅进行消防安全和医疗卫生方面培训，并印发《虚拟养老院加盟企业服务安全实施方案》，保障用餐现场老人的人身安全，提升加盟餐厅的消防安全防范技能和对突发意外老人的应急处理能力。

3. 发展虚拟养老院模式的劣势

（1）政府养老与家庭养老职能重叠。以苏州虚拟养老院为例，《苏州市居家养老服务体系建设实施意见》规定，80 岁及以上的老人可以享受每月一次的免费服务。此政策的实施与虚拟养老院提供的家政养老服务在一些家庭中产生了偏差。一些老人与儿女同住的家庭，将家中的重活累活留给虚拟养老院服务人员每月一次的免费服务来完成，服务人员常遇到替老人子女洗衣、洗碗等情况。显然，政府在养老领域与家庭职能出现了重叠。

（2）养老服务行业中多领域尚待规范。一是目前居家养老服务行业没有国家统一的标准和资质认证，服务人员的培训、上岗由各地方自主把握，服务水平无法确定。二是虚拟养老院管理人员和服务人员的岗位和补贴也不统一。三是服务标准和考核标准都不同，不利于养老服务正常有序地开展。随着居家养老服务的兴起，相关社会组织和民非企业大量进入养老服务行业，它们管理和服务水平参差不齐，养老行业也没有统一的规范考核与认证。比如，厦门各区养老服务标准不一样，考核标准不同，评估机构也不同，差异很大，甚至出现，如湖里区服务完后才定考核标准；翔安区居家养老服务用社工标准来考核等。

（3）资金短缺仍然是虚拟养老院发展的最大障碍。目前，购买养老服务的资金来源基本上还是仅依靠政府的财政拨款，这远远不能满足数量庞大的老年人需求。政府财政投入的不足造成养老服务水平的不均衡和受益群体有限，很多社区只配置一名或两名助老员，服务数量少。因此，厦门 12349 平台数据收集困难：如思明区、湖里区、翔安区对数据采集不要求，其他机构老人数据和老来俏平台数据也无提交到 12349 平台上来。

（4）服务机构（企业）发展不足，人员专业技能较弱。社区居家养老服务实行的时间短，专业机构发展不足，专业服务人员数量少，专业技能薄弱，大部分工作人员只能提供基本的生活护理，缺乏专业心理疏导和医护技能，没有经过正规培训，难以满足老人多层次需求。虚拟养老院护理员工作辛苦，还存在一定的危险性（如出行陪护老人出现摔倒、如按摩可能出现骨折等类似事件，目前无第三方保险公司可以购买相关的保险），工资水平又较低，工作人员积极性不高，流失率高。因此，服务人员队伍素质不高、规模难以扩大是制约虚拟养老院发展的"瓶颈"。

（5）虚拟养老院养老服务有效需求不足。目前厦门的居家养老服务还处于补缺型服务而不是普惠型服务，把社区居家养老服务对象定位于特殊困难、空巢等老人群体，局限于政府付费的小范围；或者把居家养老服务定位于有钱人，看做完全的商业性行为（如12349热线很多服务项目收费与社会上收费无太多差别，影响了老人购买和消费）。这两种观念和做法都曲解了居家养老服务的内涵和本质。从社会公共管理角度看，社区居家养老服务是社会公共服务的一部分，虽然有公益性、福利性和营利性三种服务类型，但其主体是公益性和福利性，并不是营利性。虽然12349平台提供：医疗康复、家政保洁、生活便利、出行陪护等，覆盖老人衣食住行乐全方位服务需求，但是平台市场推广艰难，购买力不足，从2016年11月上线至2018年6月只服务过约5万人次的老人。同时，调研却发现，很多老人的服务需求无法满足，他们不满意目前社区提供的养老服务。

（6）虚拟养老院养老服务的绩效评估难度大。养老服务需要对老人生活、医疗、精神等方面需求的内容，对提供不同养老服务的各服务机构建立规范的评估标准，同时也要对老人需求、健康状况等建立相应的评估标准，形成一个完整的养老服务绩效评估指标体系。该绩效评估指标体系有两部分，即对养老服务对象绩效评估的指标体系和对养老服务提供者绩效评估的指标体系。对虚拟养老院养老服务的绩效评估主要包括两个方面：效率和效果。但实践中，资金使用效率和项目实施效果两个指标难以量化考核，目前没有统一的养老服务质量标准，养老服务过程又涉及社会多个职能管理部门，虽然可以委托社会评估机构进行专业评估，但由于其规模小、专业化程度低和缺乏独立性等问题，也难以获得认可。而政府既是服务的提供者又是监督者，这双重身份使其发布的绩效评估结果可信任度降低。

此外，还存在达到标准的社区养老服务机构少，老人迫切需要提供的上门维修、家政服务、就近用餐、配送餐服务等难以实现；医养结合的复杂性和可操作性：社区医院网点不足、医生缺乏、医疗设施简陋、紧急医疗救治、老年人常见病慢性病药品不足、取药用药不方便；社会大众对厦门市市民养老服务中心（12349热线、欢孝App等）认知不足，缺少媒体宣传报道，相关企业盈利难等相关问题。

4. 发展虚拟养老院模式的优势

（1）创新了社会管理模式。在福利事业中政府将原来由自己直接提供公共服务的事项，根据公共服务类型选择适当的社会机构进行服务，打破了政府提供公共服务的垄断地位，将公共服务类型与社会机构类型进行有机结合，在社区居家养老服务中建立了财政资金购买服务、社会机构提供服务、居家老人享受服务的服务新模式，克服了政府在资源配置上和微观管理上的无效性，引入了市场竞争机制，充分发挥了市场和政府的双重优势。虚拟养老院市场化的运作模式为医疗保健、家政服务、物业维修、粮油配送等各类社会服务机构的加盟提供了可能，极大地扩充了养老服务项目，为养老服务的产业化奠定了基础。

（2）破解了土地、资金等资源制约，实现政府、企业和老人多赢。政府建设一家 300 张床位的养老院需要投资 2000 万元以上，而建设虚拟养老院只需机构养老 10% 的建设成本和 10% 的运行成本，即可解决上万老人的日常养老问题，还受到了广大老年人的热烈欢迎。花小钱，办大事，正如习总书记考察兰州城关区虚拟养老院时说的"用不多的资金，解决了一个大问题，这件事做得很好"。不仅有效缓解了实体养老机构的养老压力，减轻了政府的财政压力，而且大大节约了土地等资源，实现了社会资源的集约利用。

（3）虚拟养老院模式是对传统居家养老和机构养老模式的创新和突破，结合了二者的优点，减轻了子女养老负担，极大地提升了养老服务效率。受传统观念的影响，绝大多数老年人选择社区居家养老，只有少数老人选机构养老。随着"421"家庭结构的日益凸显，无论是老人，还是子女，各种居家养老矛盾和压力也日益突出。而虚拟养老院的建立和运行为有效解决居家养老难题提供了新方式，使老人既可以不离开家庭和亲人，又不必占用养老机构床位，老人通过点单支付费用后，便可以享受上门的专业养老服务和保障。由于虚拟养老院服务工作的便捷性、高效性和针对性，老人加入虚拟养老院，就像儿女在身边，不但实现了老人居家养老的愿望，解决了子女有孝心而无时间的困扰，还传承了孝道，维护了家庭和谐、社会和谐，实现了虚拟养老服务贴心、子女放心、老人舒心的宗旨，消除了区域隔阂（原本各街道各社区养老服务各管各，无法资源共享），且又因其养老服务理念平民化、服务标准明确化和服务管理规范化，可操作性和可控性都很强，故而极具普适性和实践推广价值，具有重要的范式意义。

（4）虚拟养老院把政府的老年福利惠及所有老人，满足了老人的多层次需求，极大地改善了老人的生活品质。虚拟养老院借助互联网平台，用大数据为养老服务做引导，把社区医疗资源、各类服务企业和居家养老等融合为一体，把传统居家养老升级为"现代智慧养老"，形成了社区居家养老服务共生共融可持续发展生态圈。虚拟养老服务涵盖了老人基本生活需求，使老人居家就可享受与机构养老同等的专业化、标准化和人性化的服务，不但为老人提供必要的医疗保护，解决了失能、半失能、三无、空巢、独居、特困、高龄等老人的生活难题，使老人心理上更具安全感、更有尊严、更加体面地安度晚年，还满足了其他所有老人多样化、个性化的服务需求，如老人的社交需求和情感呵护等，极大丰富了老人的晚年生活，受到广大老人的普遍欢迎和一致好评。

（5）延伸了养老产业链，推动了养老产业发展。虚拟养老院涉及餐饮、医疗卫生、家政、文体娱乐、法律咨询等多个行业，随着其服务内容的不断丰富、服务功能和内涵的不断延伸，社区居家养老服务市场空间必将越来越大，相关产业发展的前景越来越广阔。虚拟养老院作为养老服务产业的孵化器，利用新一代信息技术，将个性化养老服务需求和各类养老服务企业有机结合，延长了养老产业链条，推动了养老服务向专业化、标准化、产业化发展。同时，虚拟养老院便于规模化运作，这大大降低了运营成本，必将成为今后老年人养老的一种新的主导趋势，推动养老产业大发展。

5. 厦门发展虚拟养老院模式的建议

（1）确定战略定位，使虚拟养老院成为厦门养老模式优选乃至首选。从构建和谐社会和应对厦门市人口老龄化的战略高度，把"虚拟养老院"列入政府为民办实事的"民生工程"，列入相关部门的年度目标和考核范围，形成党政主导、民政牵头、各部门配合、社会广泛参与的工作格局。加大政府资金投入，建立虚拟养老服务补贴制度，推行政府购买养老服务。完善相关法律法规，制定虚拟养老服务更加优惠的产业政策，健全社会保障体系，快速推动老年福利向普惠型发展，为老年人提供高质量的虚拟养老服务，推动建立新型的养老服务体系。制定出台《虚拟养老院运营方案》，辅导监督相关服务机构和企业执行，确保战略准确高效地执行。

（2）加快推进虚拟养老院建设。首先，着力构建虚拟养老院智慧养老服务系统平台。以大数据、云计算等现代化信息平台为载体，对所有加盟提供养老服务的企业进行整合，建立统一呼叫中心（或完善 12349 服务系统），在全市打造"没有围墙的养老院"，发挥虚拟养老院 24 小时管理服务的优势，为居家老人提供标准化、专业化、亲情化的养老服务。其次，推行分类保障。凡是厦门户籍60 岁及以上的老年人，都可以在社区登记，注册加入虚拟养老院。虚拟养老院为不同类型的老人提供不同的养老服务，老人按需选择，实现供需无缝对接。最后，虚拟养老院实行"政府推动、市场化运作、信息化管理、专业化服务"。政府始终起主导、引领、扶持和管理监督的作用：支持虚拟养老院信息技术平台建设，提供优惠的扶持政策为平台的使用和推广提供帮助，选择优质民办非企业单位作为平台运营主体，实行独立核算，自负盈亏，优化配置市场资源，为老人提供专业化养老服务。

（3）构建以全市老年人健康档案信息为基础的智能化虚拟养老院健康管理系统，为老年人的健康提供保障。内容主要包括：一是健康体检。建立规范的健康体检标准，定期对老人的血糖、血压、心率、血氧、身高、体重、BMI等基础健康数据进行检测，并针对老人的健康情况及指标检测数据进行智能分析，提供医疗咨询，给出专业健康建议。为老人收集数据录入虚拟养老院平台系统，包括老人基本信息、健康数据、医疗服务过程数据，形成老人连续完整的健康数据，实现系统云计算和大数据分析，对老人养老服务过程进行科学分析和智能化管理，做到早发现、早预防、早调理、早康复。二是健康教育。深入老人家庭提供个体宣传教育，组织社区老年人开展精神卫生、生活卫生和疾病预防健康讲座，编制老年疾病知识手册，开展老年手指操、脊柱保健操、广场舞等健康培训。微信建群加强教育。建立各个亚健康相关老人微信群，不定期地在群里推送针对性的健康小贴士，并由专家回答老人的健康问题。强化老年人自我保健意识，建立并倡导老年人自助式健康管理模式，逐步形成现代健康生活方式，提高老年人健康水平。三是健康管理。提供医疗保健和营养咨询、健康风险评估、健康指标预警、营养膳食分析、营养食谱推荐和健康视频宣教等多种内容的健康管理。四是虚拟养老院医疗。健康数据实时同步给虚拟养老院医生，让医生为老人制定更精准、更高效的健康指导计划和医疗服务。

（4）完善虚拟养老服务内容，满足老年人服务需求。随着老人养老需求的不断多样化，虚拟养老院通过对老人多层次服务需求的开发，做到优化虚拟养老服务结构，保持供需平衡。一要建立需求评估机制。对老人需求进行评估，精确识别，精准服务供给，精确管理。二要加大社区参与管理虚拟养老院的力度，及时发现服务中存在的问题和老人的需求，落实服务内容，做到供需匹配。比如，根据老人需求定期请一些专家为社区老人举办保健和养生知识讲座等，传达健康护理常识，让虚拟养老院提供的服务更契合老人实际需求，为老人健康提供更多保障，提高老人对虚拟养老服务的满意度。三要丰富服务内容，提升服务人员专业水平。加强对管理人员、服务人员和志愿者定期专业培训力度，提高其思想道德素质和专业技能水平，引入考评机制，逐步推行专业服务人员职业技能等级证书和持证上岗制度，不同的等级证书获得不同的薪金报酬，不断提高养老服务队伍的专业化水平，满足养老管理和服务需求。四要完善服务体系，优化服务流程。建设完善养老服务设施，普及专业养老服务，让所有有需求的老人掌握虚拟养老服务机制，保障每个服务环节运作流畅，避免老人需求无法满足。比如，为老人定制专门手机，老人在需要服务时，按下"一键通"即可连接虚拟服务热线（或12349热线），获得中心提供的各项服务。这种做法既可减轻服务人员的工作量，也减少了老人电话预订服务的困难。

（5）积极开拓社会各方养老资源，建立虚拟养老院长效发展机制。一是本着以"为老年人提供最优质的服务"为宗旨，制定相关政策，组织企业招标竞争，尽量以税收减免的方式来替代政府资金补贴的部分投入；运用PPP模式推动虚拟养老院向市场化发展。二是设立虚拟养老院基金，拓宽资金来源渠道，吸引更多热衷于公益事业的企业或个人提供相关服务或是资金帮助。引入企业或社会组织，提升参与企业的口碑，使企业获得相应的社会文化层面的"利润"，激励其参与进来，进一步发展"公办私营"的虚拟养老院，缓解资金压力；为自愿的社区商场、超市、便利店授"虚拟养老院联盟"牌，鼓励老人和家属到授牌商场购物，商场按一定比例（比如1%）捐赠予社区虚拟养老院。三是整合利用各种社会养老资源，借鉴滴滴专车管理，精准实现养老服务资源的即时供需对接。比如，改造利用现有闲置厂房、社区用房等兴办养老服务设施，挖掘闲暇社会服务资源：医生、康复师、护士、生活指导员、律师、工程师等组成类似滴滴专车的管理服务团队随时提供老人的虚拟养老服务；挖掘闲暇或低效服务设施、场所或资源：学校运动场、体育馆、公共场所，甚至包括养老机构、医院、药店、企事业单位的服务设施、各种仪器设备或场所等资源为虚拟养老提供便利。依托云计算和大数据等信息技术打造养老服务供需双方即时互动平台，提高社会资源利用率，保障虚拟养老服务供需平衡，实现养老服务精准化管理。四是引入志愿服务组织或人员，完善"社区、社会组织、社会工作"三社联动机制。鼓励社区成员参与，建立养老护理金制度。护理金账户可以由两部分组成：一部分由个人单位缴存，另一部分自己做志愿服务获取积分换护理金。为每个志愿者建立档案，护理金可以在自己或家人需要时支取进行护理服务。虚拟养老院居家养老护理员需求量大，护理金制度既解决养老服务中志愿者缺乏问题，提高社区成员参与志愿服务的积极性，又使志愿服务保持可持续发展。加强与高校合作，积极发展大学生志愿者队伍，号召企事业单位、社会公益群体等积极提供老人精神慰藉、家政或体力劳动等。五是借鉴日本"长照险"模式建立厦门养老长期照护险，使老人在享受虚拟养老院居家养老服务时不用再为费用所担心，极大地促进了社会和谐。

日本"长照险"模式：保险费由政府、用人单位与参保人共同负担，保险费和税费各占一半，使用者自身负担10%。

（6）加大虚拟养老院的宣传力度，着力提高老年人的关注度和参与度。建立宣传养老专项资金加强公益广告宣传，使老年人了解虚拟养老各种服务，改变老年人的养老意识，鼓励老年人积极注册成为虚拟养老院会员。一是通过电视广播、互联网、报纸和社区宣传栏等多种媒体宣传政府的虚拟养老院政策、优惠和12349热线，并通过公益广告来获得社会公众的广泛认知，推动社会资源对养老事业的支持；二是对社区日常一些老年人养老服务活动进行报道及健康知识普及宣传；三是有组织、有计划地让社区所有60岁以上老人优惠购买一次虚拟养老服务，让其事先体验，亲身享受虚拟养老服务，主动加入。

（7）完善监管体系，提升服务质量。完善虚拟养老院的各项规章制度和工作程序，由市养老行业协会协同政府制定养老行业服务标准与加盟企业的准入和管理考核评价标准，形成养老全产业链的标准化操作流程，加强监管，净化行业竞争机制，防止故意压价获得政府采购，全面提升养老服务质量和水平。制定相关优惠政策，给予养老服务智能终端研发、大数据平台等方面的专项补助和税收减免，鼓励加盟企业长期发展，制定有效的奖惩办法，充分调动加盟企业的工作积极性，使其提高专业服务水平，进一步增强老人对虚拟养老院的信任和参与。成立专门负责虚拟养老院的工作监管小组，对街道及社区相关部门加强监管，制定一整套针对从管理者、工作人员到志愿者的完善的制度规范和监督考核问责机制。加强养老服务质量标准的考核监督。由质监部门、评估专家、养老机构服务人员和老年人共同参与考核加盟企业，服务达到标准才可以提供养老服务。强化对不达标企业或服务人员的惩罚和对确有突出贡献的企业或服务人员的奖励，以达到提高专业化服务水平的目的。引进第三方专业评估机构，完善监督评价机制。采取更为灵活的监管机制高效管理，让工作人员、老人、社区工作者和普通百姓都能够广泛参与监督和评价虚拟养老院的运营和管理，提高老人满意度，提升养老服务质量。

（八）农村新型养老模式

1. 目前厦门岛外农村基本养老模式

（1）家庭养老。家庭养老指建立在血缘关系上的亲情养老，主要由配偶、儿女或者其他亲属承担养老责任，包括经济供养、生活支持和精神慰藉。家庭养老是目前岛外农村主要的养老模式。

第一，优势：我国崇尚儒家文化思想，讲求孝道，家庭养老是一种反馈模式，家庭养老在提供基本生活保障和精神慰藉方面具有无可替代的作用。由于农村的特殊性，实施其他养老模式的条件相对较差，家庭养老具有相当优势。

第二，劣势：①现代农村家庭子女数量减少，家庭养老负担加重。②农村住宅空间设计难以满足老人行为需求。③传统养老观念受到新价值观念冲击，代际分离隔阂等问题突出。④大量农村人口涌入城镇，产生大量留守老人和跟随子女进入城市的老人的养老问题。

（2）社会养老。农村社会养老机构（如福利院、养老院、托老所等）是为农村老年人提供有偿或无偿的生活照料，以保障老年人安度晚年的养老方式。

第一，优势：①机构养老让子女从照顾老人的工作中解放出来，更好地集中在自己的事业上，减轻了子女的负担。②老年人在养老机构集中生活，可以缓解老人的孤独感。③养老机构的娱乐设施和各种娱乐活动丰富了老年生活。

第二，劣势：①传统养老观念阻碍着机构养老的普及。②养老机构运作方式千篇一律，只注重基本生活护理而对老人心理健康关注不够，甚至虐待老人，加之子女经济能力等问题导致很多人望而却步。③农村养老和医疗保障制度建设长期滞后，造成农村居民难以转向依靠社会养老，导致社会养老发展不足。

（3）自我养老。①土地养老：老年人依靠土地获取部分生活必需品，或者将土地流转获得一部分收入来保障养老。但是，随着老年人劳动能力的衰减，农村土地面积由于城镇化的推进不断缩减，以及土地边际收益率下降，导致土地的保障功能正在减弱。②储蓄养老：指老年人将个人积蓄存入银行，并以此获取利息来保障养老。但是，根据目前的存款利率和通货膨胀水平，想通过储蓄养老存在很大困难。③农村社会保险和救助养老：指以保障农村老人的基本生活为目的，建立个人缴费、集体补助、政府补贴相结合的筹资模式。由于政府救助资金的缺乏，部分低保制度下的老年人依靠低保难以维持最低生活保障。

（4）就地集中养老模式。由当地村委会利用集体资金，修建新养老院或者利用本村闲置的房产、学校等改造成养老院，供本村的空巢老人居住。该模式吸收了机构养老和家庭养老两者的优点，既有机构养老集中居住、互相照应、便于管理的特点，又延续了家庭养老模式的温馨氛围，实现了农村空巢老人"离家不离乡，就地安度晚年"的愿望，是解决农村养老问题的新思路。

第一，优势：①养老资源充分利用。村集体与个人各自承担相应的费用，养老院采取自愿申请，集中居住，以自我管理为主，互相帮助为辅，提倡志愿服务，干群结对，年纪小的、身体好的照顾年纪大的、身体差的。②雇本村留守妇女为护工，不仅提高养老院服务质量，还增加了农户家庭收入。③该模式从供给侧入手，精准抓住农村老人需求痛点，切合老人的真正需求。就地集中养老，不离开原有的生活环境，不改变原有的生活习惯，离家不离乡，符合传统养老观念。④既解决了子女负担重无暇顾及老人养老，还解决了老人晚年孤独的问题。有利于构建和谐的代际关系，有利于减轻子女的负担，有利于保障农村老人的晚年生活，有利于培养互助养老、志愿者无私奉献精神，有利于构建和谐的人际关系，有利于社会主义新农村建设。

第二，劣势：①养老资金相对缺乏，养老标准较低。②专业服务人员不足，服务质量和水平难以保障。③管理还不规范，存在安全风险，争议和矛盾也难以解决。

2. 厦门岛外农村新型养老模式发展建议

（1）农村社区居家养老服务与传统村落保护有机融合模式。当前，农村社区居家养老尚只能满足"老有所养"的基本物质需求，难以满足更高层次的"老有所乐、老有所为"的精神需求。支持鼓励有条件的村庄制定传统村落保护和可持续发展总体规划，积极修缮传统民居、宗祠、庙宇、古路古桥等有价值的历史建筑和文物，保护古井古树等历史环境要素，充分利用传统建筑，积极开展节日庆典、传统文化讲堂、养生保健讲堂和老年人文体活动等，采取多种形式传承、复兴村落的传统生活价值和文化教化价值，重新塑造村民的精神家园，传承村落优秀文化根脉，让村民系住乡愁，促进村落传统文化遗产的建设和传承。充分发挥老年协会的作用，激发和调动威望高、经验丰富或年富力强的农村社区居家老人的主动性和创造性，积极参与宗祠庙宇民居等传统建筑和历史环境要素的修缮和保护，以这些老人为主体积极开展祭祖、修谱、传统婚庆、传统民居旅游、传统文化宣讲、文艺等活动，既有效保护和传承了村庄丰富多元的历史优秀文化遗产，又充分发挥了农村社区居家老人独特的社会资本和丰富经验的作用，为老人"老有所养、老有所乐、老有所为"提供了广阔的舞台，高效地满足了老人的成就感和幸福感，实现了传统村落保护与传承的可持续发展。

（2）发展"虚拟养老院"模式，创新农村社区居家养老服务。充分考虑农村现状和老人需求特点，依托互联网，建设完善农村社区居家虚拟养老服务内容、服务标准和资费设置，健全制度管理，完善农村虚拟养老服务标准体系，优化农村养老服务资源配置。鼓励农村老人首次免费体验付费养老服务，对后续再次参加虚拟养老服务的老人分类给予免费或折扣优惠等，推动有条件的老人自费购买服务。加强政策引导和宣传，鼓励社会多元力量参与，推动形成"政府—市场—社会"合作共治的农村社区居家虚拟养老新格局。加强对农村财政薄弱地区的支持力度，多渠道筹措资金，鼓励民间资本投入。统筹社会资源，为农村虚拟养老提供保障。

（3）积极推进农村就地集中养老模式，促进农村幸福院转型。政府从资金和政策上加大对"就地集中养老模式"的扶持力度，鼓励村集体发挥主导作用，加快农村幸福院转型，使农村老人"分散养老"变为"集中养老"，建立统一管理标准，让农村更多老年人"离家不离乡，就地安享晚年"，真真切切地享受到便利的养老服务。由当地村委会多方筹集资金，修建幸福院或利用本村闲置房产、学校等改造成幸福院，供本村空巢等老人居住。根据自愿原则，采取"集中居住，自我管理，互相帮助"的原则，制定轮流互助制度或者提倡志愿服务，让老人们住在一起相互照顾，节约成本，提高效率，既满足了老人基本生活需求、生产帮扶需求，还满足了老人们相互慰藉的精神需求，使农村广大老年人普遍受益。完善农村养老保险和医疗保险制度，为农村养老提供切实有效的保障。

（4）"时间银行"互助养老服务新模式。鼓励农村社区为老年人办实事，动员热心公益事业、身体健康的低龄老人志愿者，引导他们积极开展为高龄、孤寡、失智、失能等老人的志愿服务。社区低龄老人、社会工作人员和大学生组成互助养老志愿队伍，按照就近原则，开展为老志愿服务，满足社区老人的养老服务需求，让老人不再孤独，居家安享晚年生活，缓解农村社区养老难题。规范志愿服务管理，通过组织培训，协助志愿者掌握更多的护老技巧，提升养老服务能力。互助养老志愿者为社区老人提供日间照料、保健康复、心理慰藉、就餐膳食等居家养老服务。志愿者的服务时间由社区工作人员核实后，在"时间银行储蓄卡"上给予登记和储蓄，志愿者在自己有需求或年迈时，可将储存的服务时间折抵同等服务，帮助自己或家人解决居家养老困难，让社区居家老人都能老有所依、老有所养。

（5）邻里互助养老模式。该模式不同于一般的邻里间相互帮助，它的服务是收费的，但由于它有一定的公益性和志愿性特征，服务收费一般较低。其主要特点是服务购买者与提供者相互熟悉又相邻而居，属于同一社区或相邻社区，一般由政府部门、农村社区或老人协会组织，通过选择一户空巢、独居或失能老人家庭，设立邻里互助养老点，以老人的生活需求为重点，为老人提供助洁、助医、助餐、助行、助急、代购等养老服务。根据需要服务的老人数量和居住分布情况，本着就近、自愿、互助原则，选择素质好、勤劳吃苦、尊敬老人且有奉献精神的人员，作为邻里互助志愿者，并按程序公开招募和培训，再签聘用合同，统一管理和考核。该模式以精神鼓励与物质补偿相结合为原则，为了稳定养老服务工作，增强责任感和调动服务者的积极性，一般都给予适当奖励或报酬。由村老年协会考评，表彰奖励服务好的，教育批评或解聘服务差的。

第十章　厦门养老模式发展
调查研究结论

一、以虚拟养老院模式创新厦门养老服务

1. 加快推进虚拟养老院建设，推动政府管理养老服务方式从直接转为间接

随着厦门人口老龄化进程加快，老龄人口规模逐步扩大，传统的养老模式受到许多挑战，急需创新养老模式以适应老年人不断发展的需求，虚拟养老院模式应运而生。虚拟养老院由政府主导、社会各界积极参与，充分利用社会资源、社区资源和家庭资源，更加契合老年人传统、经济、自由、安全的养老观念，是一种全方位、信息化、智慧化的居家养老服务模式。

党的十八届三中全会通过的《中共中央关于全面深化改革若干重大问题的决定》强调"推广政府购买服务，凡属事务性管理服务，原则上都要引入竞争机制，通过合同、委托等方式向社会购买"。2014 年 8 月财政部、国家发改委、民政部、全国老龄工作委员会联合发布《关于做好政府购买养老服务工作的通知》，对政府购买养老服务的基本原则、主要目标和工作责任都作出了详细规定。显然，政府养老服务管理方式需要转变，即通过合同外包等方式引入第三方服务实体，实现管理方式从过去的直接管理转向间接管理。而虚拟养老院的建设正是借助对加盟企业的"资金补助"和"税收优惠"等多种购买服务工具的使用，使养老服务的生产者和供给者相分离，并将养老服务的供给责任下沉到各加盟企业，推动实现政府在养老服务事业管理中从直接走向间接。

在虚拟养老院实践中，政府对养老服务事业的间接管理体现在其所履行的角色上：

（1）制定政策和法规的引导者。通过制定虚拟养老院的各项规章制度和相关优惠鼓励政策，引导服务企业、社会组织和全体市民积极参与，鼓励企业积极加盟，吸引社区老人踊跃注册成为虚拟养老院成员。

（2）资金支持者。为虚拟养老院启动和运营提供基本资金。

（3）方案制定和实施者。制定符合厦门养老服务工作的详细计划和工作流程，实施《厦门市虚拟养老院运营方案》。加盟企业则是虚拟养老院运营的直接执行者。

（4）监督、考核管理者。制定虚拟养老院养老服务标准和加盟企业的准入和管理考核评价标准，通过定期调查回访被服务老人的意见和建议，定期评估考核加盟企业，不断总结虚拟养老服务每一种购买工具带来的收益和弊端，更好地整合市场和社会民间力量，使养老服务效益达到最优。

2. 促进养老服务惠及面快速扩大，推动老年福利向普惠型发展

目前，厦门政府的养老服务工作是"兜底"式的，即主要针对孤寡、三无等老年群体的服务，这无法满足广大老年群体日常生活中的多元化服务需求。如果将这部分服务需求完全推给市场，可能会出现"市场失灵"问题。政府搭建虚拟养老院平台，通过购买养老服务引进加盟企业，对社区居家养老老年人餐饮、生活照料、医疗保健、文化娱乐等各项具体养老服务给予适当补贴，充分满足了不同经济条件、不同身体状况所有老年群体的养老服务需求。虚拟养老院作为一种新型养老方式，其养老服务惠及面是全市所有老年人群体，充分体现了福利多元主义中服务平等、保障的价值理念，是养老事业发展的一种巨大进步。

3. 延伸养老产业链，推动厦门养老产业大发展

当养老服务的目标群体不再只有独居、三无等老人群体，而是扩大为全体60岁以上普通老人，他们收入各异、需求多元，涉及餐饮、家政、文体娱乐等行业，这是一个庞大的潜在市场，对营利企业具有强大的吸引力。虚拟养老院作为养老产业的孵化器，通过对养老服务的购买将营利企业纳入进来，使营利企业越来越多进入养老服务领域，程度不断加深，并最终占据主导地位，推动了养老服务向专业化、标准化、产业化和规模化发展，延伸了养老产业链。政府通过引入竞争机制，充分发挥市场竞争优势，必然降低养老服务成本，提升养老服务质量，使全体老年人受益，同时还推动了厦门养老产业大发展。

二、推进虚拟养老院与医养结合、机构养老和智慧养老等养老模式充分融合发展

1. 推动虚拟养老院与医疗结合，促进医疗资源进入虚拟养老院

结合社会医疗资源搭建虚拟养老院医疗支持体系，推行社区家庭医生签约服务，对社区养老进行辐射和支持。鼓励医疗机构将医疗护理和康复等服务延伸至虚拟养老院注册老人家庭，探索为失能、半失能等老人设立"家庭病床"，与老人家庭签约，提供连续的健康管理与医疗服务。建立社区老人健康档案与慢病分类管理体系，建立社区老人预防医学和完备的应急医疗体系，完善老年人健康评估模型，实时动态了解老人的身体健康状态，及时实施有针对性的"养"。针对老人体质制定养生健康食谱和餐单，为老人提供康复运动及理疗计划。建立老人健康信息预警平台，依托社区医疗机构自有的急救体系，在收到老人预警信号15分钟内，确保有急救需求的老人能到达最近的三甲医院。针对档案中老人常见疾病，定期请特定的专家医生进行上门服务，平时给予老人提供相应的医疗咨询服务。支持医疗卫生服务机构增设护理型床位、老人康复床位等医养结合床位，推动社区卫生服务机构开展家庭医生、上门巡诊、社区和居家护理等服务。

2. 加快养老信息化、智慧化建设，促进虚拟养老院和养老等机构相互融合发展

支持研发和应用虚拟养老院、社区居家智能养老系统，利用互联网、物联网、云计算、大数据等技术手段，重点拓展远程提醒和控制、自动报警和处置、动态监测和记录等养老服务功能。建立虚拟养老院服务信息化平台，以养老机构、社区日间照料中心、托老所、卫生服务中心、社区居家服务中心、幸福院等机构为据点，积极接入虚拟养老院呼叫中心服务模式和智能系统，将机构养老剩余资源（如剩余床位、空闲场所等）、机构服务（如医护人员等）和社区剩余资源、社区服务等向虚拟养老院居家养老延伸。整合家庭养老、城乡社区居家养老

和机构养老的优势资源，建立虚拟养老院社区居家养老服务智慧网络，将一切养老力量和老年群体纳入虚拟养老院的"互联网"中，相互融合，资源共享，依托智慧养老系统实时对接供需双方，充分提高一切养老资源的利用效率。

三、推动养生型养老、旅居养老、抱团互助养老、以房养老等养老模式发展

1. 因地制宜，发展养生养老小镇

统一规划，科学布局2～3个养生养老小镇，打造国家级养生养老小镇，着重解决养生养老社会问题，推进养生养老事业发展。一是为城镇老人体验田园生活营造舒适落脚点，并通过他们把先进投资、管理和消费理念，以及科技文化和优秀人才不断引进农村，更快、更好地促进农村经济社会全面发展。二是提高农民收入。农民通过土地出租、住房出租和参加养生养老小镇运营管理等工作获得一定收益。三是部分入住老人可从事苗木、花草种植和林果修剪、养鸡鸭等劳动，以劳动所得抵消部分费用，使老人能够更加乐观面对生活。通过简单的脑力劳动和体力劳动相结合，让老人过上真正幸福的晚年生活。四是养生养老小镇的建设可以带动当地农副产品、物流、旅游产品、文化体育、信息通信等关联产业的开发，促进养老产业进一步发展。

2. 积极发展旅居养老，打造全国著名旅居养老目的地城市

传统养老模式已经不能满足健康活力型老人的多元化养老需求，而旅居养老追求旅游目的、旅游行为、旅游效果的健康、环保和舒适，已成为现代老年人时尚的生活方式。因此，政府要积极推广旅居养老模式，在政策层面予以规范，使养老机构提升专业化服务水平，让旅居老人拥有"旅游＋居家＋度假＋享老"的生活式体验，真正享受到旅居带来的快乐，提高老人晚年生活质量，让养老升级为享老。

积极打造全国著名旅居养老目的地城市。一是对厦门闲置旅游地产项目发展进行重新规划定位，重点突出滨海旅游、休闲度假、健康养生主题。二是鼓励养老机构通过资本运营方式对养老资源进行整合，组成"候鸟联盟"，促进厦门旅

居养老服务专业化、标准化和规模化发展，打造旅居养老城市品牌。

3. 加强引导，积极支持抱团互助养老新模式发展

抱团互助养老模式较好解决了老人的生活照料、精神慰藉、文化活动等需求问题，既体现传统居家养老习俗，又促进了家庭和睦，同时还缓解了厦门养老资源供给不足问题，是社会主流养老模式的有益补充。政府要对抱团互助养老加强引导、宣传和监管，提供必要的帮扶，协助解决抱团互助养老遇到的问题，促进抱团互助养老模式规范健康发展。

4. 适当发展以房养老

以房养老（住房反向抵押贷款）本质上是一种商业性养老保险，是养老模式的有益补充，对构建厦门多层次的社会养老保障体系是有意义的。但是，当前以房养老还存在政策、法律不够健全、缺乏权威评估机构、不确定因素多等难题，导致以房养老模式在北京、上海等所有试点城市都"遇冷"，市场需求不足。因此，在自愿选择下，厦门可适当发展以房养老模式。

四、因地制宜，积极探索农村新型养老服务供给

目前，岛外农村人口老龄化、"空巢"率远高于城镇，农村老人的养老问题已日益突出。同时，因为老人居住的村庄非常分散，有的还很偏远，无法像城镇社区一样，全部由政府统一为老人们提供上门养老服务，这就要因地制宜，根据老人实际需求，积极探索农村新型养老服务模式，积极发展虚拟养老院，推进就地集中养老，支持鼓励互助养老。

一要补齐农村养老发展短板。大力推进农村养老服务设施和老年人活动场所建设，为独居、孤寡、残疾、失能、高龄、低收入等农村老年人提供养老服务。加快推进农村敬老院转型升级成为区域性养老服务中心。二要探索推进农村虚拟养老院建设。通过"老年互助会""志愿服务队""政府买服务"等多种形式，让老人们足不出村，就能享受各种有偿、低偿和无偿的居家养老服务。三要积极探索志愿服务、亲友相助、邻里互助、"时间银行"互助等养老服务新模式，发展睦邻互助养老点。以农民自有闲置住宅为依托，以自愿为前提，大力发展农村

互助式养老。四要积极推进就地集中养老。充分利用农村幸福院、关爱之家等养老服务设施，发挥农村基层党组织、村委会、老年协会等作用，积极培育为老服务社会组织，依托农村社区综合服务中心（站）、农村文化服务中心、村卫生室、农家书屋、村广场等设施，为农村老年人提供丰富多彩的关爱服务。整合基层各类资源，推进农村社区居家养老服务与传统村落保护有机融合，多形式做好农村老人养老服务保障工作。

五、保障措施

1. 完善养老服务保障体系

一要大力推进医养融合发展，构建政府、机构、社区、家庭以及社会各方共同参加的医、养、护融合发展服务体系，实现所有社区的老年人基本医疗服务全覆盖。二要强化养老服务和护理队伍的建设。加快编制厦门市养老护理员队伍建设专项规划。三要着实提升老年人养老照护的支付能力。建立社区居家养老服务财政补贴制度，积极探索推进社区居家老年人医疗护理费用医保支付的政策，推进建立长期护理保险制度。四要充分发挥现代信息技术和科学技术的支撑保障作用，构建厦门市智慧养老平台。建立养老机构的日常管理和服务系统、社区居家养老服务系统以及针对老年人的需求评估系统等智慧系统。建立完善社区居家养老服务的综合信息平台，对老人照护需求评估、养老服务分派和服务监管等各环节实行一体化的智慧管理。

2. 健全政策对养老服务的支撑体系

一要加强养老服务法制化、标准化和规范化建设。二要规范基本养老服务的收费政策。出台《养老机构服务收费管理办法》，明确规定基本类养老机构养老服务实行政府定价，其他类养老机构则实行政府指导价或市场定价。三要进一步完善养老服务的优惠扶持政策。加大养老设施建设的补助力度，对非营利性的养老机构推行"以奖代补"的扶持政策（比如设立养老机构的品牌连锁经营奖、医疗机构奖和招用持证护理人员奖等），切实提高养老机构的管理和养老服务水平。各类养老机构使用的电、水、气，均按社区居民生活类的价格标准进行收费，同时对养老机构使用的有线电视收费实行优惠。推进养老机构投保老人意外责任险，建立完善养老机构的风险防范机制。四要建立并完善多元主体参与的养老服务发展机制，推进养老服务市场的全面开放。

3. 建立老年人照护需求的评估体系

一要完善老年人照护需求评估标准，建立老年人照护需求评估信息管理系统。由市卫计委牵头，市民政、医保等部门共同参与，建立全市统一的老年人照护需求评估参数以及照护等级标准。二要着力培育第三方老年人照护评估机构，建设好评估队伍。三要整合老年人照护资源，切实增强老年人照护的服务能力。着力提升养老机构和老年护理医疗机构的养老服务水平，促进社区老年人医疗护理站和社区老年人生活照护站等各类老年服务机构发展，促进基本养老公共服务和老年人养老服务需求有效对接且公平匹配。

4. 建立健全养老服务行业的监管体系

一要加强准入的监管。出台《养老机构设立许可指南》等政府指导性政策文件，建立养老机构的设立许可信息系统，并实现申请、受理、审核、批复、发证全部线上运行完成。二要强化日常监管。由市民政局和市公安局联合组织培训，对全市养老服务行业开展消防安全专项治理；由市食药监局和市民政局统一联合行动，规范全市养老机构、社区养老服务组织的用餐安全。三要加强行业自律。建立全市养老机构等级划分、评定制度，建立养老护理服务人员的培训以及护理等级鉴定制度，对养老机构的设施设备、人员配备、服务质量、管理水平以及社会信誉等各方面进行综合质量评估。四要加强社会监督。设立养老服务投诉专线，接受全体市民的举报、投诉和建议。根据"谁审批、谁监管"原则，将全市年度各类机构养老服务运行情况等信息向社会公开，接受社会公众监督。

主要参考文献

［1］Act for Partial Revision of the Long – Term CareInsurance Act, Etc. In order to Strengthen Long – Term Care Service Infrastructure ［EB/OL］. http：//www. mhlw. go. jp/english.

［2］Axel B Rsch – Supan and Christina B. Wilke. The German Public Pension System：How it Was, How it Will Be ［J］, SSRN Electronic Journal, 2003.

［3］Axel B Rsch – Supan, Reinhold Schnabel, Simone Kohnz, and Giovanni Mastrobuoni. Micro – Modeling of Retirement Decisions in Germany ［J］. National Bureau of Economic Research, 2004.

［4］Axel B Rsch – Supan. A Blue Print for Germany's Pension Reform. Paper prepared for the workshop "Reforming Old – AgePension Systems" ［J］. Herbert – Giersch – Stiftung, 2000.

［5］Ball, Scott M. Livable Communities for Aging Poulations Ur – ban Design for Longevity ［M］. Hoboken, NJ, USA：John Wiley & Sons, 2012：137.

［6］Beatrice Scheubel. Bismarck's Institutions：A Historical Perspective on the Social Security Hypothesis ［J］. Mohr Siebeck, 2013.

［7］Bericht der Bundesregierung ueber die Entwicklung der Pflegeversicherung undden Stand der Pflegerischen Versorgung in der Bundesrepublik Deutschland ［G］. 2011.

［8］Bert Rürup. The German Pension System：Status Quo and Reform Options ［J］. NBER Chapters, 2002：137 – 170.

［9］Boyle A, Wiles J L, Kearns R A. Rethinking ageing in place：The "people" and "place" nexus ［J］. Progressin Geography, 2015, 34（12）：1495 – 1511.

［10］Bundesministerium fuer Gesundheit. Pflegeleistungen nach Einfuehrung des

Pflegstaerkungsgesetz 1, Bundesministerium fuer Gesundheit ［G］. 2014.

［11］ Chen H, Zhen F. Impact of ICT on community satisfaction among elderly: The case of Suojin Community in Nanjing City ［J］. Progress in Geography, 2016, 35 (9): 1167 – 1176.

［12］ Deutsche Pflegestatistik. Statistisches Bundesamt ［G］. 2013.

［13］ Eckhard Feddersen. A Design Manual Living for the Elderly 2011 ［M］. Birkhauser verlag, 2011.

［14］ Fu Y L. A summary on studies of urban institutions for old – age care in China ［J］. Journal of Nanjing College for Population Pro – gramme Management, 2009, 25 (1): 33 – 36, 74.

［15］ Gao X L, Wu D X, Xu Z N, et al. 2015. A review and frame – work setting of geographical research on aging in China ［J］. Progress in Geography, 34 (12): 1480 – 1494.

［16］ Gao X L, Yan B Q, Ji J. Urban elders' desirable car – ing patterns and its rationality: A decision tree analysis ［J］. Progress in Geography, 2012, 31 (10): 1274 – 1281.

［17］ Gao Y, Li L. Jigou yanglao fuwuyanjiu wenxian zongshu ［J］. Laodong Baozhang Shijie, 2011, (7): 47 – 49.

［18］ GKV – Spitzenverband. Pflege – Transparenzver – einbarung Stationaer... sowei Bewertungssys – tematik der Qualitaetspruefungen ［G］. 2016.

［19］ Golant S M. Geographical perspectives on the elderly ［J］. Economic Geography, 1982, 59 (1): 96 – 98.

［20］ Harald Conrad, Tetsuo Fukawa. The 2000 /2001 Pension Reform in Germany – Implications and Possible Lessons forJapan ［J］. The Japanese Journal of Social Security Policy, 2003.

［21］ Judith Ann Trolander. From Sun Cities to the Villages: A History of Active Adult, Age – restricted Communities ［M］. University Press of Florida, 2012: 93 – 97.

［22］ Li X Y, Tian Y S, Chen J T. Reflections of urban planning on the context of an aging society ［J］. Tropical Geography, 2011, 31 (6): 575 – 579.

［23］ Long – Term Care Insurance System of Japan November 2016, Health and Welfare Bureau forthe Elderly. Ministry of Health Labour and Welfare ［EB/OL］. http：//www. mhlw. go. jp/English/policy/care - welfare/care - welfare - elderly.

［24］ Lu D H. Qiantan dangqian she - hui yanglao wenti de yingdui cuoshi ［J］. Entrepreneur World, 2010, (12)：249.

［25］ Luo X Y, Li J J, Zhang J K. Exploring the ideas ofprivate capital investment in elderly - care institution：Casestudy of Jiangsu ［J］. Northwest Population, 2015, 36 (2)：47 - 53.

［26］ Ma L, Zhang Z B. The spatial distribution and formation mechanism of the el - derly population in Lanzhou ［J］. Human Geography, 2015, 30 (6)：132 - 137.

［27］ Mason P A. Sunset lives：British retirement migration to the Mediterranean：By Russell King, Tony Warnes and Al - lan Williams. Berg publisher (70 Washington Square, New York NY 10012, USA) 2000, xii + 235 pp, MYM19. 50 Pbk. ISBN 1 - 85973 - 362 - X ［J］. Annals of Tourism Research, 2002, 29 (2)：579 - 580.

［28］ Peter Michell - Auli, Gerlinde Strunk - Richter, Ralf Tebest (KDA). Was leisten Pflegestützpunkte? Konzeption und Umsetzung. gefoerdert von Bundesministerium fuer Gesundheit ［M］. Kuratorium Deutsche Altershilfe, 2010.

［29］ Robert P. Hagemann & Giuseppe Nicoletti. Population ageing：economic effects and some policy implications for financing public pensions ［J］. OECD Economic Studies, 1989, No. 12 Spring.

［30］ Song T, Tang J Z. The aging process and development of houses forthe elderly in Shanghai city ［J］. Human Geography, 2001, 16 (3)：16 - 20.

［31］ Source：Annual Health, Labour and Welfare Report 2015. Health and Welfare Services for the Elderly. Health and Welfare Services for the Elderly. Outline of Long - Term Care InsuranceSystem ［EB/OL］. http：//www. mhlw. go. jp/english/wp/wp - hw9/dl/10e. pdf.

［32］ Sozialgesetzbuch (SGB XI) Elftes Buch Soziale Pflegeversicherung ［S］. 2017.

［33］ Tao S C, Cao K. Spatial development of senior community with non - verbal symbol system ［J］. Planners, 2015, 31 (11)：29 - 33.

［34］ Tao Z L, Cheng Y, Dai T Q, et al. Spatial optimization of residential care facility locations in 2020 in Beijing：Maximum equity in accessibility ［J］. Prog - ress in Geography, 2015, 34 (12)：1609 - 1616.

［35］ United States Census Bureau. The Villages CDP, Florida ［EB/OL］. ［2016 - 07 - 01］. http：//www. census. gov/quickfacts/table/PST045215/1271625.

［36］ Walker A, Foster L. Active ageing：Rhetoric, theory and practice ［M］// Ervik R, Lindén T S. The making of ageing policy：Theory and practice in Europe. Cheltenham, Unit - ed Kingdom：Edward Elgar Publishing Limited：2013, 27 - 52.

［37］ Wang D, Liu X, Lin X Q. Main countermeasures re - sponding to the aging of population in major developed countries and reference for China ［J］. World Regional Studies, 2013, 22 (1)：138 - 147.

［38］ Wei W, Gu Z P. Senior com - munity planning for the aging of society ［J］. Planners, 2015, 31 (11)：12 - 17.

［39］ World Health Organization. Active Ageing：A Policy Framework ［R］. Madrid, Spain：Author, WHO, 2002.

［40］ Xi J, Cheng Y. Spatiotemporal evolution of residential care facili - ties in Beijing and policy impacts ［J］. Progress in Geography, 2015, 34 (9)：1187 - 1194.

［41］ Yu J, Rosenberg M W, Cheng Y. Aging at home and the intent to relocate in Beijing ［J］. Progress in Geography, 2015, 34 (12)：1577 - 1585.

［42］ Zhang W G. Meiguo yanglao shequ yanjiu ［J］. Forum of World Economics & Politics, 2012, (5)：136 - 149.

［43］ Zou Y L. Zhongguo laolinghua shidai xia de xinxing yanglao shequ sheji moshi chutan ［J］. Art Science and Technology, 2015, (2)：297.

［44］ 2010 年第六次全国人口普查主要数据公报（第 1 号）［EB/OL］. 凤凰网, 2011 - 04 - 28.

［45］ 2014 年人类发展报告 ［EB/OL］. http：//www. useit. com. cn/thread - 8077 - 1 - 1. html.

［46］［德］海恩茨 - 狄特里克·史坦迈尔. 德国养老保险的私营组织 ［J］. 社会保障研究, 2005 (1)：120 - 130.

［47］ 陈冬梅. 商业长期护理保险. 上海解决老年护理问题的可尝试之路 ［J］. 中国保险报, 2010 (10).

［48］ 陈俊羽, 徐桂华. 我国社区居家养老模式现状分析及对策 ［J］. 护理研究, 2015 (5)：528 - 530.

［49］ 陈雯. 四二一家庭结构假设与家庭养老压力事实 ［J］. 华中师范大学

学报，2013，15（5）：23-32.

[50] 陈雪梅，周兰姝．我国远程健康管理干预策略的研究现状及建议［J］．中华护理杂志，2016，30（9）．

[51] 陈艳杰．大数据下医学档案信息资源共享服务中国式养老新模式——医养结合［J］．辽宁医学杂志，2015（4）：231-232.

[52] 程承坪，罗栋．国外应对人口老龄化的政策［J］．国外社会科学，2013（2）：56-62.

[53] 戴卫东．长期护理保险：化解残疾人生活风险［J］．社会保障研究，2007（5）．

[54] 丁建定．居家养老服务：认识误区、理性原则及完善对策［J］．中国人民大学学报，2013（2）：21.

[55] 丁丽娟．上海老龄化的特点及其社会影响［J］．商业经济，2011（8）．

[56] 窦晓璐，约翰·派努斯，冯长春．城市与积极老龄化：老年友好城市建设的国际经验［J］．国际城市规划，2015（3）：117-123.

[57] 窦元．德国养老保险市场与寿险业发展情况介绍［J］．中国保险，2011（1）．

[58] 冯佺光．养老产业开发与运营管理［M］．北京：人民出版社，2013.

[59] 冯喜良，孙亚舒．社区居家养老服务实施现状的调研报告［J］．调研世界，2017（1）：27.

[60] 高晨晨，周兰姝．智能健康管理在老年健康管理领域的研究进展和启示［J］．护理研究，2016，30（6）：1281-1284.

[61] 高琳薇．城乡老年人生活需求满足状况及其对生活满意度的影响——以贵阳市1518份问卷调查为例［J］．南京人口管理干部学院学报，2012（4）：12-16.

[62] 高祖林．政策网络视域下社会化养老服务体系建设研究——以苏州市虚拟养老院为例［J］．江海学刊，2013（3）：201-207.

[63] 广居士．日本介护保险［M］．北京：中国劳动社会保障出版社，2009.

[64] 郭平．中国城乡老年人口状况追踪调查抽样与加权方法研究［J］．人口与发展，2013（3）：77-84.

[65] 国务院："十三五"国家老龄事业发展和养老体系建设规划［EB/

OL］. 中央人民政府网站，http：//www. Gov. cn/zhengce/content/2017/03/06/cont ent_ 5173930. htm.

　　［66］国资国企加速布局养老服务业十万亿市场待开发［EB/OL］. 新浪财经网，http：//finance. sina. com. cn/roll/2017 – 08 – 18/docifykcir – z3019507. sht-ml.

　　［67］郝金磊. 虚拟养老服务满意度影响因素研究［J］. 广西社会科学，2015（10）：162 – 165.

　　［68］侯立平. 德国养老保险体制改革刍议［J］. 西北人口，2006（4）.

　　［69］侯学元. 试论养老服务事业与产业的双重属性——以江苏省为例［J］. 社会福利（理论版），2013（12）.

　　［70］胡宏伟，李佳怿，汤爱学. 日本长期护理保险制度：背景、框架、评价与启示［J］. 人口与社会，2016（1）：94 – 103.

　　［71］户籍改革实行分类迁移政策直辖市继续控制人口［EB/OL］. 搜狐新闻网，2012 – 02 – 24.

　　［72］华颖. 德国2014年法定养老保险改革及其效应与启示［J］. 国家行政学院学报，2016（2）.

　　［73］黄建伟. 德国养老五星级服务理念［J］. 人民论坛，2014（36）：42.

　　［74］贾丽凤. 农村互助养老发展问题研究［J］. 科技世界，2014（6）.

　　［75］蒋向群，杜鹏. 中国人口老龄化和老龄事业发展报告［M］. 北京：中国人民大学出版社，2013.

　　［76］金其林，王颖丽. 日本老年人介护模式及其理念的借鉴与思考［J］. 全科医疗与社区护理，2012，33（2）：23 – 24.

　　［77］孔祁祥. 中国保险业发展报告2014［M］. 北京：北京大学出版社，2015.

　　［78］李春，王千. 政府购买养老服务过程中的第三方评估制度探讨［J］. 中国行政管理，2014（12）：38 – 42.

　　［79］李立国. 积极应对人口老龄化开创"十三五"时期老龄事业发展新局面［J］. 社会福利，2016（4）：461

　　［80］李丽君. 新型养老服务模式的探索——对兰州市城关区"虚拟养老院"建设的调查与思考［J］. 改革与战略，2014（10）.

　　［81］李林子. 日本老年护理人才培养模式的经验及启示［J］. 老龄科学研究，2013（1）：74 – 80.

[82] 李默，郭锐，赵建．"互联网＋"视角下医养结合养老模式探究［J］．世界最新医学信息文摘，2016（99）：177，181．

[83] 李沛霖．美国养老产业的发展及其对中国的启示［J］．广东经济，2008（6）：50－52．

[84] 李晓南，孙俊菲，倪小玲等．互联网＋社区健康管理服务模式探讨［J］．中国卫生信息管理杂志，2016，13（1）：85－88．

[85] 李勇，王一峰．战后德国养老金制度变迁对我国的启示［J］．行政与法，2013（6）．

[86] 李玉玲．"十三五"时期我国养老服务业发展的基本思路与对策建议研究［J］．人口与发展，2016（5）：75－80．

[87] 林静，等．美国机构养老社区空间人本化构建及经验借鉴［J］．Methods of Information in Medicine，2017（1）：76－81．

[88] 林瑶珉．关于商业健康保险发展的若干思考［N］．中国保险报，2011－12．

[89] 林义，周娅娜．德国里斯特养老保险计划及其对我国的启示［J］．社会保障研究，2016（6）．

[90] 刘东，张卫娣．老龄化趋势下国人健康意识的养成［J］．科技视界，2015（6）．

[91] 刘红芹，包国宪．政府购买居家养老服务的管理机制研究——以兰州市城关区"虚拟养老院"为例［J］．理论与改革，2012（1）．

[92] 刘金涛，陈树文．构建我国老年长期护理保险制度［J］．财经问题研究，2012（3）．

[93] 刘金涛．老人长期护理保险制度研究［M］．北京：科学出版社，2014．

[94] 刘青．德国商业健康保险及经验借鉴［J］．中国医疗保险，2015（4）：63－66．

[95] 刘尚文．"虚拟养老院"破解"一床难求"［N］．湖南日报，2013－11－07．

[96] 刘涛．德国养老保险制度的改革：重构福利国家的边界［J］．公共行政评论，2014（7）．

[97] 刘跃斌，高颖．德国的养老保险体制改革［J］．武汉大学学报（哲学社会科学版），2005（5）．

［98］罗艳，石人炳．虚拟养老院服务质量评价指标体系初探［J］．华中科技大学学报（社会科学版），2016（5）：123－129．

［99］马红梅．德国养老保险基金运营模式与政策借鉴［J］．社会科学家，2017（1）．

［100］蒙蒙，张伊丽．基于人口老龄化背景下日本公共养老金的财政分析［J］．财政研究，2013（2）．

［101］苗雨聪，王小雪．以房养老的国际比较与借鉴［J］．上海立信会计金融学院学报，2017（1）：100－111．

［102］莫龙．1980～2050年中国人口老龄化与经济发展协调性定量研究［J］．人口研究，2009，33（3）：10－19．

［103］聂国春．护理险需求大产品少投保要趁早［N］．中国消费者报，2008－02．

［104］潘静静，程承坪．中国低龄老年人力资源开发研究［J］．当代经济理，2013（3）：65－71．

［105］潘兆恩．城市居家养老新模式：虚拟养老院的可复制性研究［D］．北京：首都经济贸易大学硕士学位论文，2014：58－64．

［106］平松一夫．护理保险与设施服务战略［M］．北京：医齿出版社，1999：141－155．

［107］乔志龙．我国机构养老的现状、问题与对策研究——基于供给与需求关系的视角［J］．内蒙古农业大学学报（社会科学版），2013（8）．

［108］秦怡红．论"以房养老"制度的完善［J］．长春理工大学学报（社会科学版），2014（12）：55－57．

［109］时华，余世喜．政府购买社区养老服务：动因、模式及困境［J］．中国劳动，2015（8）：74－77．

［110］世界人口前十国家排名［EB/OL］．http：//www. renkou. org. cn．

［111］苏永莉．长期护理保险发展的需求分析［J］．保险职业学院学报，2007（10）．

［112］孙红远．家庭结构变化对社区居家养老模式的影响与对策［J］．改革与开放，2017（1）：81－82．

［113］孙虹，李彩福，李花．养老护理人员培训现状及研究进展［J］．中国民康医学，2014（13）：77－79．

［114］孙立平，郭于华主编．制度实践与目标群体——下岗失业社会保障制

度实际运作的研究［M］．北京：社会科学文献出版社，2010．

［115］孙泽红．城市高龄老人虚拟养老院服务模式研究［D］．苏州：苏州大学硕士学位论文，2012（44）．

［116］唐洁，康璇，陈睿，等．综合型养老社区功能空间模式及指标体系研究［J］．城市规划学刊，2015（2）：83－92．

［117］唐金成，曾斌．"以房养老"的国际比较及其借鉴［J］．西南金融，2015（11）：3－6．

［118］田香兰．日本护理产业现状、问题及启示［J］．护理研究，2013，27（3）：48－54．

［119］屠其雷，刘锡华，张华义，等．日本老龄残疾人康复服务发展及对我国的启示［J］．残疾人研究，2016（6）：71－74．

［120］王川，邢德玲．德国的养老保险制度的运行模式及改革方向［J］．经济纵横，2007（18）．

［121］王海英，牟永福．政府购买居家养老服务的运行困境及破解路径［J］．经济研究参考，2015（40）：56－59．

［122］王婧婷，王园园，刘砚燕等．智能手机应用程序在慢性病患者健康管理中的应用及展望［J］．中华护理杂志，2014，49（8）：994－996．

［123］王学东．德国养老保险制度的现状和趋势［J］．当代世界与社会主义，2001（4）：53．

［124］王岩．德国养老保险制度简介［J］．中国卫生法制，1999（4）．

［125］王燕，廉军孝，金昌德，赵媛．中日两国老年护理专业课程设置的比较研究［J］．中国高等医学教育，2015（2）．

［126］韦红．德国农村社会保障政策的特点与启示［J］．新视野，2007（3）．

［127］魏巍．中外养老模式现状对比及多元化分级养老模式探析［J］．焦作大学学报，2015（3）：120－124．

［128］魏敏．农村居家养老模式研究——以广东省江门市为例［D］．广西：广西大学硕士学位论文，2014：55－85．

［129］魏艳秋．人口老龄化背景下浙江省养老服务产业发展研究［J］．中国商论，2016（11）：151－152．

［130］吴琬婷，杜学峰．上海人口老龄化背景下养老产业发展研究［J］．山西大同大学学报（社会科学版），2017，31（1）：12－16．

[131] 武萍，周卉，赵越．德国家庭养老方式社会化机制对我国的启示 [J]．党政视野，2016（6）：25 – 25.

[132] 厦门市养老服务发展规划（2016 – 2020 年）．

[133] 须惠华，吴佳佳，陈艳燕，等．殷行社区 86 名家庭介护员培训前后的护理技能及满意度调查 [J]．护理研究，2014，28（8）：2810 – 2812.

[134] 徐斌秀．福利多元主义视角下中国老年社会长期护理保险制度的建构 [D]．南京：南京大学学位论文，2011：84 – 96.

[135] 徐文芳．国外农村养老保障实践及对我国的启示 [J]．社会保障研究，2010（2）.

[136] 许安，杨馥铭．养老金融发展的国际经验借鉴及启示 [J]．金融纵横，2016（1）：55 – 59.

[137] 许梅珍，李菲．老年介护在社区护理中的推广及运用研究 [J]．社区医学杂志，2016，14（22）：15 – 17.

[138] 许文涛．我国养老产业的现状分析 [J]．法制博览，2016（16）：318.

[139] 严晓萍．美国社区养老服务设施建设及启示 [J]．社会保障研究，2009（4）：19 – 25.

[140] 杨国霞，沈山，孙一飞．持续照护社区养老设施构成体系与其配建研究 [J]．城市规划，2015（12）：73 – 79.

[141] 杨建军，汤婧婕，汤燕．基于“持续照顾”理念的养老模式和养老设施规划 [J]．城市规划，2012（5）：20 – 26.

[142] 杨静慧．互助式养老：我国农村养老模式的现实选择 [J]．中国农村研究，2014（2）.

[143] 杨晓楠．养老服务社会化改革的困境与对策 [J]．东北师范大学学报（哲学社会科学版），2013（3）.

[144] 杨玉英，张天悦．应对老龄化社会积极发展养老服务业 [J]．全球化，2014（8）：87 – 97，132.

[145] 养老金融50人论坛．中国养老金融发展报告（2016）[M]．北京：社会科学文献出版社，2016：26 – 27.

[146] 姚栋．大城市“原居安老”的空间措施研究 [J]．城市规划学刊，2015（4）：83 – 90.

[147] 叶奕．“十三五”我国老龄事业发展顶层设计出台 [J]．科技智囊，

2017（5）：42－45.

［148］于涛.中国人口老龄化与老年消费问题研究［D］.吉林大学，2013：145－168.

［149］于秀伟.从"三支柱模式"到"三层次模式"——解析德国养老保险体制改革［J］.德国研究，2012（2）.

［150］于学军，杜鹏.人口老龄化专业委员会报告［R］.北京：中国人口老龄化前沿问题学术研讨会，2007.

［151］余甜，薛群慧.国内养老模式现状及对策研究［J］.云南农业大学学报（社会科学版），2015（2）：31－36.

［152］虞爱娜.浅谈农村居家养老服务及其标准化建设［N］.中国标准导报，2015（3）：41－50.

［153］曾毅，顾大男，Jama Purser，等.社会、经济与环境因素对老年健康和死亡的影响：基于中国22省份的抽样调查［J］.中国卫生政策研究，2014，7（6）：53－62.

［154］翟绍果，马丽，万琳静.长期护理保险核心问题之辨析：日本介护保险的启示［J］.西北大学学报，2016（5）：116－123.

［155］詹皓婧.德国的养老保险制度［J］.中国财政，2016（7）.

［156］张冬妮，艾育华，孙瑶等.构建居家老年健康管理系统的可行性研究［J］.中国全科医学，2013，16（6）：1887－1889.

［157］张国平.完善政府购买居家养老服务的对等与思考［J］.西北人口，2013（2）.

［158］张卫国.美国养老社区研究［J］.世界经济与政治论坛，2012（9）：136－149.

［159］张小蕾.民营养老机构延伸社区服务困境调查［J］.未来与发展，2015（4）：55.

［160］张新生，龚美华.我国养老产业的转型和优化路径［J］.中外企业家，2014（19）.

［161］张新生，王剑锋，张静.我国养老产业转型和优化发展的思考［J］.湖南科技大学学报（社会科学版），2015（3）.

［162］张艳芳.促进养老服务供求均衡的中国政府购买养老服务政策研究［J］.西北人口，2016（1）：87－93.

［163］章孺.人口老龄化对产业结构的影响研究［D］.南京：南京财经大

学硕士学位论文，2015.

［164］赵红军．爱洒夕阳霞满天——德国退休人员养老保险概况及对我们的启示［J］．今日新疆，2007（3）．

［165］赵志强．杨青．制度嵌入性视角下的农村互助养老模式［J］．农村经济，2013（1）．

［166］郑春荣．德国农村养老保险体制分析［J］．德国研究，2002（4）．

［167］郑春荣．德国养老保险体制现状、改革方案及其筹资模式［J］．德国研究，1998（2）．

［168］吴玉韶，郭平，苗文胜等．2010年中国城乡老年人口状况追踪调查基本数据分析［M］．北京：中国社会出版社，2014：59－77.

［169］周步天．新时期我国城市老龄服务事业与产业发展研究述评［J］．淮海工学院学报（人文社会科学版），2013（5）．

［170］周明明，冯喜良．北京养老产业发展报告（2015）［M］．北京：社会科学文献出版社，2015.

［171］周燕珉，林婧怡．我国养老社区的发展现状与规划原则探析［J］．城市规划，2012（1）：46－51.

［172］朱勇．智能养老［M］．北京：社会科学文献出版社，2014.

［173］住广居士．日本介护保险［M］．北京：中国劳动社会保障出版社，2009.

［174］邹继征．我国养老体系完善与养老产业发展研究［M］．上海：新星出版社，2015.

［175］左显兰，张君华．虚拟养老院：社区居家养老服务模式的升级［J］．改革与战略，2013（9）：116.

附　件

养老服务供需调查

尊敬的老年朋友：您好！非常感谢您能够参与我们的此次问卷调查。受厦门市发改委委托，我们正在进行一项关于老年人养老问题的调研工作。特邀您参与本次问卷填写活动，本项调查完全采用无记名方式填答，仅做统计学意义上的数据分析，希望能够得到您的支持。

1. 您的性别是：　　○男　　　○女

是否厦门户籍：　　○是　　　○不是

2. 您的年龄是：

○40~49 岁　　　○50~59 岁　　　○60~69 岁　　　○70~79 岁

○80~89 岁　　　○90 岁以上

3. 您现在（退休前）从事的工作是：

○农民　　　　　　　　○事业单位职工　　　　　○政府公务员

○企业员工/管理人员　　○自谋职业　　　　　　　○无工作

4. 您的文化程度是：

○本科及以上　　○大专　　○中专或高中　　○初中　　○小学及以下

5. 您现在的居住情况是：

○独居　　○和配偶同住　　○两代同住　　○三代同堂　　○养老公寓　　○其他

6. 您养老的主要收入来源（可多选）是：

○工作收入　　　　　　○退休金　　○子女　　○养老金　　○政府补助

○房租等财产性收入　○无收入

7. 您目前的月收入：

○1000 元以下　○1000 ~ 2000 元　○2000 ~ 4000 元　○4000 ~ 6000 元

○6000 ~ 8000 元　○8000 元以上

8. 子女等亲人探望您的频率：

○住一起　　　　○每周 4 次以上　○每周 1 ~ 3 次　　○每月 3 次以上

○每月 1 ~ 3 次　○隔月探望　　　○每年探望 1 ~ 3 次　○其他

9. 您是否有养老保险：○有　○没有；

医疗保险：○有　○没有

10. 目前厦门的养老模式您知道的有：

○子女同住家庭养老　　　○独立居住　　　　　○社区居家养老

○养老公寓（机构养老）　○福利院、敬老院　　○医养融合

○抱团互助养老　　　　　○田园养生养老　　　○候鸟式旅居养老

○以房养老　　　　　　　○现代化智慧养老　　○农村就地集中养老

○其他：

11. 目前的养老模式您了解的程度是：

社区居家养老（不是家庭养老）：○了解　○听说一点　○不了解

机构养老：　　　　　　　　　　○了解　○听说一点　○不了解

医养融合：　　　　　　　　　　○了解　○听说一点　○不了解

抱团互助养老：　　　　　　　　○了解　○听说一点　○不了解

田园养生养老：　　　　　　　　○了解　○听说一点　○不了解

候鸟式旅居养老：　　　　　　　○了解　○听说一点　○不了解

以房养老：　　　　　　　　　　○了解　○听说一点　○不了解

现代化智慧养老：　　　　　　　○了解　○听说一点　○不了解

农村就地集中养老：　　　　　　○了解　○听说一点　○不了解

12. 您希望自己以哪一种方式养老（可多选）：

①子女同住家庭养老　　　②独立居住　　　　　③社区居家养老

④养老公寓（机构养老）　⑤福利院、敬老院　　⑥医养融合

⑦抱团互助养老　　　　　⑧田园养生养老　　　⑨候鸟式旅居养老

⑩以房养老　　　　　　　⑪现代化智慧养老　　⑫农村就地集中养老

⑬您希望政府提供的养老模式是：

13. 您觉得养老机构每月收费多少能够接受：

○2000 元以下　○2000～4000 元　○4000～6000 元　○6000～8000 元

○8000 元以上

14. 您所在社区当前为老年人提供的养老服务项目有：

①医疗康复　　　②预防保健　　　③生活照料　　　④家政服务

⑤精神慰藉　　　⑥心理咨询　　　⑦社区参与　　　⑧广场舞等活动

⑨学习培训　　　⑩文化娱乐　　　⑪休闲旅游　　　⑫不知道

⑬没有　　　　　⑭您希望政府提供的服务项目是：

15. 您对当前所在社区为老年人提供的养老服务项目是否满意：

○很满意　○基本满意　○不满意　○不知道

16. 在社会养老服务中您更看重（√）哪些方面（可大致排序）（可多选）：

	看重	排序		看重	排序		看重	排序		看重	排序
医疗康复			预防保健			生活照料			家政服务		
精神慰藉			心理咨询			社会参与			亲人团聚		
体育活动			学习培训			文化娱乐			休闲旅游		

17. 下列哪些方面使您目前感觉较为困扰或担心（可多选）：

①经济困难　　　　　　　　　②日常生活无人照料

③和子女关系不好　　　　　　④住房困难

⑤自己/老伴身体不好，多有疾病　⑥外出不方便

⑦家务事情繁重　　　　　　　⑧娱乐文化活动太少，常感觉寂寞无聊

⑨医疗康体活动不方便　　　　⑩电脑手机智能设备使用困难

⑪社区养老设施及服务不完善　⑫为后代的事情操心

⑬其他：　　　　　　　　　　⑭您希望政府帮助的项目是：

18. 您日常主要的活动是（可多选）：

①采购生活用品　　　　　　　②照看孙辈

③忙于家务　　　　　　　　　④旅游

⑤体育锻炼（散步、运动、广场舞等）　⑥参加兴趣爱好活动

⑦休闲养生　　　　　　　　　⑧参加社区活动

⑨走亲访友　　　　　　　　　⑩工作赚钱

⑪投资理财　　　　　　　　　⑫医疗保健

⑬电视手机等休闲娱乐　　　　⑭其他：

19. 您在平时生活中急需要哪些养老服务项目（可多选）：

①生活照料（诸如洗衣做饭、打扫卫生、买菜购物、洗澡穿衣、陪同外出等）

②日托服务（如日托站等）

③提供就餐（或助餐）服务

④起居照料服务

⑤医疗保健服务

⑥休闲旅游

⑦电话热线服务（紧急救助等）

⑧参与社区活动

⑨心理慰藉服务

⑩老年人学习培训（智能产品使用等）

⑪体育锻炼

⑫兴趣爱好活动

⑬其他：

⑭您希望政府能提供的项目是：

20. 您更乐意把钱花在哪些方面（可多选）：

①医疗保健　　②心理慰藉　　③兴趣爱好　　④娱乐活动

⑤旅游　　　　⑥吃喝玩乐　　⑦投资理财　　⑧留给子女

⑨养生养老　　⑩学习培训　　⑪其他：

如果您对厦门养老模式、养老服务产品有任何建议或意见，请您提出：

非常感谢您的支持与配合！祝您生活愉快！万事如意！

后 记

　　本书是我主持的厦门市发改委项目"厦门市养老服务模式发展研究"的最终成果。集美大学财经学院王平、林晓健参与了该项目的调查与研究工作，并且参加了本书中第九章部分内容的撰写，还有许多其他老师和学生都积极参与了项目的调查研究工作。项目调查工作还得到了厦门市民政局许多领导的帮助，尤其是厦门市发改委宋海鸥处长等领导对项目的圆满完成给予了极大的帮助，在此特向各位领导表示衷心的感谢！

　　在写作过程中，我们参考和引用了许多学界前辈的观点和思想，尽管力争做到一一注明，但唯恐挂一漏万，特此说明并敬请原谅。在完成项目和出版过程中得到集美大学财经学院院长黄阳平教授等领导的关心和大力支持，并得到学院学科建设项目资金的资助，最终得以顺利出版，在此向各位院领导表示衷心的感谢！

　　由于水平所限，项目的研究和本书的写作还有很多不足之处，敬请学界同人和读者斧正！

黄　浩

2019 年 4 月